ファミリービジネスの事業承継と経営戦略

Business Transfer and Strategy in Family Business

関西大学経済・政治研究所
関西ファミリービジネスのＢＣＭと東アジア戦略研究班
亀井 克之 編著
上野 恭裕・上田 正人・林 能成・堀越 昌和・徐 聖錫 著
協力：森 晋吾・森 隼人・南 常之・薩摩 和男・及川 秀子

関西大学出版部

はしがき

本書は、関西大学経済・政治研究所、関西ファミリービジネスのBCMと東アジア戦略研究班による第Ⅰ期（二〇二一年度・二〇二二年度）の研究成果である。

本研究班では、BCMという言葉に、経営の引き継ぎに関する「事業承継」と、事故や災害に対処するための「事業継続マネジメント」の両方の意味を持たせている。

本書では、①伝統産業、老舗によるイノベーション、②ファミリー企業における事業承継、③後継者による「第2創業」たる新規事業戦略、④創業者の時代から守られる理念、⑤ファミリー企業、老舗ならではのレジリエンスと危機突破、⑥BCM（事業継続マネジメント）のあり方などについて、具体的な事例や、調査に基づいてまとめている。

本書の内容を紹介しておこう。

第1部　ファミリービジネスにおける事業承継とイノベーション

上野恭裕による第1章「堺市の伝統産業におけるファミリービジネスの経営戦略」は、堺市の伝統産業の現状分析ならびに株式会社福井と株式会社ナカニの事例研究である。伝統産業の特徴は何か、ファミリービジネスの特徴は何か、堺市の伝統産業はいかなる新規事業開発によりさらに活性化したかについて解き明かしている。

第2章と第3章は、亀井克之と上田正人による事例研究である。第2章「事例研究　豫洲短板産業　ファミリービジネス3代目社長はいかにアジア進出を成し遂げたか――森晋吾社長　講演録――」。第3章「事例研究　株式会社　なんつね　ファミリービジネス4代目社長はいかに新たなビジネスモデルを生み出してきたか――南常之社長　講演録――」。共に「関西ファミリービジネスのBCMと東アジア戦略」という研究班のテーマを体現する事例を講演録に基づき分析する。

事業承継はいかになされたか、現社長が就任して、いかなる新規事業戦略が展開されてきたのか。豫洲短板産業の場合、海外進出を実現した。なんつねの場合、食品機械メーカーから、総合的な食の事業への転換を実現した。前者は二〇三三年に、後者は二〇二九年に創業一〇〇年を迎える。新たなビジョンが現社長から語られている。

第2部　ファミリービジネスにおけるレジリエンス

第4章「外食ファミリービジネスによる危機突破とレジリエンス――事例研究：グルメ杵屋・南海グリル・大起水産――」では、亀井克之と林能成が、危機管理、リスクマネジメントの概念を整理し、事例として、関西の老舗外食ファミリービジネスがいかにコロナ禍を乗り越えたかを描写する。

亀井克之による第5章「事例研究　株式会社　美々卯――薩摩和男氏の理念・事業承継・危機対応――」では、薩摩和男氏がいかに老舗における事業承継を成し遂げたか、薩摩和男氏の理念は何か、美々卯はいかに危機を突破したかについてまとめている。

亀井克之による第6章「気仙沼オイカワデニムの事業承継とレジリエンス」は、デニムのジーンズを生産するオイカワデニムの事例研究である。創業者の死、グローバル経済の進展によるOEM注文の激減、東日本大震災という三つの大きな危機をいかに乗り越え、及川秀子氏から及川洋氏への事業承継をいかに成し遂げ、地球環境問題に志向した新製品をいかに開発するに至ったかをまとめている。

第3部　ＢＣＭ（事業継続マネジメント）

堀越昌和による第7章「コロナ禍における中小企業のＢＣＭと経営者の健康問題――日仏共同調査結果を用いた多値ロジスティクス回帰分析――」では、中小企業のＢＣＭ（事業継続マネジメント）の特徴、中小企業経営者の健康問題の重要性、コロナ禍における中小企業経営者の健康に関する日仏共同調査結果の示唆などの分析が示されている。

亀井克之による第8章「中小企業経営者の健康――日仏共同調査からの示唆――」では、第7章に続いて、中小企業やファミリー企業にとって、「経営者の健康は最も重要な経営資源である」と捉えて、経営者の健康がＢＣＭ（事業継続マネジメント／事業承継）にとっていかに大切であるかを示す。具体的には、経営者の健康に関する研究の先駆者であるフランスの研究者と実施した一連の共同研究からの示唆をまとめる。

徐聖錫による第9章「コロナ禍における韓国企業のＢＣＭ――ＢＣＭとリスクマネジメント――」では、ＢＣＭ（事業継続マネジメント）導入の意義をまとめた後、リスクマネジメントの観点からＢＣＭはどのように捉えられるかを示す。事例研究として、韓国企業がどのようにＢＣＭを展開しているかを分析する。

林能成による第10章「地震・津波研究における事業継続マネジメントと事業承継」は、事業継続マネジメントに深く関わる自然災害の学術的研究、特に地震の研究がいかに受け継がれてきたかを考察している。学術研究をいかに引き継いでいくかは、ファミリー企業や中小企業の事業承継と類似点がある。地震・津波研究が始まったきっかけとは何か、ファミリービジネスの事業承継と学術研究の事業承継の類似点は何か、そして学術研究の事業承継はいかにあるべきかがまとめられている。

亀井克之による第11章「ファミリービジネス・事業承継研究の新潮流――フランス語圏における研究に基づいて――」は、フランスの理論を援用しながら、本書で取り扱ったファミリービジネスと事業承継の理論の整理を試みている。

本書が、ファミリービジネス、事業承継、事業継続マネジメント、レジリエンス、第二創業としてのイノベーションや新規事業戦略などについて、読者の皆様に何らかの参考になれば幸いである。

二〇二三年七月二十四日

関西大学経済・政治研究所
関西ファミリービジネスのＢＣＭと東アジア戦略
研究班　主幹
関西大学　社会安全学部　教授　亀井克之

目次

第2部　ファミリービジネスにおけるレジリエンス

コラム

第1部

ファミリービジネスにおける事業承継とイノベーション

第1章

堺市の伝統産業におけるファミリービジネスの経営戦略

――事例研究：株式会社福井と株式会社ナカニ――

上野恭裕

■
伝統産業の特徴は何か？
ファミリービジネスの特徴は何か？
堺市の伝統産業はいかなる新事業開発により活性化したか？
あなたが堺市の伝統産業の経営者なら次にどのような決断をするか？

1　はじめに

本章では「関西ファミリービジネスのＢＣＭと東アジア戦略」研究班の活動として行った調査研究の報告を行う。この報告は二〇二一年九月四日（土）に関西大学梅田キャンパスにて開催された「第246回産業セミナー」での発表をもとに加筆修正を行ったものである。

報告の構成は以下の通りである。まず研究の背景・目的・調査概要を述べ、研究対象となっている堺市について概要を述べる。さらに研究のテーマに関連して伝統産業、地場産業、産業集積、ファミリービジネスについて主要研究を概観したうえで、堺の主要な伝統産業である堺打刃物産業と注染和晒産業の主要企業である株式会社福井と株式会社ナカニについての事例研究を述べる。最後にこれらの事例研究から導かれる結論をまとめとして述べる。

2 研究の背景・目的・調査概要

本研究は「関西ファミリービジネスのＢＣＭと東アジア戦略」研究班の研究と位置付けられるが、著者が学生とともに行っている「堺市と関西大学との地域連携事業」のうちの二〇二〇〜二〇二一年度の事業である「新事業開発による伝統産業の活性化事業」の成果も一部活用している。この事業は、学生とともに堺の伝統産業の活性化を目指して、調査研究を行っている事業である。

本研究の目的と調査の概要は次のとおりである。堺市には多くの伝統産業が存在する。そのような伝統産業には優れた技術と技能が集約しており、大きな財産となっている。しかしながらそれらの技術や技能は業界内で伝承されているだけで、一般には理解されていないことが多い。またこれらの伝統産業が長期にわたって存続している理由は、必ずしも明確にはなっていない。これらの伝統産業がなぜ長期にわたって存続しているのか、その理由を明らかにするとともに、どうすれば、今後さらに発展することが可能となるかを学生とともに調査を行い、議論を重ねてきた。これらの議論を通して、最終的には伝統産業において新事業開発などが進み、伝統産業が活性化し、発展することを目標としている。

この「新事業開発による伝統産業の活性化事業」の調査結果の概要は、二〇二一年二月二十七日に行った調査研究の報告講演会において報告している（図表1・1参照）。この報告講演会では、上智大学の山田幸三教授と和泉利器製作所の信田圭造会長を講師にお招きし、講演会を行った。講演会では山田幸三教授が、陶磁器の主要産地である有田焼の事例研究をもとに、「伝統産地の存続とファミリービジネス――有田焼陶磁器産地の事例を中心として――」というタイトルで講演を行った。山田教授は有田焼の産地における、辺境の陶業者が主導した「究極のラーメン鉢プロジェクト」や「1616 arita/japan（1616/）」などを紹介し、新たな組織間協働と産地辺境の企業家によるオープン・イノベーションの重要性を指摘している。伝統工芸技術による現代的な価値創造の試みと産地内、産地間、世代間の重層的な競争により製品イノベーションが生まれ、現代の生活様式に適合した価値創造が行われるのである。そこでは破壊的競争を回避する産地の不文律が存在し、事業を継承するファミリービジネスが、伝統と革新の持続的な担い手となっていると主張している(1)。

また、和泉利器製作所の信田圭造会長には「堺打刃物と食文化」のタイトルでご講演をいただき、堺の打刃物の歴史、堺の和包丁の特徴、和食文化との関係についての多くの洞察が得られた。本稿でもそのような堺の伝統産業について、事例をもとに、長期存続の可能性について論じていく。次に、堺市の概要について説明しよう。

3　堺市の概要

堺市は大阪府南部に位置し、人口が八一二、四一九人（二〇二三年九月一日

図表1.1　企業調査と調査研究報告講演会
（左）刃物企業への訪問調査、（右）調査研究報告講演会の様子

現在）の政令指定都市である。古代には仁徳天皇陵古墳をはじめとする百舌鳥古墳群（二〇一九年世界遺産に登録）が築造された。中世には海外交易の拠点として「自由・自治都市」を形成し、わが国の経済、文化の中心地として繁栄した。「ものの始まりなんでも堺」と言われるほど、新しいものを積極的に取り入れる風土があり、文化・技術の発信地でもあった。それゆえ、その地で栄えた産業も多く、それらが伝統産業として残っている。

例えば、堺手織緞通（大阪府知事指定－伝統工芸品）、堺五月鯉幟（大阪府知事指定－伝統工芸品）、浪華本染め（経済産業大臣指定－伝統的工芸品）、浪華本染めゆかた・浪華本染め手拭い（大阪府知事指定－伝統工芸品）、堺打刃物（経済産業大臣指定－伝統的工芸品）、堺線香（大阪府知事指定－伝統工芸品）、自転車、昆布、和菓子等が堺の伝統産業と考えられている。ただ、これらの中には産業としての機能をすでに保有しておらず、伝統技能の継承を目的に、細々と取り組まれているものも多い。産業としての機能を現在でも保有しているものは、堺打刃物や堺線香、また浪華本染めなどである。自転車産業は自転車部品に特化した大企業の株式会社シマノが存在するものの、完成品の組み立て加工を行う企業は、中国企業や台湾企業との競争により、その数を大きく減少させている。

4　伝統産業とは何か

本章では伝統産業の経営戦略について議論を行うが、そもそも伝統産業とは何であろうか。伝統産業とは何かについては様々な考え方が存在し、統一された見解は存在しない。伝統産業の定義は様々ではあるが、一般的には「明治以前に起源をもち、日常品を生産加工してきた産業」（上野、二〇〇八、一頁）と定義できる。また、地場産業や伝統的工芸品産業も類似の概念である。

地場産業は「基本的に中小零細規模の製造業企業によって構成され、それらの多様な存在形態に着目した地域的産業概念」（上野、二〇〇七、五頁）であり、「産業としての歴史性・伝統性をもち地域内から資本・労働力・原材料を調達して特産品（あるいは消費財）製品を生産し、これにかかわる企業が社会的分業形態をとって、特定地域へ集積する（いわゆる『産地』を形成する）という特徴をもつ産業」（上野、二〇〇七、五頁）と定義される。この地場産業の中で、歴史性・伝統性を強調した概念が伝統的工芸品産業の概念である。

伝統的工芸品産業は法律によって定められており、「伝統的工芸品産業の振興に関する法律（昭和四十九年法律第五十七号、以下「伝産法」という）」に基づき経済産業大臣が指定した伝統的工芸品の要件が存在する。この伝産法に基づき、伝統的工芸品と認められるものは次の五つの条件を満たしたものである。

①主として日常生活の用に供されるものであること。
②その製造過程の主要部分が手工業的であること。
③伝統的な技術又は技法により製造されるものであること。
④伝統的に使用されてきた原材料が主たる原材料として用いられ、製造されるものであること。
⑤一定の地域において少なくない数の者がその製造を行い、又はその製造に従事しているものであること。

このような条件をみたし、伝統的工芸品に指定された指定品目は、現在二四一品目（令和五年十月二十六日現在）であり、大阪では大阪欄間、大阪唐木指物、堺打刃物、大阪仏壇、大阪浪華錫器、大阪泉州桐箪笥、大阪金剛簾、浪華本染めの八品目が指定されている。そのうち堺に関連するものは堺打刃物と浪華本染めの二つである。

伝産法による伝統的工芸品に指定されることにより、当該製品の品質が保証され、当該製品の品質が維持されるというメリットはあるが、当該産業において新たな取り組みを行うのが難しくなる、という弊害も存在する。新たな取り組みを行うことにより、伝統的工芸品を名乗れなくなる可能性があり、取り組みを阻害するという弊害も指摘されている（佐藤、二〇一八、六十〜六十一頁）。

とはいえ伝統的工芸品に指定されることは一般的には名誉なことである。また、伝統的工芸品に指定されると共通のマークを製品に付けることができ、一般財団法人「伝統的工芸品産業振興協会」からのサポートも受けやすくなる。

伝統産業の一般的な課題としては佐藤（二〇一八）により表1・1に示されたようなものが指摘されている。もちろんこれらの課題は一般的な課題であり、これらの課題を克服し、大企業の製品に対しても競争力を持った製品を製造販売し、大きく成長している企業も存在する。ただし、そのような企業はやはりごく一部であり、産業全体の特徴ではなく、やはり構造的に大きな課題を持っていることが多い。

伝統産業は地場産業として議論されることも多い。伝産法において伝統的工芸品と認められるものの条件の一つに、「⑤一定の地域において少なくない数の者がその製造を行い、又はその製造に従事しているものであること。」という条件があるように、少なくない事業者によって産地が形成されている必要がある。そのため伝統産業は産業集積の側面を持っており、地場産業としてとらえられるが、地場産業は単なる産業集積ではなく、地域の歴史と深くかかわっている側面が強い。

地場産業とは先に述べたように歴史性・伝統性を持っているが、「ある特定の地域の歴史、文化、風習、社会と密接に関係して発展を遂げてきた地域の産業」（金、二〇一四）であり、地域の歴史、文化、風習、社会と密接に結びついているという特徴をもつ。このような産業は各地域に存在する。例えば江戸時代に確立し、今日まで存続している丹後ちりめんや、江戸時代に確立された

表1.1　伝統産業の課題

①製造、価格、販促、流通面における問題点と課題 デザインの問題、高価、販促ノウハウの不足、ネットでの競合
②低い生産性 手作業が多く生産性が低い。
③人材不足 スタッフ部門の不足、後継者問題。
④資金的問題 補助金に依存することが多く、限りがある。

出所：佐藤典司（2018）「伝統的工芸産業の現状と課題、および今後のビジネス発展の可能性」『立命館経営学』。

技術からさらに発展した今治タオルなど、発展形態はさまざまである。ただし、これら地場産業には、必ずしも伝統的工芸品産業とはいえない産業もあり、注意が必要である。

例えば鯖江の眼鏡産業はおよそ百年前に農家の副業として始まり、今日では日本のメガネフレーム生産の90％以上のシェアを誇ると言われているが、製品そのものは現代的な製品であり、伝統的な産業ではあるが、伝統的工芸品には指定されていない。また大企業の下請け企業や協力工場からなる企業城下町的な産業も存在するが、それらは産業集積としてとらえられるが、地場産業として議論されることは少なく、地域産業と言われることもある。

産業集積や地場産業がすべて伝統産業ではないが、伝統産業は上述のように産業集積の特徴を強く持っている。では産業集積とはどのようなものであり、どのような特徴や強みを持つのであろうか。産業集積とは「一つの比較的狭い地域に相互に関連の深い多くの企業が集積している状態」（伊丹他編、一九九八）である。産業の歴史や製品特性は様々であるが、共通の特徴として集積の外部から多くの需要を搬入する企業が存在することがあげられる（伊丹他編、一九九八）。また集積地の企業群が需要の変化に対応する柔軟性を企業群として持っていることも特徴としてあげられる。そのような柔軟性は「柔軟な専門化」（Piore and Sabel, 1984）としてとらえることができ、近年注目を集めている。

Piore and Sabel（1984）は「今日みられる経済活動の衰退は、大量生産体制に基づく産業発展モデルの限界によってひき起こされた」として「クラフト生産」を中心とした新しい産業発展モデルである「柔軟な専門化」を提示している。「柔軟な専門化」は①柔軟性プラス専門性、②参加制限、③競争の奨励、④競争の制限といった特徴を持っている。

その他にも産業集積は、中小企業の仲間型取引による業者間の需要の相互供与などの協力・協働（加藤、二〇〇九）が行われていたり、同業者間の切磋琢磨と過剰な競争の抑制や競争の不文律（山田、二〇一三）が存在したり、産地間協働と伝統と革新のバランス（谷口他、二〇一三）がとられていたり、といった特徴を持っている。

また、同業者以外の多様なネットワークの重要性も指摘されている。例えば堺市が現在取り組んでいる「伝統産業ブランド創出促進事業」などによっても、多様な事業体とのコミュニケーションが図られる可能性がある。堺市は「伝統産業ブランド創出促進事業」として「sakai kitchen〈堺キッチン〉」プロジェクトを展開している。これは堺に存在する「刃物」や「注染・和晒」「線香」をはじめとする堺の伝統産業が持つ魅力を広く発信し、認知度を高め、伝統産業のブランド力を強化することを狙いとしたプロジェクトであり、「道具を愛することは、くらしを愛するということ。」「〝日々のくらしを愛する〟」というブランドコンセプトに合致する「堺の伝統産品（刃物・注染和晒・線香）」や「伝統産品（刃物・注染和晒・線香）の魅力を引き立てともに輝く逸品」を事業者から募集し、それを認定し、PRを進めるというものである(2)。

この伝統産品に認定されると、首都圏での販売機会が提供されたり、堺の伝統産業を一堂に集めた展示・販売体験施設である「堺伝匠館」での店頭販売やオンラインショップでの販売機会が与えられる、というメリットがある。また、販促効果を高める「sakai kitchen〈堺キッチン〉」ブランドロゴマークを利用でき、「sakai kitchen〈堺キッチン〉」公式ホームページで認定商品として紹介される。また二次審査後には、工芸品と特産品に精通している高い見識を持った審査員から応募対象商品へのフィードバック情報が提供される。

このような情報のフィードバックはネットワーク論では「弱い紐帯の強み」とされる（Granovetter, 1973）。普段めったに顔を合わせることのない知り合いからこそ重要な情報が得られるというものである。ただし「sakai kitchen〈堺キッチン〉」ブランドは様々な商品の集合ブランドであり、ブランドとしての価値がどこまで高められるかについては議論の余地があるであろう。各商品の個別のブランドイメージと集合体としてのイメージの調整も課題である。

5　ファミリービジネスと伝統産業

伝統産業の多くは中小企業のファミリービジネスである。中小ファミリービジネスの課題は先に示した伝統産業の課題と重複する部分も多いが、特に事業継承が大きな課題となっている。多くが中小企業のため、資源が乏しく、競争力にも問題がある。そのことが事業の継続を困難にし、事業継承にも悪影響を与えているといえる。事業を継承する子供が存在する場合であっても、事業継承に前向きになれない場合も多い。そのような場合、伝統産業が産業として維持できなくなる可能性があり、地域全体の課題、さらには日本全体の課題となっている。

一方、中小のファミリービジネスには大企業にはない強みが存在することも指摘されている。長期存続を果たしている伝統産業企業の中には、伝統産業としての技術的な強みを保有するだけでなく、ファミリービジネスの経営体としての強みを持っている企業が多い。

ファミリービジネスの強みとして、少数のファミリーメンバーによる迅速な意思決定と行動、ファミリーとしての責任感の強さ、またファミリーの存続のための長期的な視点での経営などが指摘されている（後藤、二〇一二）。これらの強みの中で、特に長期的な視点での経営が重要であり、これによって長期存続が可能となっていると考えられる。

ファミリービジネスには弱みも存在する。迅速な意思決定の裏返しとして株主経営者の暴走や経営人材の不足、少数株主の利益優先や公私混同などである（後藤、二〇一二）。もっともこれらはファミリービジネスに限った弱みというものでもなく、多くのノンファミリー大企業でも見られる問題であり、程度の問題ともいえる。また、長期存続のファミリービジネスは、これらの弱みを克服する仕組みを構築することができているがゆえに、長期存続を果たしているのであり、その要因を明らかにすることが本稿目的でもある。

ファミリービジネスの経営体としての在り方は「ファミリー」、「ビジネス」、「オーナーシップ」といった三つの要因から構成されるスリーサークルモデルで表すことができる（Gersick et al., 1997）。ファミリービジネスを構成する三つの要因を三つの円で表し、その重なりの具合により七つのセクターが存在する（図表1・2）。ファミリービジネスのメンバーは、このいずれかに属するが、三つの要因がすべて重なったセクター、つまりファミリー（創業家）がその企業の所有権を保有し、かつその企業をファミリーが経営するタイプが最もファミリービジネスとしての特徴を持っているといえる。

ファミリービジネスでない場合には、オーナーシップとビジネスの二つの要素を考えればよく、企業経営の問題はコーポレートガバナンスの問題とマネジメントの問題として考えることができる。しかしながら、伝統産業企業の経営にファミリーが関与する場合、ファミリーの財産の相続やファミリー内の対立、ファミリーの結束の強さといった要素が経営に加わるために、ファミリーガバナンスの問題も考えなければならず、経営は複雑となる。

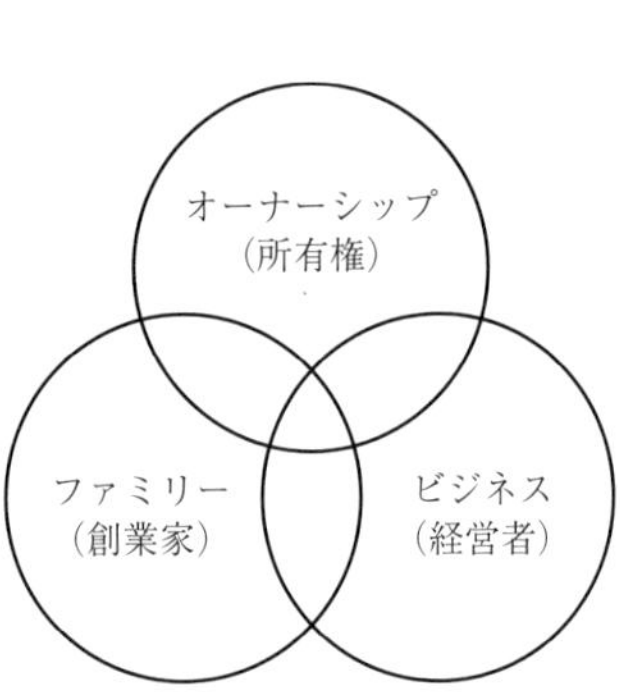

図表1.2　スリーサークルモデル

以上からファミリービジネスとして運営される伝統産業企業には次のような課題が存在するといえる。伝統産業である以上、その技や技術、精神を次世代に継承する責任があるといえる。伝統産業としてその伝統を継承するために、中小企業の弱みを克服し、ファミリービジネスの課題を解決することが求められる。一方で産業集積の利点を生かし、ファミリービジネスとしての強みを発揮しながら伝統を継承していくことが求められている。

実際に多くの伝統産業に属するファミリービジネスはそのような責任を自覚し経営に取り組んでいる。現実的な経営問題として、伝統を継承するために、人材不足や経営資源の不足を補い、いかに現代に適合した経営を行うかも課題である。そのために、柔軟性と専門性を高め、有効なネットワークを構築することも課題となる。いかにして地場産業のメリットを生かし、地域の発展に貢献するか、またファミリービジネスの強みをいかに引き出し、事業を継続させるかが課題となっている。

以上の先行研究のレビューからいえることは、伝統と革新のバランスをいかにとっていくか、変えてはならないこと、変えなければならないことはなにかをいかに明確にするかが、重要な課題となっていることがわかる。そこで、伝統を守りながら革新を行った事例として、堺打刃物と注染和晒の企業を次に紹介する。

6　事例研究1（堺打刃物：株式会社福井）

1. 歴史

堺打刃物業は中世末から近世前期にかけての三つの流れによって確立された。一つ目は鉄砲鍛冶、二つ目は煙草包丁、三つ目は出刃包丁の製造である（川村、二〇一〇）。江戸時代には、堺は煙草包丁の製造において独占的地位を確立していた。その堺の包丁の名が広まるにつれて、模造品が現れ、その独占的地位を脅かすようになる。そこで、堺の煙草包丁鍛冶は株仲間を結成して、「堺極」の極印を包丁に打ち、江戸幕府の保護のもと、その独占的地位を保持した（川村、二〇一〇）。

2. 事業システム

堺の打刃物は卸（問屋）が中心の分業システムを形成している。卸がブランドを構築し職人を束ねるのである。

しかしながら近年は職人の減少や安価な中国製品の流入、生活様式の変化による従来の製品の競争力の低下など課題も多く抱えている。そのような堺打刃物は他の刃物産地との地域間協働や地域間ＯＥＭ生産などにも積極的に取り組んでいる。ブランド力のない地域は優良な製品を作っても販売力に限界があり、ブランド力のある地域の下請け的生産を行うこともある。ブランドの産地間格差により、地域間協働が進んでいる実態があるが、正確なデータを入手することは困難であり、実態を把握することは難しい。

また後継者不足により、従来の事業システムが維持できない状態も起きている。刃物生産の分業構造は小規模の作業所により構成されており、跡取りがいない場合には分業構造の維持が困難になってくる。そのような分業構造の維持の困難性が産地全体の衰退へとつながっていく。

３．業界の現状

図表１・３は包丁の出荷額と事業所数の推移を示したものである。出荷額には波があり、近年は海外販売の伸びにより回復傾向がみられるが、事業所数は年々減少傾向を示している。このデータからも事業継承の課題が浮き彫りになっているといえる。

堺打刃物の分業構造を詳しく見てみよう。堺の打刃物業界では、とりまとめ役としての卸の役割が大きい。製造工程は鍛冶→刃付け（研ぎ）→柄つけと流れるが、それぞれを専門の事業所が担当しており、それらを取りまとめるのが卸（問屋）の役割である（図表１・４参照）。各工程を担当する事業者は少人数の小規模事業者が多く、職人が一人で担っている場合もある。そのような職人をトータルに管理する事業主体が必要であり、その機能を卸売業者が担っているのである。

その他、卸売業者は金融機能、在庫調整機能、物流・流通における取引数削減の機能や製品の品質保証、ブラン

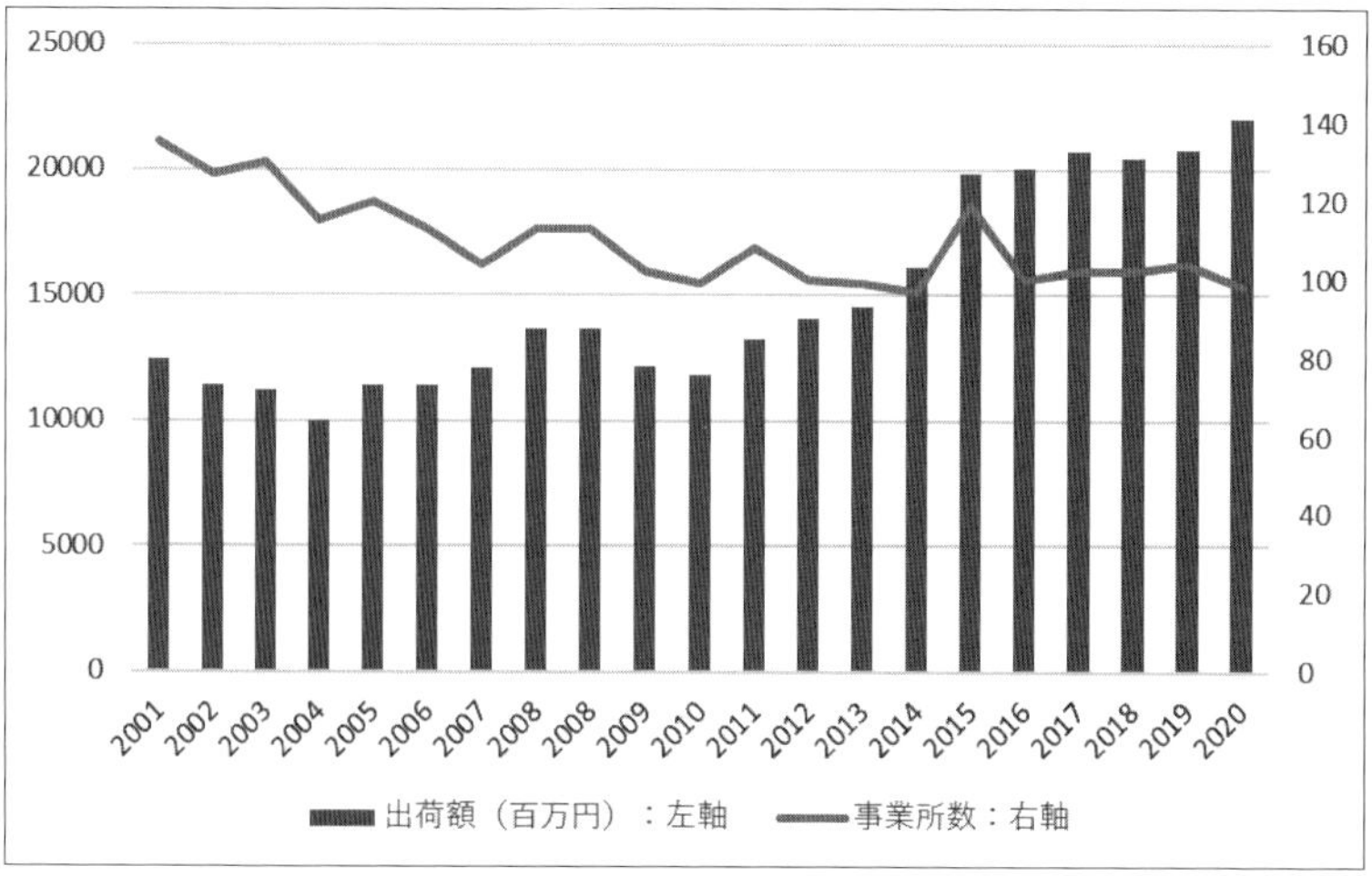

図表1.3　ほう丁の出荷額と事業所数の推移

出所：工業統計表（品目編）をもとに著者作成。

注：日本標準産業分類の細分類2423の中には、242311理髪用刃物、242312ほう丁、242313ナイフ類、242314はさみ、242315工匠具、242316つるはし、ハンマ、ショベル、スコップ、バール（園芸用を含む）、242319その他の利器工匠具、手道具が含まれる。その中の242312ほう丁の統計数値を利用した。なお2011年、2015年、2020年は経済センサス－活動調査の数値を利用している。

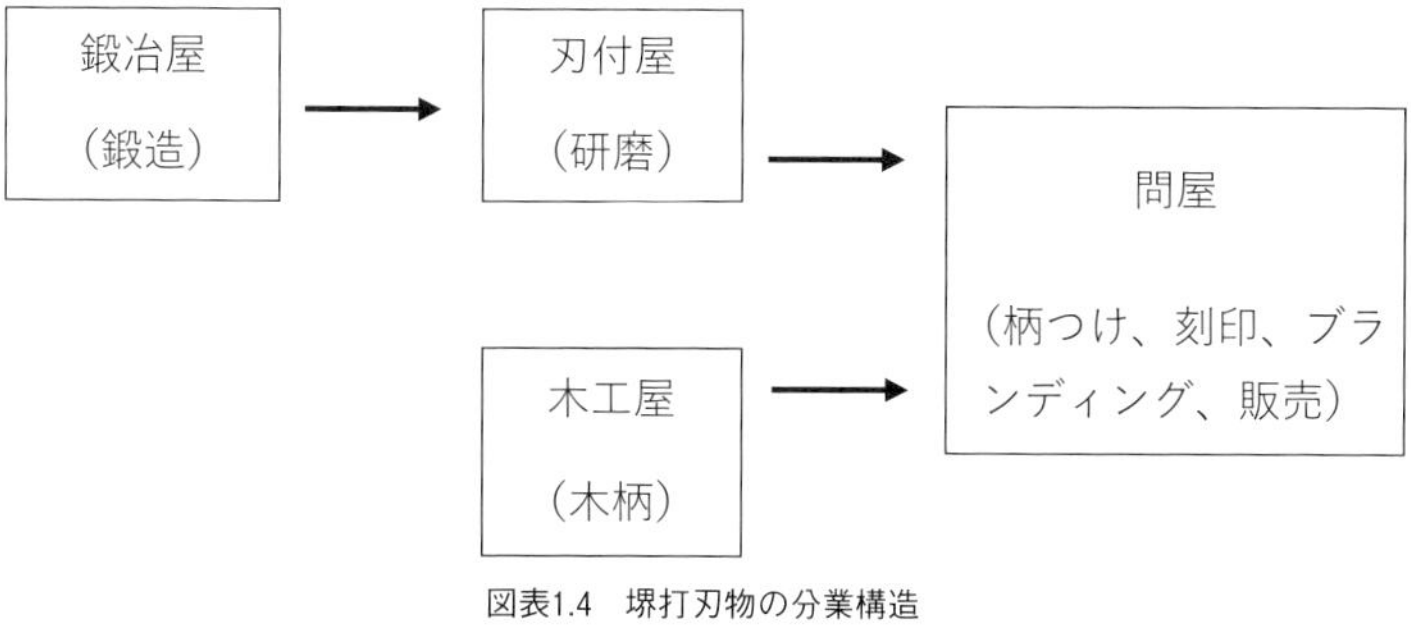

図表1.4　堺打刃物の分業構造

出所：聞き取り調査により著者作成。

ド構築（目利きとしての卸問屋）などの機能を保有している。また職人の選抜や育成機能も保有していることも多く、いかに優秀な職人を抱えるかが、その企業の競争優位の源泉となっている。

しかしながら絶対的な職人数の減少により、従来の分業生産が維持できなくなる可能性が指摘されている。堺打刃物が今後も長期的存続を果たしていくためには、卸売業者が中心となり、いかに職人の減少を抑え、人材育成を図るかが重要な課題となっている。堺打刃物の生産工程は基本的には手作業によって行われているため、急激な需要の増大には対応できない。場合によっては部分的な機械化を進め、職人の減少を補う必要性もあるが、ステンレス製の洋包丁と違い、鋼の和包丁を中心とする堺打刃物の特徴を考えると、現状は機械化の可能性はそれほど高くないといえる。そこで職人の育成に積極的に取り組んでいる企業の事例を次に紹介する。

4．企業の事例：株式会社福井

二〇二一年一月十八日（月）、八月二十日（金）、二〇二三年七月十三日（木）、九月十二日（火）に堺に本社を置く刃物卸の会社である株式会社福井（以下福井と表記）への訪問調査を行った。

福井の概要は表1・2のとおりである。

福井は包丁だけでなく園芸用品等幅広い商品を扱っているが、刃物企業

表1.2　株式会社福井の概要

社名	：株式会社福井
創業	：1912年（明治45年）
設立	：1950年（昭和25年）
代表者	：福井隆一郎（代表取締役会長）福井基成（代表取締役社長）
事業	：利器工匠具製造卸売業
製造品目	：包丁
取扱品目	：包丁・園芸用品・刃物・工具・作業用品・塗料など
主要販売先	：金物卸売商・ホームセンター・通販事業者・一般ユーザー・海外輸出
事業所	：４拠点（堺本社・物流センター・三木支店・新潟支店）
社員数	：127名（うち正社員65名、平均年齢36歳、2023年８月現在）
売上高	：38億円（2022年実績）
資本金	：1000万円

として次のような特徴を持っている。福井の企業としての特徴や戦略のポイントは以下のとおりである。

まず卸としての着実な事業の継続があげられる。創業以来顧客の要望に応えることにより、様々な商品を取り揃えてきた。その結果として多様な生活用品への事業展開がみられる。刃物企業として福井が取り扱っている製品の多様性の高さが大きな特徴である。カタログに掲載されている取扱品目は多数に及び、顧客のニーズの多様化に対応している。表1・3は福井の品目カテゴリーであり、カタログには二五〇〇アイテム以上が掲載されている。

また福井は自社生産ブランドの構築による事業構造改革を推進している。一九一二年に創業以来、株式会社福井は地域の鍛冶職人と研ぎ職人を束ね、自社で柄付けした和包丁を販売してきた（表1・4の福井の沿革参照）。しかしながら、和包丁の需要の減少と、職人の減少にいかに対応するかが課題となってきた。そのよう

表1.3　株式会社福井の品目カテゴリーと販売先

• 品目カテゴリー
包丁・厨房用品、園芸用品・農業資材、水回り・配管部品、家庭用品、工具・金物、作業用品・運搬具、塗料・接着・補修材、アウトドア・フィッシング用品
• 販売先
金物卸売商・ホームセンター、EC 事業者・直接小売・海外顧客
• 社是
「共に喜ぶ」この言葉を胸に、商品やサービスを通じて顧客の生活や社会の発展に貢献する。形のあるツールの流通を通じて世の中の便利に貢献する。

表1.4　刃物卸としての株式会社福井の沿革

1912年（明治45年）	初代福井杢次郎が福井杢次郎商店を堺市で創業 初商いは佐世保の海軍工廠への納品から始まった
1933年（昭和８年）	福井合名会社へ組織変更二代目福井平七郎が代表に
1950年（昭和25年）	株式会社福井商店に組織変更
1965年（昭和40年）	三代目福井清忠が社長に就任
1973年（昭和48年）	株式会社福井に社名変更、本社ビルを現在地に建設
1993年（平成５年）	四代目福井敏夫が社長に就任
1998年（平成10年）	五代目福井隆一郎が社長に就任
2007年（平成19年）	堺ブランド「堺技衆」として認証
2016年（平成28年）	本社新物流センター稼働開始
2019年（平成31年）	六代目福井基成が社長に就任

な状況において、先代と現社長は堺の打刃物業界の活性化を模索してきた。その結果として、包丁を内製化したいという想いがあった。

そのような模索を続けてきた二〇一五年に、当時営業と倉庫の担当だった従業員の丸山忠孝氏が「会社を辞めて職人になりたい」と社長と会長に申し出た。そのような申し出に対して会長は「三年くらい外で修行をして来い。帰って来たら面倒を見る。修行の間の給料はうちが出す」と言い丸山氏を送り出した。それと並行して社内では工房の開設に向けての準備がはじまり、本格的に自社生産へと乗り出した。

二〇一九年春、工房がオープンし、丸山氏は三年の修行を終え会社へ戻った（図表1・5参照）。現社長の福井基成氏は「工房ができたことで包丁屋としてのDNAが呼び覚まされた」、「丸山が告白した日が百年続いて来た会社の大きなターニングポイントとなった」と述べている。また「地道に毎日同じことを淡々と繰り返しながら、道を極めていく日々がはじまった。」とも述べている。[3]

図表1.5　丸山氏の作業風景

出所：株式会社福井提供。

この出来事を同社は「100年企業のターニングポイント」、つまり「第二創業」と位置付けているといえる。職人の育成につながるHADO（刃道）という自社製造ブランドの構築は、ミドルの突出というきっかけを、トップが許容し、組織改革に結びつけていった事例といえる。

それには経営陣の明確な戦略的意図と実行力、さらには不足する資源を補うネットワークが必要である。ここでは刃物職人や包装業界のネットワークが活用された。丸山が修行に出たのは福井の取引先であり、いずれ元の会社に戻る職人志望の丸山をこころよく引き受けてくれた取引先企業の対応があってこそ、丸山の三年の修行が成り立ったのである。それを成り立たせたのはこれまでの卸としての福井のビジネスに対する姿勢であり、会長と社長の経営者としての能力が影響していると考えられる。福井はこれまでのビジネスで強力なネットワークを構築してきたといえる。継続的な取引先との「強い紐帯」が危機的な状況を乗り越えるためのサポートを提供したのである。

同時に、「弱い紐帯」の威力も発揮されている。それが包装業界とのネットワークである。包装業界は福井の取引先であり、それ自体は強い紐帯と言えるが、その取引先からパリで活躍する有名なデザイナーのフィリップ・ワイズベッカー氏を紹介された。同氏のドローイングをパッケージに取り入れ、製品のコンセプトが形になっていった（図表1・6参照）。

このような福井の自社ブランドの構築をブランド戦略の変更の観点から分析してみよう。福井は従来から翁流（おうる）というブランドを保有していた。これはフクロウを意味し、最高級の庖丁に付けられたブランドである。さらに福井は園芸用品など多様な製品展開し、主に園芸用品全般のOWL（オウル）ブランドや園芸刃物の福郎（ふくろう）ブランドなども展開していた。製品の多様化に伴い、一企業内で多様なブランドが存在するようになったため、ブランドイメージの混乱が生じていたのである。それらのブランドの整理という意味もあり、今回HADOブランドが採用された。HADOブランドは福井のこれまでのフクロウをイメージしたブランドとは異なるイメージを持ったブランドとして、国内での競合を避け、海外顧客をターゲットとした高級ブランドの構築を目指したのである。

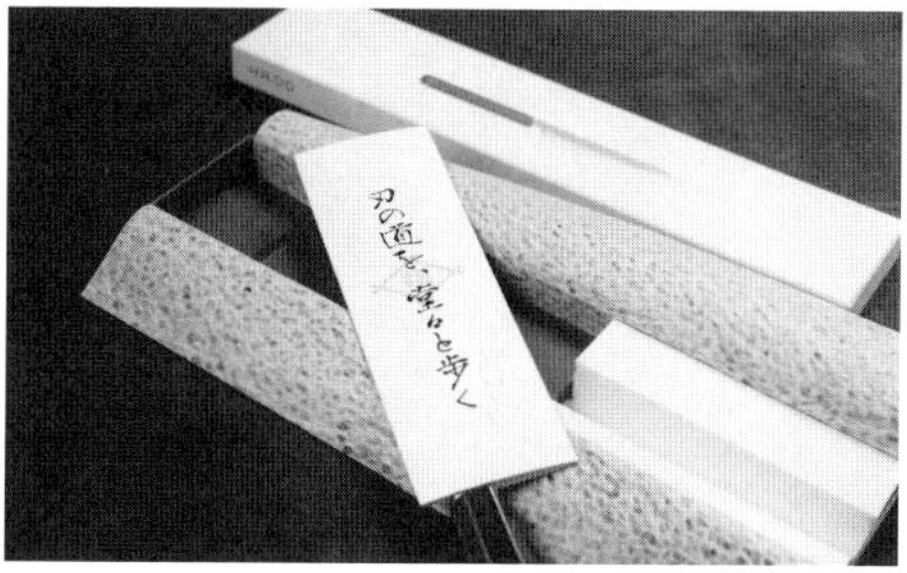

図表1.6　自社製品HADOブランドのパッケージ
出所：株式会社福井ホームページ。

同時に完全な自社ブランドとしてHADOブランドを確立し、自社生産戦略を明確に示す狙いがあると考えられる。現社長の福井基成氏は、HADOブランドはプロジェクトとしての意味をもっていると話す。これまで福井は主に卸として刃物産業に携わってきた。卸として刃物産業に携わってきたのであるが、卸の機能としてモノづくりをトータルに管理するという意味で、卸ではあるがモノづくりへのかかわりが強いと言える。そのような企業において、基成氏は「モノづくりの意味を問い直す」というキャッチフレーズを掲げてプロジェクトに取り組んだ。その過程で社長の福井基成氏と職人の丸山氏、さらに企画営業の市川氏の三人がＨＡＤＯに関わることになる。この三人は、単に切れ味が良い刃物をつくるだけでなく、その刃物を持つ人と喜びや感動を分かち合えるモノづくりを目指してきた。

このような経緯から、ＨＡＤＯブランドは単なる商品の商標ではなく、同社では新しいムーブメントを起こすプロジェクトのひとつと位置付けられているのである。プロジェクトのコンセプトは「モノづくりの魂」であり、「研ぎ続けることで手に感じる何かが心に積み重なっていく。単によく切れるだけでなく、すべての人に持つ感動を与える包丁でありたいと思う。」という思いが込められている。刃物の切れ味、という機能を提供するだけでなく、感動を提供するという意味で、最近話題となっているコト消費につながる可能性がある。

このようなプロジェクトを製品差別化戦略とブランド戦略の観点からは、次のような分析が可能であろう。モノづくりの企業であれば、当然製品による差別化は重要な戦略となる。もちろん品質の差別化は重要であらう。しかしながら庖丁という製品を考えた場合、製品品質の差別化には限界がある。切れ味を明確に数値で表すことは困難であり、いくら高級包丁といえども普通の包丁よりも二倍切れるとか、三倍おいしくなる、とはなかなか主張することはできない。そのため、どうしてもイメージの差別化が必要となってくる。各社、包丁の銘などを工夫し、イメージの差別化を図っているが、パッケージの差別化によるイメージの差別化に踏み込んだのは福井のＨＡＤＯブランドが初めてであろう。先に述べた有名アーティストのデザインによる斬新なパッケージがひときわ目を引くものとなっている。

さらに福井はＨＡＤＯブランドにストーリーを追加した。ホームページに丸山氏が修行に出るところから始まるＨＡＤＯブランド誕生のストーリーをモノづくりの魂と関連させて消費者に公開することで、認知度向上に努めている。顧客はそのようなストーリーを理解することにより、単なる製品を消費するのではなく、感動体験を消費することができるのである。同時に、従業員とともに刃物業界・刃物企業のあるべき姿を共有することも行われている。HADOブランドに関わる従業員は全従業員の1割に満たないが、ストーリーを共有することにより、顧客に感動を届けるという同社の理念の共有が進み、他の製品の販売にも生かされているのである。

また同社は職人育成の新たなシステムも構築したといえる。分業から成り立つ堺の刃物産業で、それぞれの事業者が単独で後継職人を育成するのではなく、垂直分業を行っている取引業者間の共同人材育成システムの構築である。これは職人の後継者不足による従来の地域内分業の機能不全の解消を目指した、新たな人材育成のシステムといえる。人材育成システムの構築は長期的に発展可能な事業システムの改革につながるのであり、そのようなシステムの構築により、伝統産業の継続が実現される。福井が卸から自社製造へ進出し、自社ブランドを構築してきた意味はそこにある。卸から製造への進出の意味は、自社生産による明確な人材育成戦略であり、同時に長期的な人材育成のための事業システム改革であり、最終的にはモノづくりの在り方を見直し、伝統産業を長期継続的に成長させようとする福井の社会的責任を伴った企業家精神の発現である。

7　事例研究2（注染和晒：株式会社ナカニ）

1．歴史

注染とは、和晒（生地を炊いて漂白する手法）によって生まれた綿製品を染める技法のひとつであり、それらを総称して注染和晒と呼ぶ。大阪では「浪華本染め」という名称で経済産業大臣指定の伝統的工芸品となっている。

またその生地を使った製品は「浪華本染めゆかた」、「浪華本染め手拭い」という名称で大阪府知事指定の伝統工芸品となっている。

これらの製品は、十七世紀ごろ、和晒に必要な川の水と日光に晒すための広い土地という自然条件から、石津川沿いの津久野・毛穴地域で作られるようになり、この地に和晒の産業が興った。第二次世界大戦後は、大阪市内の注染業界が和晒の産地である堺に移転し、手拭いやゆかたの産地が堺に形成された。(4) この製品は注染職人の匠の技による鮮やかな彩りと自然なぼかしが特徴である。

2. 事業システム

注染和晒の企業は大阪、東京、静岡などにいくつか存在するが、それほど多くはなく、多くが委託加工を行っている企業で、中小零細企業が多く、組合を作って連携して発注業者、卸業者と取引を行っている。注染和晒の組合は協同組合オリセン（もと大阪府織物染色協同組合）であり、参加企業は以下のとおりである。

- 注染部

市岡染工場、株式会社大盛染工場、神奴染工場、株式会社北山染工場、株式会社協和染晒工場、澤染工場、株式会社ナカニ、株式会社西川由染晒工場、水本染工場

- 和晒部

角野晒染株式会社、株式会社三共晒、株式会社武田晒工場、株式会社西川由染晒工場、株式会社丸三染晒工場、株式会社マルシン晒工場、株式会社マルヤマ

●捺染部
角野晒染株式会社、太泉晒染工業株式会社、株式会社ダイヨーセンコー、竹野染工株式会社、株式会社ナカニ、株式会社マルシン晒工場

●整理部
株式会社日野谷整理工場、有限会社ミヤグチ

3．業界の現状

上述の企業が組合を通して、あるいは直接取引を行い事業に携わっているが、綿織物手加工染色整理業と呼ばれる業界の企業数は年々減少傾向にある。また製造品出荷額も減少傾向にあるが近年は横ばいとなっている（図表1・7）。

綿織物手加工染色整理業には捺染

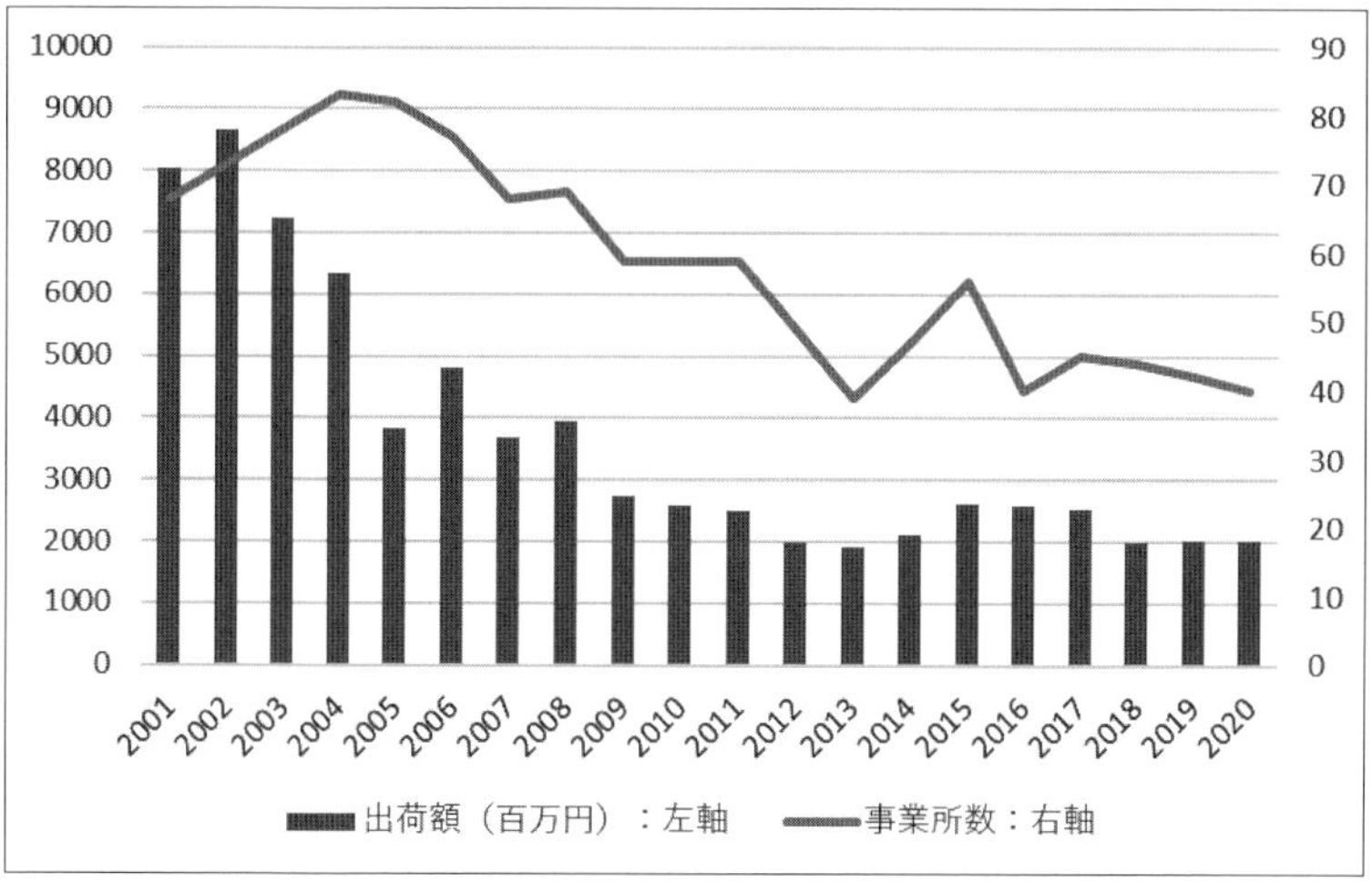

図表1.7　綿織物手加工染色・整理業の出荷額と事業所数の推移

出所：工業統計表（品目編）をもとに著者作成。

注：日本標準産業分類（平成25年［2013年］10月改定）の細分類1145織物手加工染色整理業は「主として織物に人力による精練、漂白、浸染、なっ染、その他の処理を行う事業所をいう。」とされている。事例は「手なっ染業（スクリーン又は板上げの方法による友禅柄、成人女子・少女服柄、スカーフ柄、マフラー柄、ネッカチーフ柄、さらさ柄、小紋柄、ふろしき柄などのなっ染を含む）；注染業（中形、手ぬぐい染を含む）；和ざらし（晒）業；紋染業；手描染業；引染業；印はんてん染業；旗染業；長板本染業；精練・漂白業（白張を含む）；浸染業（あい染、紅染を含む）；手加工染色整理仕上業；織物手加工修整業」となっている。細分類1145のなかには114511綿織物手加工染色・整理、114512絹織物手加工染色・整理、114519その他の織物手加工染色・整理の三つが含まれている。その中の114511綿織物手加工染色・整理の統計数値を利用した。なお2011年、2015年、2020年は経済センサス活動調査の数値を利用した。

（いわゆるプリント染色）、注染、和晒など各種の企業が含まれているが、ここでは伝統的な注染の技法を継承している注染和晒業に焦点を絞り、解説を行っていこう。注染とは生地を炊いて漂白する手法によって生まれた綿製品を染める技法のひとつであり、次のような工程で行われる。

(1) 糊置き

まず柄の中で染料をつけたくないところに糊をのせる。柄に合わせて糊付けを繰り返す折り返しには相当の熟練が必要とされる。

(2) 注ぎ染め（土手つくりと染料の注入）

染料を注ぐ部分に土手を作り、土手の内側に染料を十分に注ぎ込んで染める。表からも裏からも染めるのが特徴である。

(3) 水で流す

染め終わった生地についた余分な糊と染料を水で洗い流す。

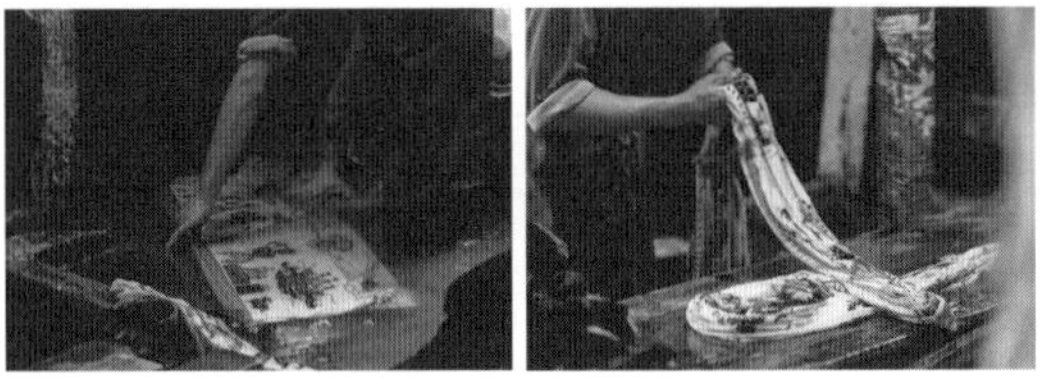

(4) 干す

水洗いの終わった生地を天日乾燥で立干する。

図表1.8　注染の工程[5]

このような工程を経て制作される注染和晒であるが、かつては織物製品の中心的存在であり、かつ高度な技法を必要とするため多くの需要があった。しかしながら多くの伝統産業に見られるように垂直分業構造を持っており、製造現場は委託加工業としてサプライチェーンに組み込まれた中小零細企業が多く、それが注染業界の課題となっていた。高い技能を持ちながら、卸業者に対して価格決定権がなく、十分な利益が獲得できない状態が続いていた。しかしながら需要がある間は一定の利益を得ているために、危機感を持つことができず、構造改革に取り組めない状態が長らく続いていた。そのような状況とともに、深刻な問題が人材不足の問題である。注染の技術は高度な技術が要求される一方、作業自体は過酷な労働が多く、優秀な人材がなかなか確保できなかった。

このような問題を抱えた業界ゆえに、事業者が激減し、存続の危機に瀕していた。このような状況を改善しようと試みた企業の事例を次に紹介する。

4．企業の事例：株式会社ナカニ

二〇二一年一月二十日（水）、八月二十日（金）、二〇二三年七月十日（月）、八月二十九日（火）、九月十四日（木）に株式会社ナカニ（以下ナカニと表記）の中尾雄二氏に訪問調査を実施した。ナカニの企業概要を表1・5に示す。創業は一九六六年でおよそ六十年の歴史を持っている。

ナカニの事業内容が表1・6である。表1・6に示されているように、注染を中心として捺染加工も手掛けている。さらに手ぬぐいブランドの「にじゆら」や広巾注染「たしたん」などオリジナルブランドを展開し、店舗経営も行っている。現在、直営店舗は「ここ

表1.5　株式会社ナカニの企業概要

社名	：株式会社ナカニ
代表取締役	：中尾雄二氏、中尾弘基氏
設立	：1966年（昭和41）年７月
資本金	：1000万円
所在地	：〒599-8266 大阪府堺市中区毛穴町338-6
社員数	：42名（2022年現在）

ことにじゆら」（大阪市中央区）、「ルクア大阪店」、「京都三条店」、「神戸店」（神戸市中央区三宮）、「染めこうば店」（東京都台東区）、「日本橋店」（東京都中央区日本橋）の六店舗を展開している。

ナカニのここに至るまでの道のりは平たんなものではなかった。オリジナルブランドを構築し、直営店を経営するまでは、伝統的な分業の枠組みに組み込まれた委託加工業として細々と経営を行っていた。それでも高度経済成長に支えられ業績を伸ばしてきたが、タオルの普及などで需要が減少し、経営が次第に苦しくなってきた。そのような時に事業を継承したのが、二代目の中尾雄二氏であった（表1・7参照）。

中尾雄二氏が展開した戦略をまとめると、ユニークな経営理念、自社ブランドの構築と小売り事業への大胆な進出、デザインを重視した商品展開、ユニークな人材育成のシステム構築といえる。以下それらについて検証していこう。

まず中尾氏は経営理念について次のように述べている。(6)

表1.6　株式会社ナカニの事業内容

注染・捺染加工、注染手ぬぐい「にじゆら」企画・販売・店舗経営
広巾注染「たしたん」企画
「Re カタチ」企画・販売
手ぬぐい体操普及活動
主要取引商品：手ぬぐい、ゆかた、綿布染色加工、他綿製品　など
主要取引先：百貨店、繊維取引商社、量販店、生活雑貨店

表1.7　株式会社ナカニの沿革

1966年（昭和41年）	中二染工場として主に注染の手ぬぐい、浴衣の染色加工を創業者中尾幸雄が開始する。
1976年（昭和51年）	ロール捺染機を導入。ギフト用フキン、ネマキ等の染色加工を開始する。
1989年（平成元年）	屋号を中二染工場から 株式会社ナカニに変更。
1993年（平成５年）	中尾雄二氏が代表取締役に就任。
2008年（平成20年）	注染手ぬぐいブランド「にじゆら」を設立。
2009年（平成21年）	大阪中崎町に「にじゆら本店」、京都東山店開店
2013年（平成25年）	「にじゆら」の中に広巾のブランド「たしたん」を開始
2014年（平成26年）	東京御徒町、染めこうば店開店
2015年（平成27年）	大阪 ルクア大阪店開店
2019年（令和元年）	東京日本橋店開店

「事業を通して人と人が理解を深め、相手を思いやり、三方好しの精神で人間関係を構築できる人材を育成していきたいと思っています。」

「ナカニは伝統的なモノ作りを通してその様な優しくて強い人を育成していくことを経営理念とします。」

ここでは明確に人材育成の理念が掲げられている。なぜそのような理念に至ったのであろうか。中尾雄二氏は業界や企業の将来性が見通せない状況で、多くの人から手ぬぐいの魅力を聞き、「本当に手ぬぐいは駄目なのか？　手ぬぐいの事を伝えるべく精一杯手を尽くしてみよう」と思うようになったという。「手ぬぐいがとても好きで生活に無くてはなりません」という声を聞き、「人が喜んで下さる事が自分にとって幸せな事だ」と深く思い、そこから、モノ作りを通して「優しくて強い人」へと成長していける会社でありたいと願うようになったという。このような思いから二〇〇八年に注染手ぬぐい専門のブランドである「にじゆら」を立ち上げることになる。

また経営理念をもとにした人材育成にも力を入れている。ナカニのユニークな職人の人材育成の特徴は職人の多能工化である。従来は「糊置き」の工程と「注染」の工程は別々の職人が担当する分業制であった。「糊置き」の工程は地味だが熟練を要する工程であるため、分業による技能の向上が目指された。しかしながらこのような分業制は職人のモティベーションの点で若干問題があった。

そこでナカニでは単一の工程のみを行う「単能工」ではなく、一人で複数の工程（「糊置き」と「注染」）をこなす「多能工」として職人を育成するように方針を変更した。一つの製品を一人で仕上げることにより、仕事に責任感を持ち、モティベーションが向上することを狙った。また他の工程を理解することで、職人の技能も向上することが期待された。さらには職人が自らデザインから染めまでを企画する機会を設け、作家として成長する道も用意した。

そのような形で職人を育成しながら、自社ブランドを構築し、小売業へも進出した。二〇〇八年には注染手ぬぐいの自社ブランド「にじゆら」を設立した。ブランドの意味は注染の技法で染めた手ぬぐいの独特の風合いを示す「にじんだりゆらいだり」という意味からきている。注染技法は何枚も重ねた和晒の布に注いだ染料を吸引して染め上げる技法であるため、どうしても職人の手作業のための誤差が出てくる。その誤差をむしろ味としてとらえ、その美しさを個性として売り出そうというものである。注染技法の特徴、良さを前面に打ち出したブランドといえる。製品特性から、どうしてもにじんでしまう、という弱点を逆手にとって強みへと変えていく優れた戦略といえる。

また、ブランド構築と並び評価できるのが、従来の事業システムから脱却をはかるために、委託加工業から脱却し、製造小売り事業へ進出したことである。ナカニは商品の企画からデザイン、製造、販売までを手掛ける、手ぬぐいのＳＰＡといえる事業を展開している。なぜそのような一貫生産システムを構築したのか。そこには商品に込められた思いと生活を重視するナカニの経営理念が生かされている。ナカニは創業より手作りのモノづくりにこだわり、手ぬぐい文化や伝統を大切に育ててきた。伝統を大切にしながらも今の時代に合わせたデザインが必要と主張する。あくまで手ぬぐい文化を継承するためのデザイン重視であり、さらには小売業への展開である。

高い技能が求められる注染であるが、顧客はそのような技能を直接知ることは少ない。最終顧客の購買に結びつくためにはやはりデザインが重要である。また小売業へ進出し、事業システムを改革するためには、いかにデザインで価値を生み出すかが重要となる。技能だけでは委託加工業の事業システムは変えられない。そのため、多くの作家とのネットワークを構築し、多くの企業とのコラボレーションをすると同時に、自社でもデザインを担当する人材を育成している。

また手ぬぐいの価値を高めるために、様々な企業とのコラボレーションも展開している。具体的にはサントリーとのコラボ商品や東京駅（ＪＲ東日本の鉄道博覧会のノベルティ）とのコラボ商品、南海電車とのコラボ商品などがあげられる。

また、日本の伝統文化である手ぬぐいを生活の一部に取り入れ、伝統文化を継承するために様々な取り組みも行っている。そのひとつが「手ぬぐい体操」である。これは、「テラノ式手ぬぐい体操」をオリジナルの音楽に合わせて誰でも気軽に楽しめるようにアレンジした体操であり、テレビでも紹介され、各地で実践されている。日本人の知恵が詰まった文化である手ぬぐいを、多くの人に知ってほしいという想いから生まれた取り組みである。

中尾氏の経営戦略は表面的には注染技法の強みを生かしたデザイン重視のブランドの構築であり、そのブランドを活かした小売業への垂直的な事業展開による事業構造の改革である。ただし、それらの戦略は中尾氏の手ぬぐいに対する強い想いがベースとなっている。

中尾氏は大手企業の勤務経験もあり、家業を継ぐ以外の選択肢もあったという。父親が経営する企業に入社し、後を継ぎ、業界の改革を進めるのは、注染という技法による手ぬぐいの良さを伝えたい、手ぬぐいを後世に残したいという強い想いが支えとなっているという。業界存続への強い思いと、「伝統的なモノ作りを通して優しくて強い人を育成する」という経営理念から、独自ブランドを構築して小売業へ進出するというハイリスクな企業家行動が生まれたといえる。

8　まとめ

これまで伝統産業において改革を行っている二社の事例を見てきた。それらの事例に共通する特徴を最後にまとめておきたい。

まず、戦略としては独自ブランドの構築があげられる。それらのブランドには意味や物語があり、経営者の想いが込められている。また自社生産や自社販売への進出など、従来の業界慣行にとらわれず、大胆な事業システムの改革を行っている点も共通する点である。両経営者は、これらハイリスクな企業家活動に大胆に取り組んでいる。もちろんこれらは単独で行われているのではない。多くの取引先や競争相手との連携、協力により実現されていることは確認しておく必要がある。外部のデザイナーや他業種の企業、取引先、業界組合など、様々なネットワークを活用していることが特徴である。

それらのネットワークを生かしたユニークな人材育成も共通する点である。職人の自社育成、大胆な研修制度、多能工の養成などユニークな人材育成システムに努めている。この人材育成のシステムは経営理念の共有と関係している。両社に共通する最も重要な点は経営理念の全社的共有である。両社はどちらもモノづくりへのこだわりを持ち、業界全体の存続、伝統や文化の継承を第一に考えている。ファミリービジネスとして家業の存続ももちろん大事だが、それよりも地域の伝統産業、伝統文化の継承が最も重要なことと経営者が認識している点が特徴的である。それが経営理念としてファミリーにも継承されている点が、また同時にそのような経営理念が現場の従業員にも共有され、改革が行われている点が注目に値する。理念が具体化された人材育成システムの存在によって、そのような経営理念が全社的にも共有され、企業の存続発展、さらには業界の発展と伝統や文化の継承につながっているといえる。

【注】

（1）山田幸三（二〇一三）『伝統産地の経営学：陶磁器産地の協働の仕組みと企業家活動』、関西大学社会学部上野ゼミナール編集・発行「2020年度　堺市と関西大学との地域連携事業『新事業開発による伝統産業の活性化事業』報告講演会資料集」二〇二一年三月三十一日を参照。

（2）堺市のsakai kitchen〈堺キッチン〉（伝統産業ブランド創出促進事業）公式ホームページ https://www.city.sakai.lg.jp/sangyo/dentosangyo/sakaikitchen/index.html（二〇二三年七月二十九日閲覧参照）。

（3）ＨＡＤＯブランドサイト（https://hado-knife.jp）参照。
（4）堺市のホームページ参照、二〇二三年七月三十日閲覧。（https://www.city.sakai.lg.jp/kanko/sakai/keisho/dentosangyo/yukata_tenugui.html）
（5）出所：オリセンホームページ（http://osaka-orisen.com/chusen.html）参照。写真は株式会社ナカニのホームページより許可を得て掲載。
（6）中尾氏へのインタビューより。

【参考文献】

伊丹敬之・松島茂・橘川武郎編（一九九八）『産業集積の本質――柔軟な分業・集積の条件――』有斐閣。

上野和彦（二〇〇七）『地場産業産地の革新』古今書院。

上野和彦（二〇〇八）「伝統産業産地の本質」上野和彦・政策科学研究所編『伝統産業産地の行方――伝統的工芸品の現在と未来――』東京学芸大学出版会。

上野恭裕（二〇二二）「堺市における伝統産業の経営戦略」『関西大学経済・政治研究所セミナー年報２０２１』、七十九～一〇二頁。

上野恭裕・曽根秀一（二〇二二）「伝統産業におけるファミリービジネスの競争優位――日本とドイツの刃物産業の事例研究――」関西大学『社会学部紀要』第五十三巻第二号。

加藤厚海（二〇〇九）『需要変動と産業集積の力学――仲間型取引ネットワークの研究――』白桃書房。

川村晃正（二〇一〇）「伝統産業・堺の今と昔」『専修大学社会科学研究所日報』、五十三～五十七頁。

金泰旭（二〇一四）『地域ファミリー企業におけるビジネスシステムの形成と発展――日本の伝統産業における継承と革新――』白桃書房。

後藤俊夫編著（二〇一二）『ファミリービジネス――知られざる実力と可能性――』白桃書房。

佐藤典司（二〇一八）「伝統的工芸産業の現状と課題、および今後のビジネス発展の可能性」『立命館経営学』第五十七巻第四号、五十九～七十四頁。

谷口佳菜子・上野恭裕・北居明（二〇一三）「伝統的事業システムの競争優位と課題――堺・関・燕の刃物産業の比較より――」『長崎国際大学論叢』第十三巻、三十一～四十三頁。

山田幸三（二〇一三）『伝統産地の経営学――陶磁器産地の協働の仕組みと企業家活動――』有斐閣。

Gersick, K. E., Davis, J. A., Hampton, M. M. and Lansberg, I.（1997）*Generation to Generation: Life Cycles of the Family Business*, Boston, Harvard Business School Press（岡田康司監訳、犬飼みずほ訳『オーナー経営の存続と継承：15年を超える実地調査が解き明かすオーナー企業の発展法則とその実践経営』、流通科学大学出版、一九九九年）。
Granovetter, M. S.（1973）"The Strength of Weak Ties", *American Journal of Sociology*, Vol.78, pp.1360－1380.
Piore, M. J. and Sabel, C. F.（1984）*The Second Industrial Divide: Possibilities for Prosperity*, Basic Books: NY（山之内靖・永易浩一・石田あつみ訳『第二の産業分水嶺』筑摩書房、一九九三年）。

【資料】

関西大学社会学部上野ゼミナール編集・発行「２０２０年度　堺市と関西大学との地域連携事業『新事業開発による伝統産業の活性化事業』報告講演会資料集」二〇二一年三月三十一日。

上野恭裕教授　講演動画　53分
「堺の伝統産業におけるイノベーション」
関西大学経済・政治研究所
第260回産業セミナー
2023年9月20日
https://youtu.be/ZZHFyftMuaM?si=d0XzYYLVqADOoeJC

NOW!

黒歴史燃やしたるさかい
浄化作用を持つ線香に黒歴史(恥ずかしい・見られたくない思い出)を書いて燃やし、浄化する。

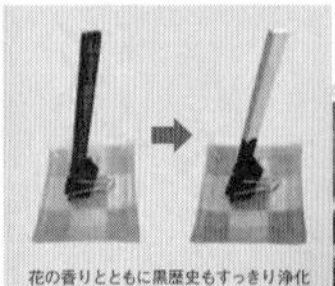

花の香りとともに黒歴史もすっきり浄化

(写真：堺伝匠館HPより)

堺伝匠館で販売された「黒歴史燃やしたるさかい」を紹介する上野恭裕ゼミの森本果那さん

300円。大学の広報と神社の公式SNSで事前広告もした。「最初は苦戦していたのですが、SNSを見た卒業生の方が来て、たくさん購入してくださいました」と中島さん。販売には立ち会えなかった中舎さんも「まさか完売するとは思っていなかったので、うれしかった」と笑顔を見せた。

◉『黒歴史燃やしたるさかい』で過去を浄化する

黒歴史を持つ人、気軽に厄払いしたい人などをターゲットに、「燃やしたい過去、線香に委ねませんか？」とうたう『黒歴史燃やしたるさかい』。特製の黒く平らな棒状の線香にペンでそれぞれの「黒歴史」を書き込み、燃やして浄める。「実は、当初は全然違うものを考えていました。それはビジネスに発展しないと先生から指摘を受け、コンテスト1か月前なのに白紙の状態に。これは恥ずかしい経験になりそうだ……というところから、黒歴史が突如話題にあがったんです(笑)」と石堂さん。関大生にアンケートを実施し、多くの若者が黒歴史を消し去りたい、燃やしてみたいと思っていることも分かった。「深夜までオンラインで話し合いを重ね、ネーミングは朝方2時頃、皆が睡魔と戦うなかでメンバーの一人が思い付きました」と森岡さんも笑う。

森岡未伎さん

開発は急ピッチでスタート。線香を燃やした際に文字が浮き出るようにしたかったが、技術的に難しいことが判明し、書いて燃やすスタイルに。そしてコスト削減のため、お香立てには市販のクリップを採用し、価格は10本入り1,100円に抑えた。「神事や仏事で添護摩木を燃やしてもらうのとは違い、自分で悩みや黒歴史を燃やせる。浄化を感じやすく、香りも楽しんでもらえるのでは」と石堂さん。「線香が燃え尽きるまで30分ほど。燃やし切ることが出来たら浄化完了と思ってもらえれば」と森岡さん。製品は1月23日から堺伝匠館にて試験販売が開始され、予定の8箱を完売した。

石堂新大さん

◉より良い製品へと進化させ、販路の拡大へ

プロジェクトを通しての手応えを聞いてみると、「やってみたら完売という結果がついてきた。何事も挑戦してみるべきだと学びました」と中舎さん。「思い描いた製品が形になり、自分で販売し、目の前で買ってくださる姿も見ることができて、達成感でいっぱい」と中島さんも喜びをにじませる。「奥野さんや販売先とのやりとり、グループ内のスケジューリング、進捗確認など、調整力が身に付いた。この力はさまざまな場面で役立つと思います」と言うのは石堂さん。「技術面や販売先のことなど紆余曲折はあったけど、納得のいく方法を見つけ、販売までたどり着けた。対応力が養われたと感じます」と森岡さんも自身の成長を振り返る。

来年度、このプロジェクトは後輩たちへと受け継がれる予定。「円滑に進めていけるよう、しっかりサポートしたい」と森岡さん。「今回は可能性を見るための価格設定だったので、利益を出せるよう、引き継ぐ前にもっと練らなくては」と中舎さん。「ビジネスモデルとして成立させることも重要。より良いものにして他の地域でも販売される製品に育つと嬉しい」と石堂さん。「購入してくれた受験生の『線香を焚いたら合格しそうな気がする』という声を聞き、新たな価値にも気付けた。それらを踏まえ、より大きな製品にして欲しい」と中島さんも先への思いを語る。2つの製品がどのように成長していくのか、今後が楽しみだ。

「新スタイルの“線香”で幸福体験をもたらす製品を」

新事業開発による伝統産業の活性化プロジェクト

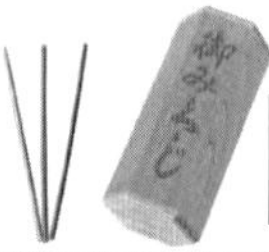

おみくじ線香
大学生へのアンケート調査で9割以上が「好き」と答えた「おみくじ」と線香を融合。

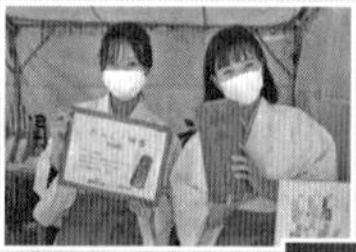

開口神社でおみくじ線香を販売

堺市・開口神社

神社で焚かれたおみくじ線香

おみくじ線香を引く参拝客

◉社会学部 上野恭裕ゼミ

4年次生 **中舎 哲志 さん** （2001年 大阪府豊中市生まれ）
4年次生 **中島 ひより さん** （2000年 大阪府大阪市生まれ）
4年次生 **森岡 未伎 さん** （2001年 大阪府松原市生まれ）
4年次生 **石堂 新大 さん** （2000年 兵庫県たつの市生まれ）
※学年は取材時

日本には優れた伝統産業は多数存在するが、その多くは広く認知されておらず、日常生活で利活用される機会も減りつつある。社会学部の上野恭裕ゼミでは、堺市の伝統産業の技術や技能を分かりやすく市民に伝えるとともに、その技術を応用した新事業開発を企業と連携し推進している。今回、堺市の「線香」を活用した新製品を開発した学生たちに話を聞いた。

◉伝統産業の良さを自分たちの世代にも伝えたい

刃物、線香、注染《ちゅうせん》など、堺市が誇る伝統産業の中から、「線香」を活用した2つの新製品が上野ゼミより誕生した。その名も『おみくじ線香』、『黒歴史燃やしたるさかい』。いずれも2022年2月に開催された堺市連携のビジネスアイデア・コンテストを勝ち抜き、線香の老舗製造企業である株式会社奥野晴明堂と共同開発を行ったものだ。

伝統産業に触れる機会の少ない学生も多い中、「歴史をたどり、地域の特色を深掘りするうちに、僕たちの世代でも身近に感じられる部分があると気付き、多くの人に知ってもらいたいと思うようになった」と語るのは石堂さん。仏事で使うイメージしかなかった線香が浄化や疫病退散の目的で焚かれると知り、今のコロナによる生活環境や日常の悩み解消に繋げられると線香の概念が変わったという。

◉『おみくじ線香』で線香を娯楽に

木製の筒を振ると番号付きのカラフルな線香が出てくる『おみくじ線香』。神社で番号のみくじ籤を受け取り、その場で線香を焚くか持ち帰ることもできる。「今、若者の間ではメッセージ性のあるおみくじが人気。そこで、SNSに投稿したくなる“映える”おみくじを作ろうと思い付きました」と中島さん。参加型の体験やコンテンツへの消費意欲が高い若者世代が神社仏閣を訪れるきっかけにもなると考えた。

中島ひよりさん

苦心したのは、筒から棒状の線香を出す仕組み。通常の線香では強度が足らず折れてしまうため、全員で検討を重ね、太く改良した。線香同士が擦れて削れる問題には、奥野さんから線香をストローに入れる案を提示された。「どうしても線香の色を一目で見せたかったのですが、ストローを使うのが妥協点でした。思いを貫き通すことも大切だけど、諦めることも必要だと学びました」と中島さん。環境問題も考慮して、さとうきびストローを使うことに決めた。また、神社から借用した木製の筒にも工夫が必要だった。「線香が太く、穴に入らなかったんです。宮司さんに穴を大きくしてもいいか確認をとったり、奥野さんに筒のサイズに合わせた線香を作っていただいたり、一つひとつ課題を解決しました」と中舎さん。

中舎哲志さん

『おみくじ線香』は、今年の正月三が日、堺市の開口《あぐち》神社境内にて試験販売が実施され、用意した約180本を完売した。価格は1回

第2章

事例研究　豫洲短板産業

ファミリービジネス

3代目社長はいかにアジア進出を成し遂げたか

――森晋吾社長　講演録――

亀井克之　上田正人

■

豫洲短板産業とは何か?

豫洲短板産業の事業承継はいかになされたか?

森晋吾社長が就任し、リスクをとって新たに始めた事業は何か?

森晋吾社長の二〇二三年創業100年に向けたビジョンは何か?

あなたが豫洲短板産業の社長なら次にどんな決断をするか?

1　はじめに

本章では、関西ファミリービジネスの事業承継とアジア戦略の事例として、豫洲短板産業株式会社、ＹＯＳＨＵグループを取り上げる。

本章は豫洲短板産業株式会社の森晋吾・代表取締役社長による講演「豫洲短板産業の事業承継を通しての森家に受け継がれる思い」（二〇二一年九月四日、関西大学経済・政治研究所第246回産業セミナー、関西大学梅田キャンパス）および森興産株式会社の森隼人・代表取締役の講演「森興産の経営戦略」（同）、ＷＥＢサイト公開資料、Youtubeチャンネル「晋吾見聞伝」などの内容に基づいている。

2　豫洲短板産業とは

ステンレスという金属素材の未来を想像した初代、コンピューターの時代を想像した二代目、グローバル化を想像した三代目。常に時代を先読みして変化してきている歴史が豫洲短板産業にはある。

一九三三年、創業者の森義正は出生地である愛媛県八幡市で二十歳で創業した。

時代の状況に合わせながら事業を変化させ戦後にステンレス鋼材の需要拡大を予感し一九六四年豫洲短板産業（よしゅうたんぱんさんぎょう）株式会社を大阪に設立した。社名にある豫洲は創業者の出身地の名前であり、短板は事業体を表現した造語だ。ステンレス鋼材を取り扱う中で必要な量を小口で販売するということを業界で初めてサービス化した。短い板を販売するという言葉で表現されている。戦後にステンレス鋼材は世界的に使われる金属となり生産量も需要量も順調に伸びた。成長産業となったステンレス産業はステンレスを専門的に作る鉄鋼メーカーと流通会社が協力する形で日本の高度経済成長の波に乗り大きく成長を遂げた。森義正はステンレス鋼材流通企業の社長として大阪を拠点に日本全国に販売先を確立していった。流通企業の業界連携を大切にし、業界全体の発展に貢献した。

二代目の森清市が社長に就任したのは一九八三年バブル景気真只中だった。その後バブル景気が崩壊し、日本の景気低迷が続いた。そのような中ステンレス需要は日本だけにとどまらず、韓国・台湾・中国での需要も高まった。アジア唯一のステンレス生産国であった日本は大きく生産量を伸ばした。豫洲短板も日本国内の需要だけではなく台湾向けの輸出を順調に伸ばすなど業績を拡大していった。

二代目の時代は産業全体が成長していく中で需要の取り込みと利益体質の構築がなされた。一九七三年にコンピューターを導入し業務の効率化を図り一人でこなせる仕事量を増やすことでサービス面での充実を実現した。先行したＩＴ投資が業界をリードするポジションを確立することにつながった。二〇〇〇年以降は日本での需要が頭打ちとなる中で韓国・台湾・中国でもステンレスの生産が盛んになり日本でのステンレス生産量は落ち始めた。近代的な産業には必要不可欠となったステンレスはリーマンショックにより一時的な需要減退は発生したが東南アジア諸国の経済発展にも後押しされ世界的な需要はさらに伸び続けている。

三代目として二〇〇八年に三十五歳で森晋吾社長が就任してからはアジア圏での需要に対応するため二〇一〇年から海外に拠点を作りアジア圏での事業展開を始めた。

同社では、すべきことは次の代につなぐことであり、次の代がその個性を十分に発揮できるように基盤を作り新しいことへチャレンジできる環境を用意することだと教えられてきた。二代目も三代目も社長就任してからは先代から口出しをされることなく新しいことにチャレンジしてきた。自分にしかできないことを模索し時間をかけて実践してきた。そこには渡す側における後継者を信頼する度量と受ける側におけるすべてのことに感謝ができる素直な気持ちが必要となる。幼少より現社長が教わってきたことの根幹がこの信頼と素直さだった。

3 YOSHUグループの概要

現在の代表取締役・森晋吾氏の祖父、森義正氏が、一九三三年、二十歳の時に、出生地である愛媛県八幡市で創業した。創業時は、二宮金物店という屋号の個人事業だった。

現在、グループの総額売上は約二百億円に達している。100％関係のある関連会社は五社、海外における合弁会社が七社、合計十二社がグループを構成している。事業内容は金属材料の卸、金属加工、そして人材という大きな三つのくくりで事業を展開している。従業員数は総人数で五〇〇人、人材関係で派遣事業を行っているので、顧客である企業に派遣している社員も、グループの一員として登録されている。どの会社も未上場で、個人所有ま

図表2.1　YOSHU グループの概要

代表者	森晋吾（創業家三代目）
創業年	一九三三年　（二宮金物店）
売上高	グループ総額売上200億円
事業会社	100％関連会社五社　合弁七社（正確な連結決算は未実施）
事業内容	金属材料卸　金属加工　人材
従業員数	五〇〇人（派遣二〇〇名含む）
上場区分	未上場
本店登記地	大阪市中央区南船場一ノ四ノ十一　モリビル
企業倫理	「義」

たは関連会社の所有という形で運営されている。中心になっている本店の登記場所は大阪市中央区南船場だが、森義正が創業した会社は、メインの会社の屋号である豫洲短板産業の名前にあるように、伊予国にあった。そこから戦後、大阪に出てきた時、最初の拠点が中央区南船場で、そこから事業展開して各地に拠点を持つようになった。

4 企業倫理 理念 ビジョン ミッション

1．YOSHUグループの企業倫理 理念 ビジョン ミッション

グループの企業倫理として「義」という言葉を使っている。義に込めた思いをグループ全体で展開している。「義」とは、簡単に言うと「独り占めしない」「競争ではなく共に働く」という意味だ。創業者の名前、義正から一字を取り、この言葉を後継者につなげようとしてきた。理念としては「つながり愛」、つまり愛を持ってつながりを作っていき、そのつながりに愛があることを掲げている。全体のビジョンとしては、「需要と供給を最短でつなぐことで無駄を省き社会全体を豊かにする」が掲げられた。

コロナの影響で新たに掲げられたミッションとして「サプライウェブの中心で世界をつなぐ架け橋となる」という言葉が使われている。コロナ禍の中で新しい方向性を見出さなくてはいけないということで、倫理からミッションまで新しく考え、これから浸透していこうとしている。

図表2.2　YOSHU グループの倫理 / ビジョン

倫理	「義」＝独り占めしない、競争ではなく共に働く
理念	つながり愛
ビジョン	需要と供給を最短でつなぐことで無駄を省き社会全体を豊かにする
ミッション	サプライウエブの中心で世界をつなぐ架け橋となる Be Well Off YOSHU

2. 豫洲短板産業の理念

以上はグループ全体の考え方だが、豫洲短板産業の中だけの理念として「Be Well Off～ともに豊かに～」という言葉が大切にされている。これは同社で働く者の名刺にも書かれている。名刺には、会社のロゴの上に「Be Well Off」という言葉が記されている。経営理念は「三方良し」を基に、「わが社はお客様に喜ばれる最高の商品とサービスを提供し、全社員の物心両面の幸せを追求すると同時に社会の発展に貢献する」とされている。また行動指針として、「私は皆様に喜ばれる仕事をします」「私は皆様に信頼される仕事をします」「私は皆様に感謝して仕事をします」という、社員一人一人が仕事をする上での判断基準となる言葉が掲げられている。これらの内容は全て先代から引き継がれたものであり、現社長は、それをどのように理解し、浸透していくかということを中心に努力してきた。社長自身が理解しないと浸透できないという思いで、過去に作られた会社の中の言葉を集め、組み替えて会社に浸透させる活動が継続されている。

図表2.3　豫洲短板産業　理念

Be Well Off～ともに豊かに～
経営理念
わが社はお客様に喜ばれる最高の商品とサービスを提供し、全社員の物心両面の幸せを追求すると同時に社会の発展に貢献する
行動指針
私は皆様に喜ばれる仕事をします
私は皆様に信頼される仕事をします
私は皆様に感謝して仕事をします

5　事業の現状

1. 豫洲短板産業の事業内容

豫洲短板産業の事業内容はステンレス鋼材の流通だ。現社長が経営を引き継いだのは二〇〇八年、リーマンショックのころだった。その時、社長はこの会社で自分は何ができるのだろうか、これからどんな世の中が来るのだろうかと考え、自分の代でできることを表現してみようという思いに至った。そこで設定したのが「鋼材流通企業のアジア展開」という目標だった。同時に新しい事業展開として、人材関連企業とものづくり企業を展開していくというビジョンも確立された。

2. なぜステンレス流通以外の事業に取り組むのか

なぜステンレス流通以外の事業に取り組んだのか。二〇〇〇〜二〇〇三年、ミレニアムと言われた時代に起こったことが、社長に大きなインパクトを残した。その当時の「世の中の変化をいかに先取りして事業展開していくか」という思いを大切にしてきた結果、現在の展開がある。

一つは人口の変化である。二〇〇〇年ごろから日本の課題と世界の課題が真逆になった。日本の人口は減少する一方で、中国の人口は増加している。当時十三億人と言われていたが、現在はもっと増えて戸籍のない人も入れると十五億人と言われる。では、人口増加する中国と人口減少する日本、そのどちらにビジネスモデルを合わせるのが正しいのか。中国では消費が拡大し、安い労働力で経済を発展させている一方で、日本では需要の減退と労働力不足が見られ、隣国とは全く違う状況が起こっている。

そうした中、社長が見ていた世界は、国内の事業だけだった。業界では当時、鉄鋼メーカーが合併する動きが出始めた。JFEスチール社が誕生したのは二〇〇三年だが、二〇〇〇年から合併の話が出ていた。日本の鉄鋼メーカーが将来的には一社になるのではないかということも囁かれていた。当時はまだ住友金属があり、川崎製鉄、日本鋼管、神戸製鋼、新日鐵といった高炉メーカーが隆々としている中で、JFEスチールの誕生は鉄鋼業界の変化がスタートする一つのきっかけとなった。

3. 現社長が最初に作ったビジョン「グローバル展開」

豫洲短板産業が事業展開をするに当たり、最初にする必要があると考えたのがグローバル展開だった。日本国内のマーケットだけを考えていると、どうしても内を守る政策しか作れなかった。しかし、中国の経済発展など、世界規模で見ると需要が伸びている市場があることを認識し、海外展開してグローバルの中でどれだけのポジションを取れるかということを考えなければならない。海外で商売することを前提に考えると何が足りないのか。必要なのは人材である。将来的には日本人で外国語をしゃべれる人が駐在するだけではなく、外国人と一緒に仕事をしなければならない。パートナーではなく会社の人間として、同じ理念を共有する人として外国人を採用しなければならない。そのためには、人材のビジネスをしなくてはならないという展開だった。

一方、流通だけではローカル企業との差別化が難しく、中国で材料を売るといっても相手にされなかった。では何が必要なのか。日本の特徴として何を持っていけば海外で通用するのか。思いついたのが、日本の技術を提供することができれば展開できるのではないか。材料だけでなく、材料とともにいろいろな技術を持ち込むことにチャレンジしていこうということで、海外展開がイメージされた。そこに必要な人材開発の仕事がイメージされた。流通、エンジニアリング、人材という三本柱が現在、豫洲短板産業が取り組んでいる事業内容となっている。

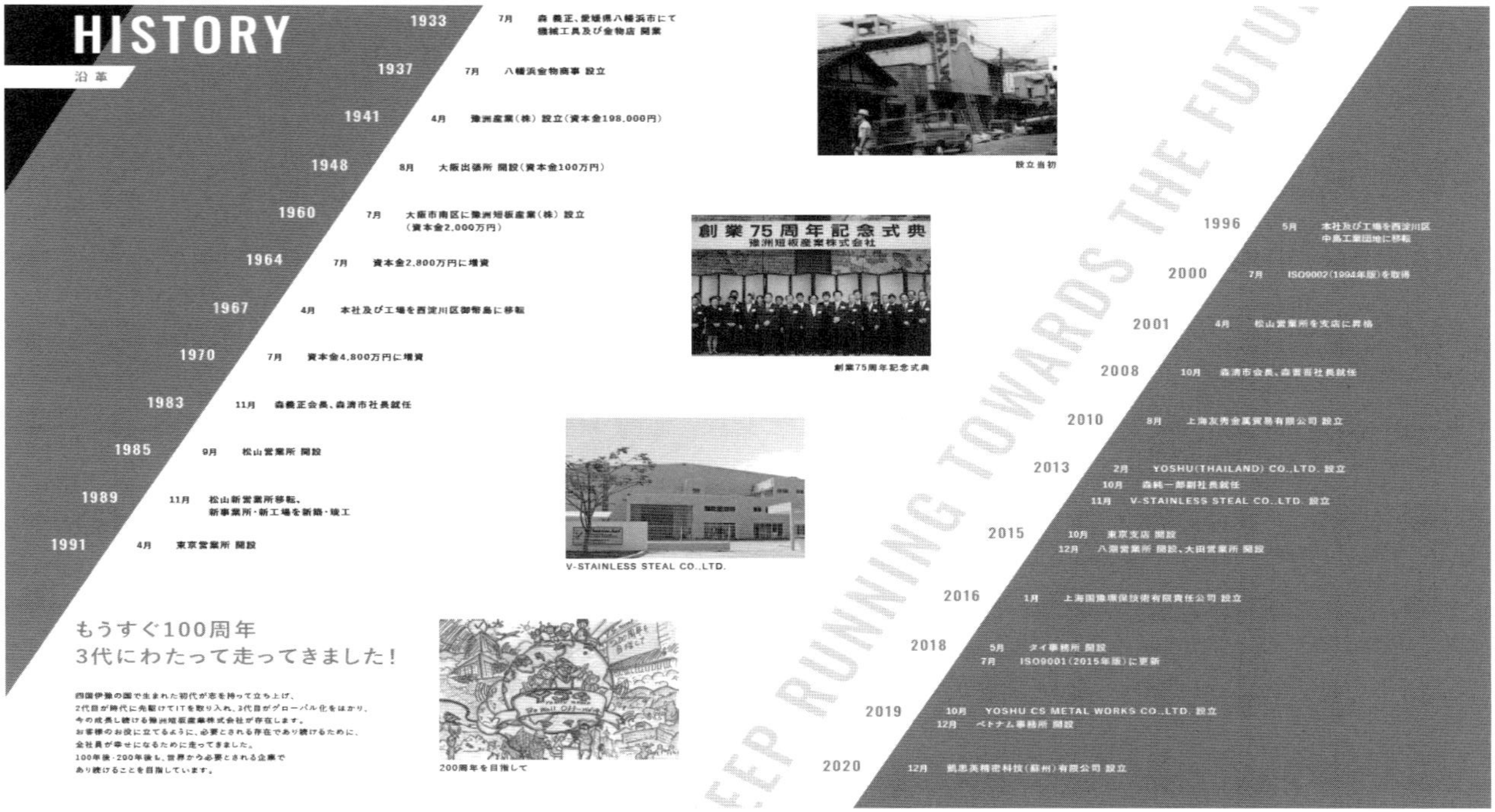

図表2.4　YOSHU グループの歴史

6　歴史

1．歴史①　一九三三年～一九八三年　森義正

一九三三年の創業から一九八三年までの五十年間は、初代の森義正（一九一三年生まれ）が経営を行った。義正が創業したきっかけは、家族の生活を守るためだった。義正が母子家庭で育てられ、幼少の頃からアルバイトをしながら家族の生計を支えたという。そんな中、二十歳を迎えた森義正は、少しでも家族・兄弟の生活の足しにしたい、生活を豊かにしたいということで創業した。兄弟・家族・親戚・地域の人たちを守りたい、この人たちの生活をもっと豊かにしたいという思いが膨らむ中で、事業も一緒に成長していった。

そして、大阪でのビジネス展開を夢見て、大都会への憧れと同時にステンレスという当時は希少であった鋼材に出会い、その将来性に気付き、取り組んでいくことになった。大阪に出てくるときも、森義正を慕って、また頼って、多くの愛媛の人たちが移住し、共に仕事に励んだという。森義正は貧しい家の出身なので、最初は資金がなく、地元から多大な協力を得て事業を興すことができ、大阪にも進出できたという。大阪に出るときには支援者との別れを大切にして、感謝の念とけじめをつけるために、愛媛で創業した会社を出資者に全て譲り渡し、ゼロから大阪でスタートした。

2．歴史②　一九八三年～二〇〇八年　森清市

二代目の森清市（一九四一年生まれ）が一九八三年から二〇〇八年まで二十五年間、社長を務めた。二代目は会

社の成長と共に自身も成長していった。会社に泊まりこむ社員と共に生活し、一緒に食事をし、学校に行くときは社員のバイクの後ろに乗って通学した。会社と共に成長してきたがゆえに会社のことを熟知し、会社の将来への夢も子どものころからしっかりと持ち、いずれ自分がやるのだと考えながら幼少期を過ごしたという。一方で新しいものへの憧れ、自分らしさの追求といったものが芽生えていく中で、先代との違いに葛藤を覚え、自分らしさをいかに表現したらいいのかということに悩んでもいた。

「初代創業者と二代目には大きな差がある。ただ、そこに目を向けていると自分らしさが発揮できない。諦めるんだ。創業者のようにはなれない」その諦めを自分で納得したときから、自分の経営が始まったという。そこで取り組んだのが、昭和四十年後半のコンピューターの導入だった。まだ世の中でもあまり普及していなかったコンピューターを導入するという方向性を決め、今では先見の明があったと言えるが、自身が夜間学校に通い、プログラムの勉強をして初めて導入することができたという。そういうイノベーションをそれぞれの代で起こさなければ、事業継承はできない。

3．歴史③　二〇〇八年～　森晋吾

二〇〇八年から三代目を継いでいる森晋吾（一九七三年生まれ）は、創業者と少しだけ一緒に生活した。創業者は、現社長が高校一年生のときに亡くなったが、そのころ仕事の話を聞いたような聞いていないような、苦労した話を聞いたような聞いていないような、そんなあやふやなものだが、創業者と一緒に生活した時間、創業者に集まってくる人たちの顔や声、人を引っ張っていくリーダーの懐の大きさを何となく感じていた。

森晋吾氏

現社長自身は会社に寝泊まりし、社員たちと一緒に生活したという世代ではない。既に会社と生活が分離された三代目としての生活だった。一方で、会社のイベントや社員の人たちとの交流は作られていたので、会社関係者との接点は非常に多かった。その中で、親よりも周囲の人から「お前は三代目だな。しっかり頑張るんだぞ」「今、どんな勉強をしてるんだ」「何が好きなんだ」「野球をやってるのか。じゃあ、そこでリーダーシップを発揮しないといけないな」と、いろいろなところで三代目としての期待を感じさせるような話が、日常に行われていた。

現社長が会社を継ぐと決めたのは、大学の四回生の時だった。進路を決めるとき、全く違う世界に行きたいという思いもあったが、自分自身の生まれてきた使命を考え、跡を継ぐために必要な進路を選ぼうと考えた。修行として同業他社に期間限定で採用してもらえるように依頼して、勤務した。外部での修行は二カ所行くことになった。一社目は三年間、二社目は二年間の計五年間、同じ業界の違う会社に勤務することができた。

（1）幼少期～学生時代

現社長の森晋吾氏は、幼少期には、会社のイベントに参加する時に、社員の同世代の子どもたちと分け隔てなく一緒に遊ばせてもらった経験を持つ。クリスマス会などに一緒に参加して、わいわい楽しくやる一方で、終わった時には全社員の人たちが会場を出るまで親と一緒に入り口に立ち、「今日はお疲れさまでした」「また会おうね」というような声を掛けて立礼をしていた。それが、幼少期にリーダーシップが芽生える瞬間だったのではないかと現社長は回顧している。現社長は、自分の息子にも、かつての自分と同じように、そういう機会には四代目として一緒に玄関に立ち、挨拶をさせるようにしている。

（2）承継前

承継前、現社長は四十歳で社長になれと言われていた。現社長が三十歳になってすぐのころに、本当は三代目として現社長の父の弟が中継ぎをするという話をしていたのだが、その叔父が急死したことによって、五年前倒しして、三十五歳で跡を継ぐことになった。二十九歳の時に、四十歳で社長になると決められて、会社で仕事をしていた。なるかならないかは別として、交代の時期を早く決めるのは、非常に大きいのではないかと思われる。現在、社長は息子に「三十三歳で跡を継ぐのだから、お前はそれに向けて準備しなさい」と言っている。

（3）承継後と現在

承継後、三代目として何をするかに時間をかけて悩んだ。社員やいろいろな仲間を巻き込んで考え抜いた。やはりイノベーションを起こさなくてはいけない。今、流行しているものをただ取り入れても駄目で、ビジネスとは根を育て、幹を作り続けることだから、花を求めるのではなく、花が咲くのは次の世代、その次の世代かもしれないが、その功績を作るための下地を自分の代でいかに作るかということで、六十年後を見据えたビジネスモデルを考えなくてはいけないと思って取り組んだ。

現在は、真のグローバル社会の到来に向け、時代の流れをいかに読むかということにチャレンジしているが、社会構造が変革していく中で、ビジネス自体が社会に必要な存在というレベルではなく、なくてはならない存在にならなければいけない。そのためのビジネスモデルを構築していきたいと考えている。

（4）次の事業ビジョン　TEC企業YOSHUの未来像

事業ビジョンも変遷してきている。先代たちは、業界の中でもニッチなものに取り組むということを事業ビジョンとして取り組んできた。二代目の終わりには高付加価値商品への取り組みということで、ステンレス鋼材からチタンやニッケル合金など、もう少しニッチで高付加価値のものに移行しようというビジョンの展開があった。さらにニッチなものを追い求めようという中で商品的な戦略を組んでいたのだが、現社長の代になって、戦略的な展開プラスアルファ地域展開ということで、現在は「アジアのＹＯＳＨＵ」というビジョンを作って取り組んでいる。

現在、次のビジョン作りが行われている。ＴＥＣ企業というものを一つのキーワードにして、「ＴＥＣ企業ＹＯＳＨＵの未来像」ということが考えられている。その中で「世界の需要と供給を網羅することで、世界をつなげる架け橋となり、最適な社会を作る企業」という文言を置き、これを実現させるためのビジネスとはどんなものかということが考えられている。

（5）二代先のビジネスを考えること

大切なのは、二代先のビジネスを考えることだと現社長は考えている。現社長は、かつて創業者から、「おい三代目、お前たちの活躍を墓の中から見ているぞ」と言われたことがあるという。それは、どうしろ、こうしろではなく、もう準備はできているからお前たちが活躍しろと言ってもらったのだと現社長は受けとめた。創業者は三代目が小学生か中学生の頃に、現世代が活躍する土台は既に作ったという確信を持ち、現世代がこの事業をやっていく姿が見えていたのだろう。四代目、五代目が活躍できることをイメージしながら、今何ができるかを考えなければならない。そのための事業モデルを、これから作ろうとしている。

「二〇〇〇年を見据えて一〇〇年を迎える」。これは明治神宮がちょうど一〇〇周年を迎えた時に、明治神宮のホームページに載っていた言葉だ。「明治神宮は次の200年を見据えて100周年を迎えました」とあったのを、もうすぐ一〇〇周年を迎える同社になぞらえて、この言葉が置かれている。

理念の継承として現社長が受け継いだのは、言葉以外に、社員との関係性だった。「お給料を渡すときは感謝の言葉を添えて、『ありがとう』と渡すんだよ」と現社長は父親から言われた。一緒に朝礼に出ているときに社員を見て、父親が「出勤してくれるだけでありがたいよな」という言葉を投げかけていた。

（6）創業者の言葉　イノベーションの意義

もう一つは創業者の言葉だった。「現状維持は衰退だ。何かを作るときに、例えば十階建てのビルを造りたいと思うから十階建てのビルができるだろ？　何かビル建てたいなと思ったら、いつまでたってもできない。十階のビルを想像するから、そこに行くんだ。現状のまま、そのままでいいと思うと、そこにはたどり着かなくて、その下にしか行かない」という話を残していた。これは直接聞いたわけではなく、現社長が跡を継いだときに、多くの人に話を聞いて回った中で、協力会社の社長の一人から伺ったことだった。

現社長は、こうした祖父の言葉や父の言葉など、何気なく聞いた言葉を自分の中で腹落ちさせ、咀嚼して次に伝えられるように考えている。それを自分なりに実践して、残していきたいと思っている。

現社長は、自分の代になって展開してきたアジア戦略には反対意見もあったのではないかということをよく聞かれる。現社長の葛藤の中には、「撤退基準」という言葉がある。イノベーションを起こす、新規事業にチャレンジするとなると、必ず出てくるのが撤退基準なのだ。これがないと暴走してしまうという側面がある。撤退基準として作った基準そのものが、本当に事業のイノベーションに対して必要な基準なのか。逆に何をしないで何をするか。この大きな方向性やビジョンを諦める撤退なのか。方法を変えるための撤退なのか、この基準作りはいまだに難しいと現社長は考えている。一方で、撤退基準はありながら諦めずにやっていく、そこに社員の踏ん張りがあったという感謝の念が絶えずある。コロナ禍の中、現地で頑張っている社員がたくさんいる中、自分には何ができるのだろうということを考えながら、森晋吾社長は経営に取り組んでいる。

（7）オーナー家と非オーナー家の関係

二代目、三代目がそれぞれ跡を継いだ時、先代の番頭がいる状況で継いだ。一貫して辞めてもらうことはなかった。後継者が先代のブレーンを辞めさせて、自分のブレーンを新しく立てるという方法も聞くが、豫洲ではそうではなかった。

オーナーがするべき仕事と社員がするべき仕事をうまく切り分けて二代目も行っていた。三代目の森晋吾氏もイノベーションは自分が担うので、番頭の人たちにはできるだけ長く、事業運営をしてほしいという思いから、「動けなくなるまでいてくださいね」とお願いして、助けてもらった。こうしたつながりが現在のところうまくいっている。

後継者が事業に不向きな場合どうするのか。後継者として対応できない場合にはどうするのか。それは、オーナーとしての社長という役割の考え方だと思われる。社長である前にオーナーであることは間違いないので、社長という仕事をどう作るか。全体を見ることも社長の仕事だが、実はごく一部だけ行っている社長もいる。いろいろなスタイルでできるのが社長なのだ。経理部長は経理の仕事をしなくてはならないが、社長は経理部長側に行ってもいいし、営業側に行ってもいいし、経営管理側に行ってもいいし、全体だけ見ていてもいいというポジションだろう。社長というのは、むしろ誰でもできるので、その後継者の得意な分野だけに特化し、あとは自分のブレーンを作っていく。組織を作っていくということができれば、基本的には誰にでもできるのではないか。

(8) 四代目への承継

森晋吾社長は、跡を継がせるのは三十三歳だと息子に言っている。息子三十歳、自分が六十歳で二〇三三年の一〇〇周年を迎える。一〇〇周年を迎えるときは盛大なイベントをしなくてはいけないから、それまでに会社に戻ってきて、一緒に一〇〇周年のお祝いの行事をし、そこから三年後にバトンタッチすると言っている。そういった方向は決めておきながら、最終的に本人が会社というものを継承して、事業運営してみて、いろいろなものを吸収して次のステップに行くということだ。その先まで縛るということはしたくないと考えている。

7 YOSHUグループの現状と未来

1. YOSHUグループの現状

YOSHUグループの現状と未来をまとめておこう。日本では五拠点、東京三拠点、大阪、松山にある。海外は中国に三社、ベトナムに二拠点、タイに二社ある。ドバイに営業マンを一人、エージェントを置いて市場調査をしている。鋼材流通に限定すれば、豫洲短板産業という会社があり、中国、タイ、ベトナムに拠点を設立している。それぞれを登記しないと展開できないので法人名が異なるが、同じブランドで取り組んでいる。

本体の業績にそれほど大きな変化はないが、景気の波に合わせて上下している。リーマンショック以降、一〇〇億～一三〇億円ぐらいで推移してきているが、コロナ禍でもあまり業績を落とさずに進めている。中国ではようやく軌道に乗り、年商一〇億円ぐらいに到達している。タイでは過去三年で約五倍に成長を遂げた。ベトナムも投資から七年、順調に成長してきている。ベトナムも年商一〇億円を超えるところまで来た。

図表2.5 鋼材流通事業

1. 豫洲短板産業株式会社（日本）
ステンレス鋼材を中心とする一次商、ステンレス鋼材のデパートとして日本一の品揃えを持つ、在庫販売、日本全国に販売先を有する問屋
展望：世界中の材料を世界中に提供する仕組みを作る（取扱商品の拡充、販売方法の多角化、新体制の構築、システムの進化と豫洲システムの利用者拡大、業界のプラットフォーム）
2. 上海友秀金属貿易有限公司（中国）
中国国内及び中国製品の国外輸出
展望：中国材の世界販売、中国メーカーの取引拡充、日本での販売強化のタイミングを狙う、中国国内での拠点展開
3. YOSHU THAILAND（タイ）
タイ国内中心にステンレス鋼材を販売
展望：ASEAN市場のセンター機能、タイ市場での取引拡大、ASEAN諸国への販売強化、後に拠点展開
4. V-Stainless Steel（ベトナム）
展望：ベトナム市場でのシェア拡大、北部の拠点拡充、中部への拠点展開、ベトナム国内のインフラ投資を獲得していく

2．中国事業の意義

現社長は、中国の市場はまだ伸びる可能性は十分あると考えている。内陸の方の発展は、いろいろな設備投資、インフラ投資が進んでおり、これからまだ伸びる余地があると感じている。ただ、豫洲短板、ＹＯＳＨＵグループとしての中国の位置付けは、鉄鋼メーカーだ。世界中の鉄鋼生産の半分が中国で作られていて、ステンレスはもっと比率が高い。したがって中国から出てくるものを、どうやって世界中にサプライするかをこれからのテーマとして、日本のマーケットに中国の鉄鋼製品をいかにうまく入れるかということが必要になってくる。その意味で、中国の鉄鋼メーカーや流通との取引が中国国内でできる環境をしっかり作りたいと思っている。それゆえ、中国に拠点が必要となる。

現在、既に中国の材料を東南アジアに、ＹＯＳＨＵの拠点経由で、あるいはダイレクトに輸出している。日系のＹＯＳＨＵが中国の材料を東南アジアに輸出するのはなぜかというと、日系企業が進出しているエリアに日本の材料は入れ易いのだが、中国の材料を使うことに対してすごく心配したり、嫌がったりするのだ。でも、ＹＯＳＨＵは中国の製品をよく知っているので、「ここから買えば絶対に間違いないよ」と言えるわけだ。日本人同士だから信用してくれるのか、会社を信用してくれるのかはわからないが、いいものを中国で作っているのだから、日系企業もそれをうまく活用して東南アジアでものづくりをした方がいい、また日本でも、そうした方がいいと考えている。日本人として架け橋になっていくことが今の使命だと森晋吾社長は考えている。

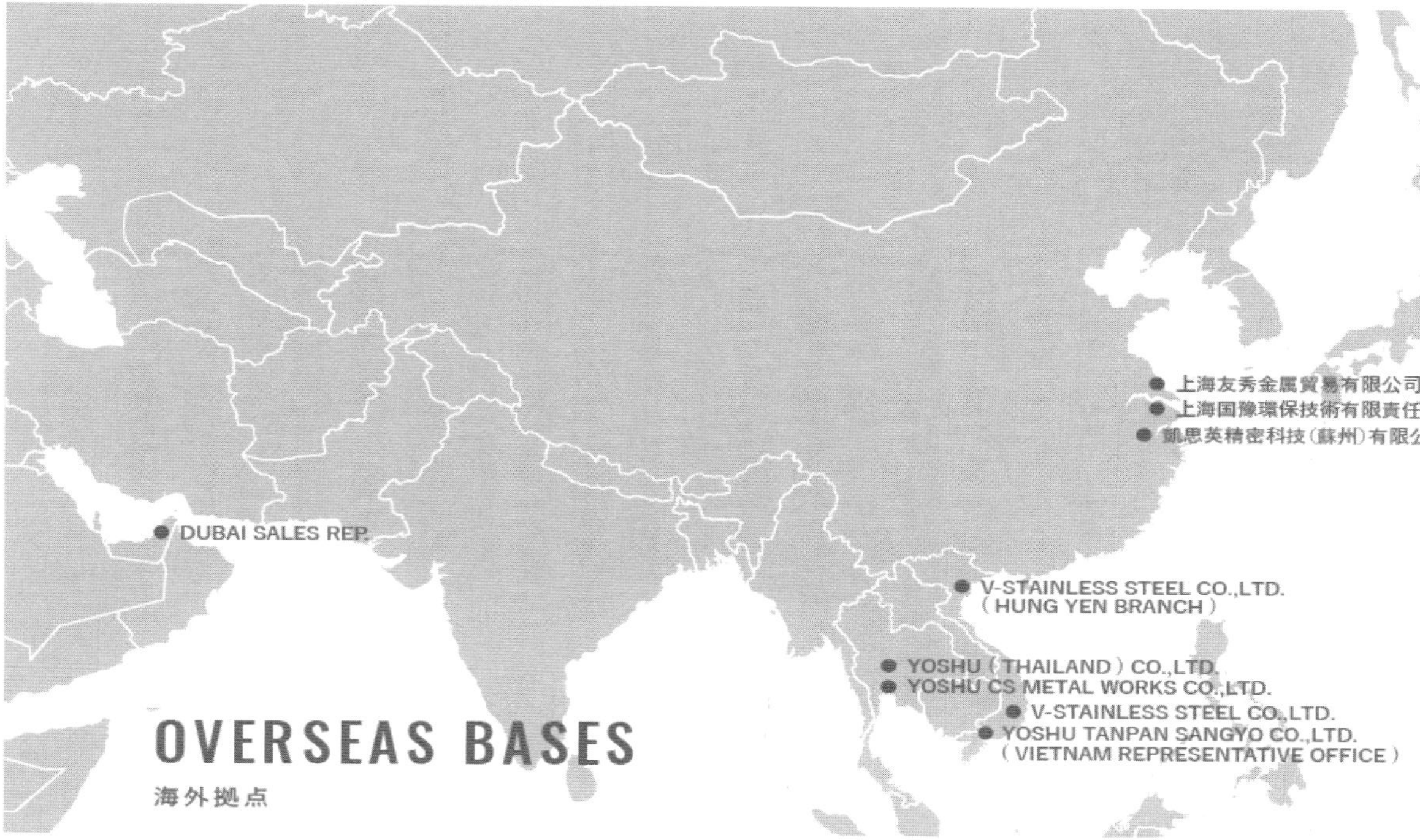

図表2.6　豫洲短板産業の海外拠点

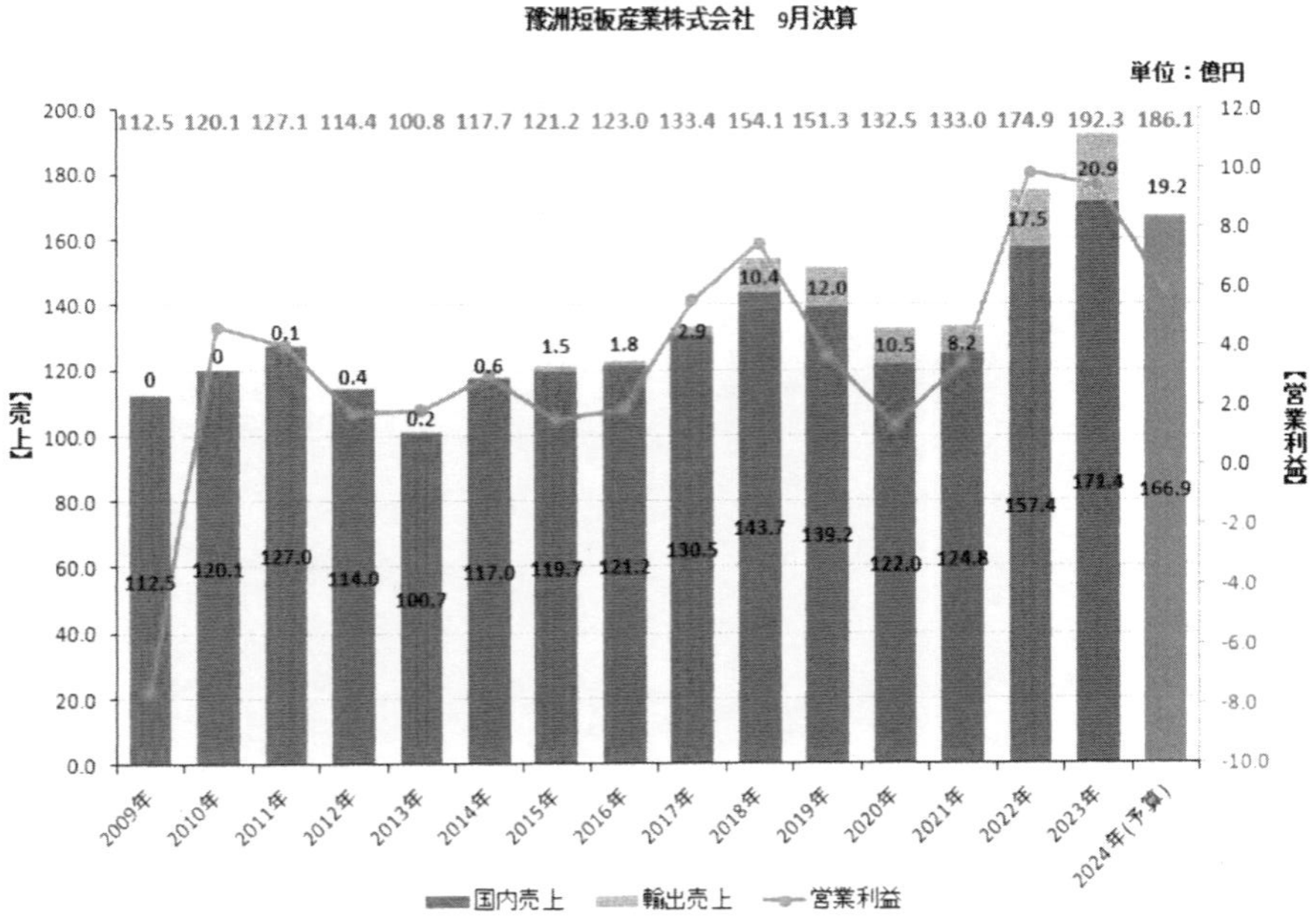

図表2.7　豫洲短板産業の業績

□鋼材流通

□資本金:48,000千円

□株主構成:

株主名(敬称略)	株式数	比率
森[illegible]株式会社	33,600	38.89%
山陽特殊製鋼株式会社	9,600	11.11%
大同特殊鋼株式会社	4,800	5.56%
大同興業株式会社	4,800	5.56%
森　[illegible]	16,800	19.44%
森　[illegible]	16,800	19.44%
合　計	86,400	100.00%

□従業員数:194名

※積上げ棒上段は輸出売上、下段は国内売上

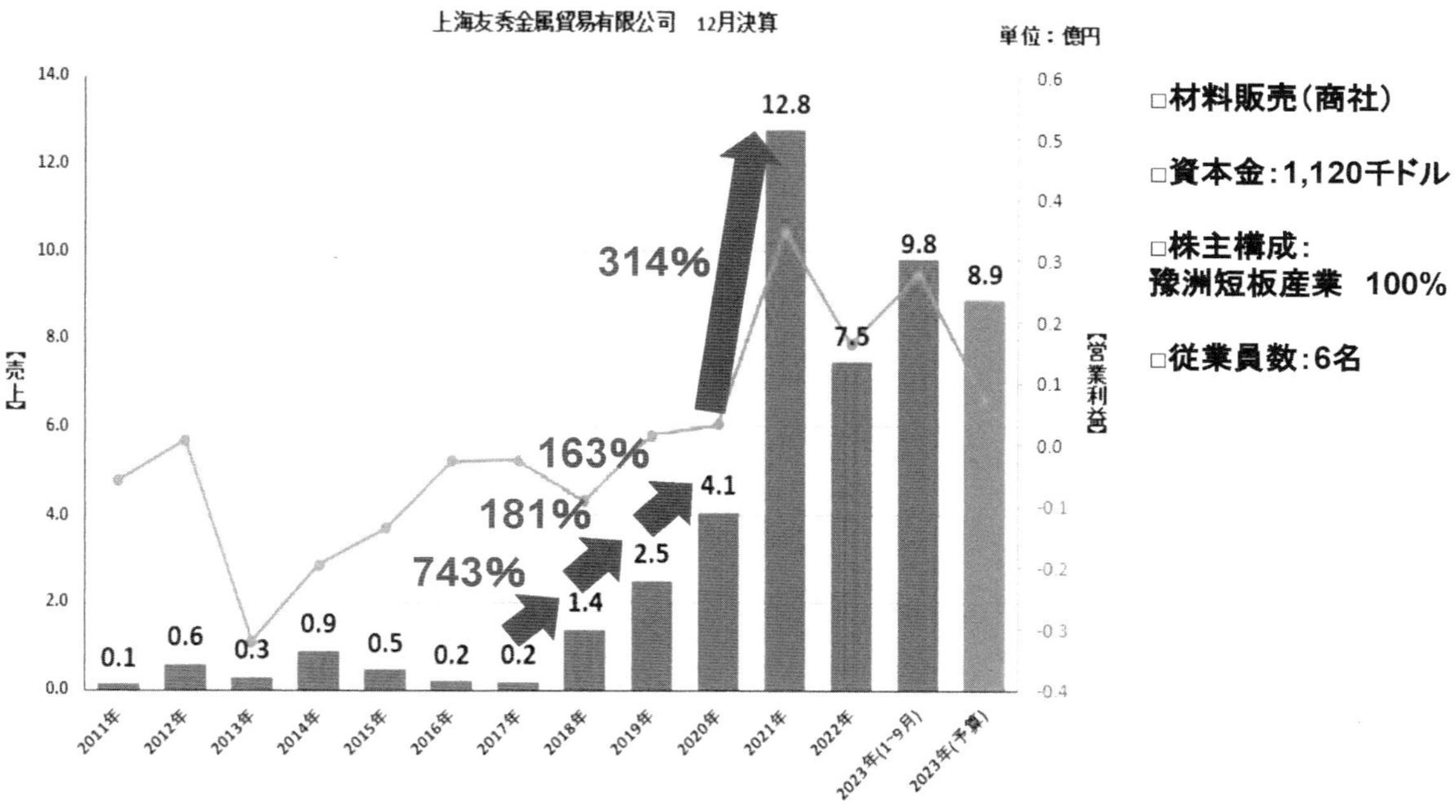
上海友秀金属貿易有限公司　12月決算
単位：億円
【売上】
【営業利益】
14.0
12.0
10.0
8.0
6.0
4.0
2.0
0.0
0.6
0.5
0.4
0.3
0.2
0.1
0.0
-0.1
-0.2
-0.3
-0.4
0.1
0.6
0.3
0.9
0.5
0.2
0.2
1.4
2.5
4.1
12.8
7.5
9.8
8.9
743%
181%
163%
314%
2011年
2012年
2013年
2014年
2015年
2016年
2017年
2018年
2019年
2020年
2021年
2022年
2023年(1~9月)
2023年(予算)
□材料販売（商社）
□資本金：1,120千ドル
□株主構成：
豫洲短板産業　100%
□従業員数：6名

図表2.8　中国事業　上海友秀金属貿易有限公司の業績

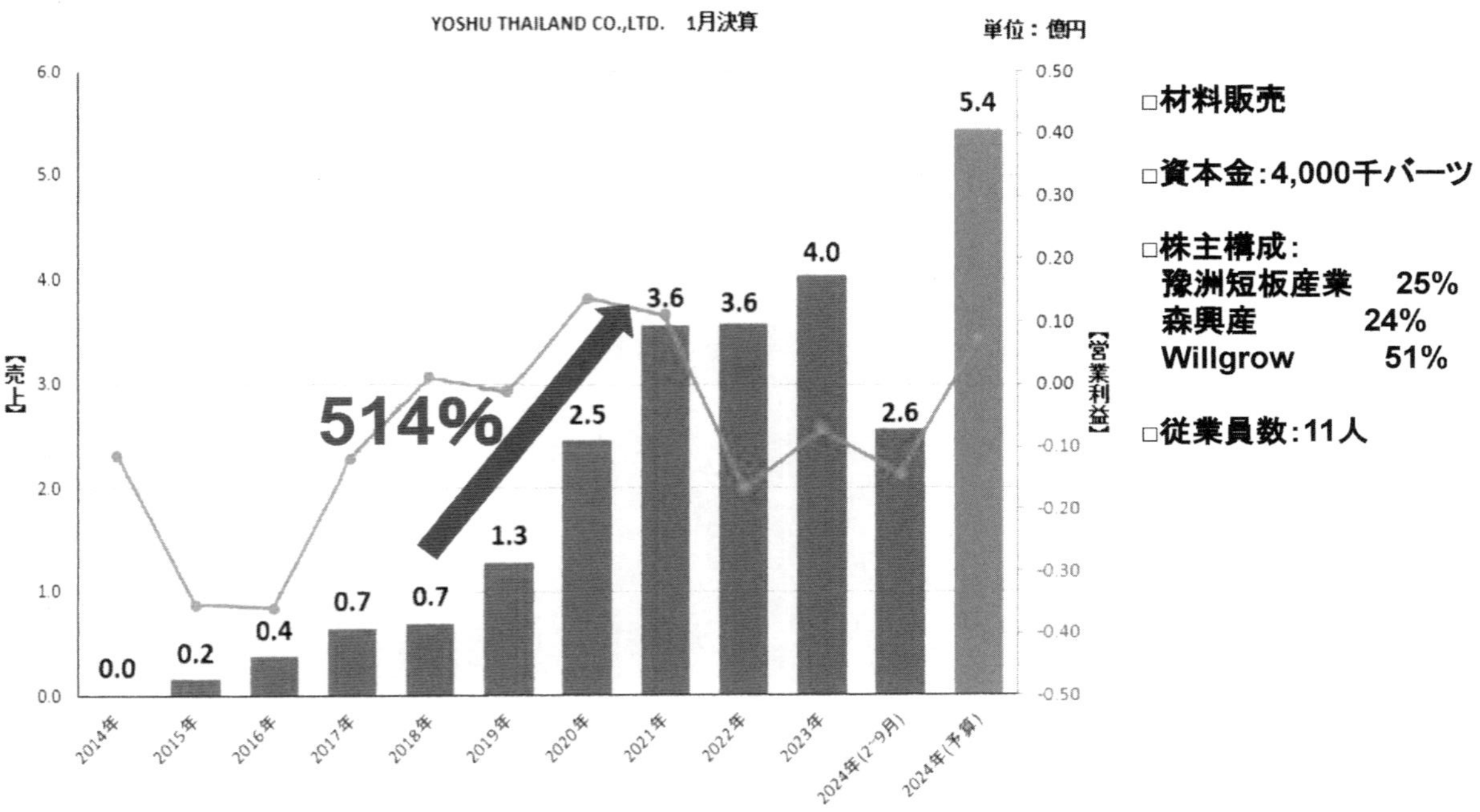

図表2.9　タイ事業　YOSHU THAILAND CO.,LTD. の業績

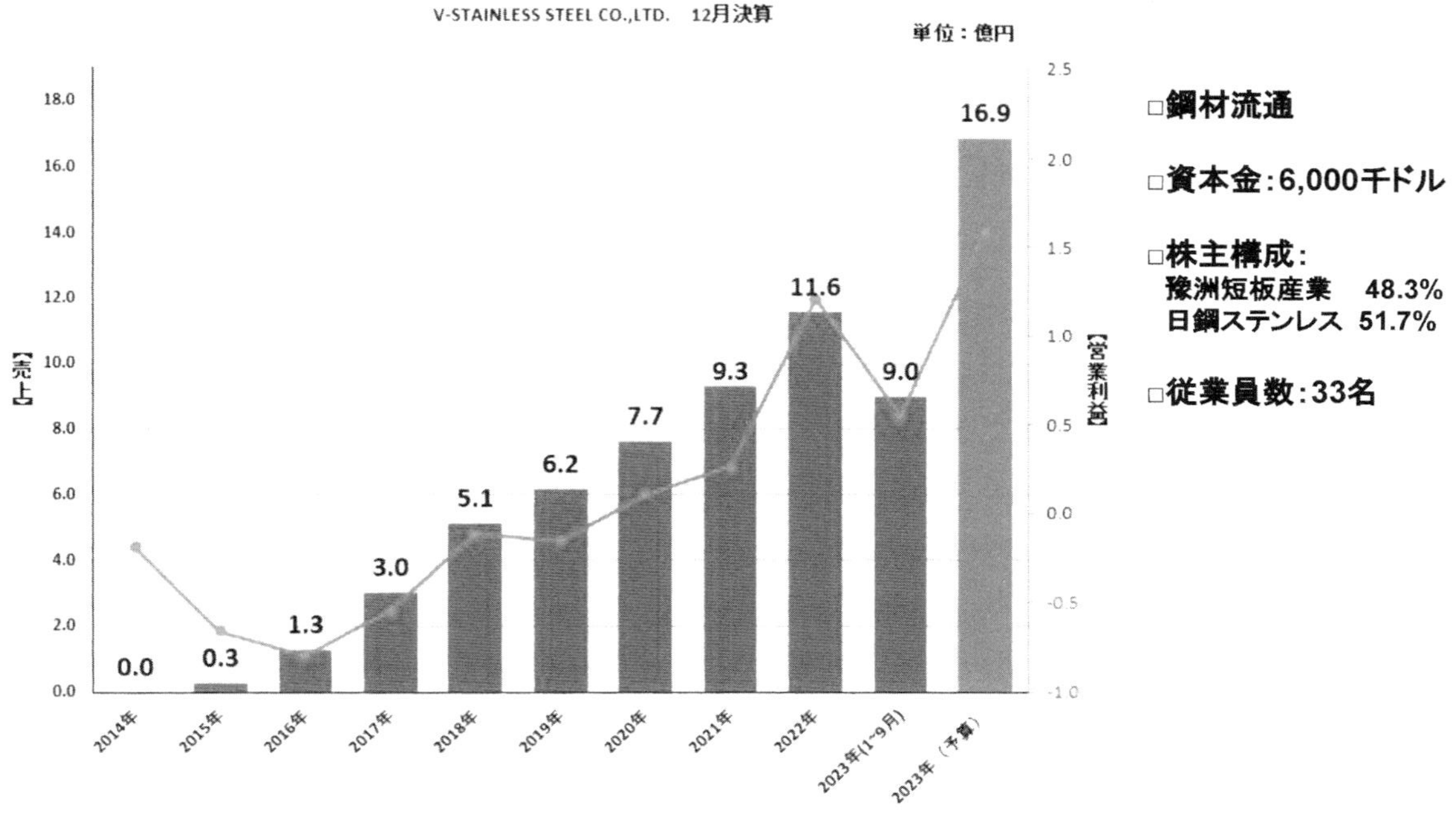

図表2.10　ベトナム事業　V-STAINLESS STEEL CO., LTD

8　森興産

1．YOSHUグループにおける森興産

本節は森興産株式会社・代表取締役の森隼人氏の講演に基づく。

森興産株式会社は、前節でとりあげた豫洲短板産業のグループ会社の一社だ。なぜ鋼材流通のグループ会社が人の事業を行うのか。グループ共通の理念をどのように具体的な事業に落とし込んでいくのか。

YOSHUグループは素材の流通・加工、そして新しく挑戦している分野としてエンジニアリング分野、そして人材の三つを事業の柱としている。森興産は、人材紹介・派遣だけでなく、紹介した後の労務管理や成長・育成にまで関わっている。同グループは、元々人材会社ではなく中小企業グループ、しかもグローバルに展開していこうというグループであることから、紹介した後も寄り添っていくような視点で事業を行っている。

森隼人氏

2．森興産の理念と事業構築

森晋吾社長の「200年を見据えた100周年を迎える」という言葉があるが、森晋吾社長を中心にグループの経営陣が集まり、一〇〇周年を迎えたその先にわれわれはどこを目指すかということで、二〇〇周年の絵を描くことになった。それが「LOVE THE EARTH」という言葉であった。創業の一九三三年から二〇〇周年の二一三三年、非常

に遠い先だが、そこに「LOVE THE EARTH」というのを置いて、そこから逆算する形でやるべきことを事業構築の中で作っていこうとしたのが「目的手段チャート」だった。

「LOVE THE EARTH」は壮大な概念だが、グループの中の一つの取り組みとして、それがどういう姿であるかということを社員と一緒に絵を描いていった。

グループ総会の中でポスターを作り、それぞれが自分たちの行う役割を考えていた。森興産では「LOVE DESIGN」ということで、いろいろなことをデザインしていく。特に人に関わっていく中では、次世代、人生、キャリア、思考、想いをデザインする。グローバルという点については、世界、世界人をデザインすることを試みた。

3．森興産による課題解決

グループ内での森興産という会社を歴史的に見ると、創業者の次男の次男である森隼人氏が社長を務めている。豫洲短板産業株式会社の森晋吾社長と従兄弟の関係となる。森隼人氏は、直系で継いでいくという役割ではなく、また違った役割が課されていると認識している。

森興産は一九八七年（昭和六十二年）に設立され、設立目的の一つには、相続税に関連して資産を集約する役割もあったと考えられる。三代目世代になった現在、一定程度そうした役割は終え、資産も集約されていく中で、次は事業戦略拠点としていこうということになった。

当時、海外展開ということでグローバルを一つのキーワードにしていたので、グローバル展開の中で森興産にできることは何か。グループの中で長年培ってきた人材育成のコンテンツやノウハウを森興産の中に集約し、グループ全体の教育・育成を行っていくこととなった。特に、グローバル展開において、外国人と共に働いていく中では言語や文化の壁がある。外国人とコミュニケーションするためのツールの一つとして、デザイン、絵で伝える、描写で伝えることで、言葉にはない伝わり方があるのではないかと考えた。グループ内の総務機能で、いろいろなデザイン事業も集約している。人材育成・教育・研修といったトップマネジメント研修の運営や講師、幹部社員研修、イベントの企画、新人研修なども行っている。同時にデザインを担っている。YOSHUグループは、中小企業のグループなので、総務機能を各会社がそれぞれ持っているわけではない。人事機能を持っていない会社もある。その中で、森興産がグループ全体について、外部に発信していく力を付け、発信していくようなことを行っている。

森興産では、結果として、グループ内での課題解決を社会課題解決につなげ、これを事業化している。日本における外国人労働者数は伸長している。ところが、日本にいる外国人留学生で就職したいと希望している人が、約65%いる中で、実際に就職しているのは約半数に留まっている。ここに損失があるのではないか。機会提供ができていないのではないか。このように考えた。

4．森興産による課題解決手段

森興産が実際に行った社会課題解決手段として最初に情報媒体を制作した。外国籍の方は、日本語レベルが非常に高かったとしても、日本語ではなかなか情報を得にくいという状況があった。これが当時の状況だった。日本人が海外に行く際に、英語に堪能であっても、現地でインターネットで情報探索する場合も、日本語で調べる方が楽なので、最初は日本語で調べる場合がある。同様に、外国人の方々も母国語で日本についての情報を調べることが多い。また、母国語でのポータルサイトが各国にあるので、そうしたところに情報を流していく必要がある。森興産としても、情報を伝えるためのツールを自らポータルとして持っている必要があるため、WA.SA.Bi. というWEBサイトを作った。「侘び寂び」からとったこの名称は社員公募で採用された。

外国人が日本に定着するためには、やはり就労の場がないといけない。そこで、地域の金融機関と連携すること

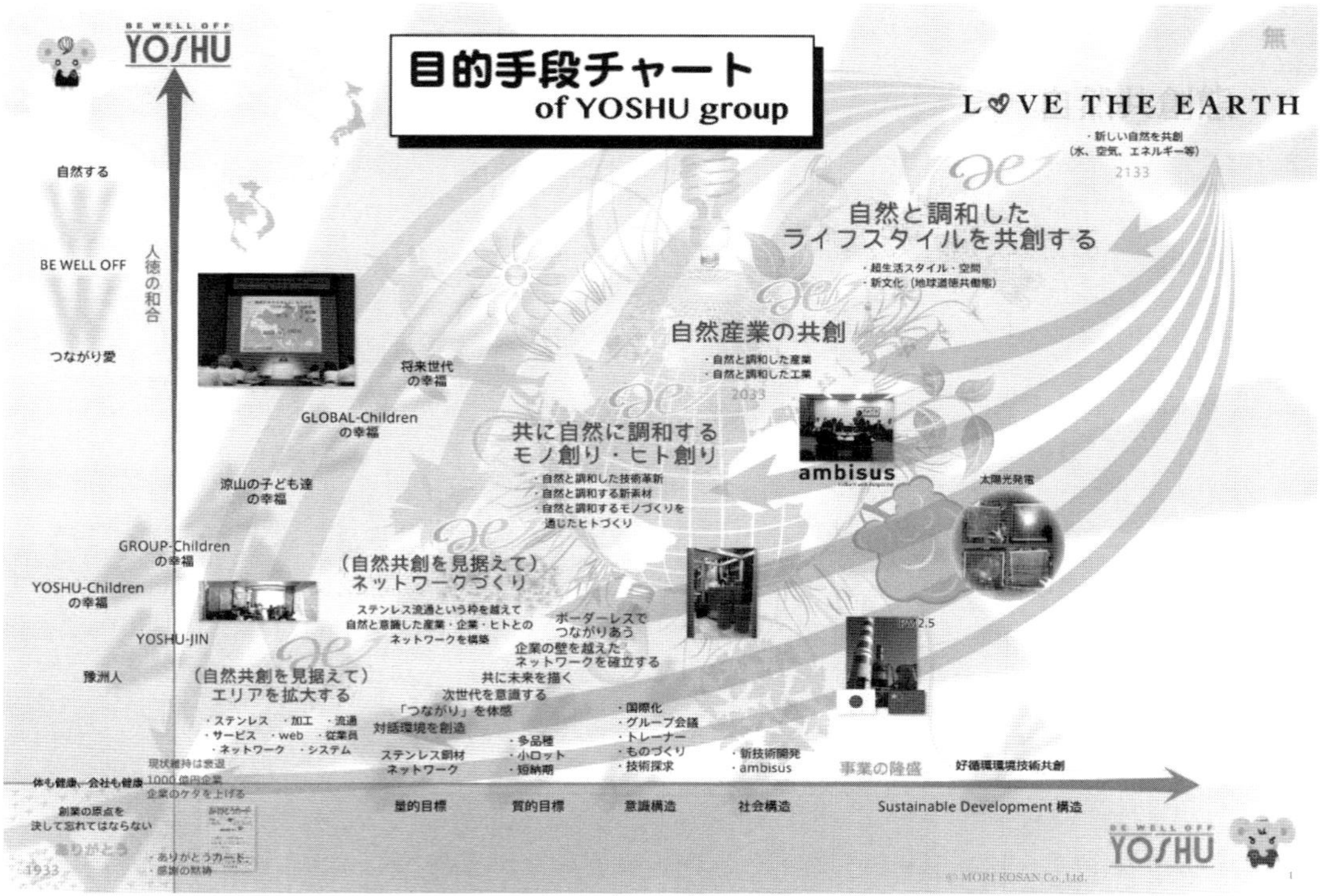

図表2.11　YOSHU　グループ　目的手段チャート

とした。大阪の池田泉州銀行、奈良の南都銀行、主として中四国エリアで展開している伊予銀行、そしてグループ企業のＰＬＵＳ１にお客様を紹介していただき、森興産が教育やその人のレベルアップに特化していくという仕組みを作った。次に駐日外国公館と連携した。ベトナムは今や大阪でナンバー１の留学生、住人、労働者の出身国となっているが、そうした方々をサポートしたいという思いは公館もグローバル展開するＹＯＳＨＵグループも同じである。そこで、森興産が企画・運営して、経済団体も関与して、総領事館の中で過去九回（二〇二一年段階）にわたって交流イベントを実施した。また、日本語教育についても、元々ＪＥＴＲＯが作ったビジネス日本語能力テスト（BJT: Business Japanese Proficiency Test）について、現在は森興産が世界21カ国94都市の販売代理店を担っている。また、WA.SA.Bi. のＷＥＢサイトを使って、読みやすい、分かりやすい「外国人就活まんが」「ビジネスマナーの紹介」「法令順守のためのアプリ」を提供している。アジア展開が中心のＹＯＳＨＵグループ全体が海外展開していく中で世界に日本文化を広げていきたいと森興産では考えている。

9　豫洲における特徴のある取り組み

1．社風づくり

事業展開をしながら、残すべきものは残さなければならない。全てを変えてしまっては今まで蓄積したものをうまく活用できないということで、大事にしているものがある。それは初代や二代目が作ったものであるが、豫洲短板・ＹＯＳＨＵグループで大切にされ続けている。

まずは社風だ。それは大家族というイメージだ。家族の定義そのものが難しいが、一つの家族の単位をどれだけ大きくできるかということになる。社員の子どもが成長するのを、わが子のことのように感じられるかどうか。社員のお父様、お母様に対する感謝の念を一緒に持てるかどうか。自分の両親や子どもと同じように社員の家族のことを考えられるか。こうしたことが同社の大家族主義の中に盛り込まれている

具体的な活動としては、家族を含めたクリスマスイベント、夏祭り、子どもとのふれあい、社員の家族に来てもらうケースもあるので、配偶者の方と一緒に交流してもらい、自分たちの幸せを誓い、感じ合う時間が大切にされている。そのせいもあって離職率は非常に低い。どうしても次にチャレンジしたいという人や、家族の事情で職場から遠く離れたところで生活しなくてはいけない人や、出産のためや子育てに専念したいという人が退職することはある。しかし、会社が嫌だと言って辞めていく社員は少ない。

2. 採用

社員が辞めないために採用があると言う経営者もいる。一方、同社ではどちらかというと採用重視ではなく、入社してからいかに一緒に成長できるかということが大切にされている。従って、新卒採用においてすごい人は必要なく、入社してからすごい人になればいい、まじめで健康であることが一番重要だという採用基準が保持されている。中途採用の方に関しては、もちろん経験を買って一緒に仕事をしていくわけだが、未来を共に追い求めてくれる人かどうか、これまでの経験を一緒に発揮してくれるかということを大事に採用活動をしている。

共に働く仲間たちがより働きやすい環境を作るために、最近では当たり前になってきたが、中小企業としてはかなり早くから産休・育休を当たり前に取れる環境を作ってきた。現在では、男性が育児休業を取ることも当たり前に行われている。

また、若年既婚者の優遇手当も用意している。十八歳で高校を卒業して、二十代で結婚するとお金も必要となる

し、子どもが生まれれば教育費も必要となる。家も早く建てたいという社員が多いが、そういう人たちに資金の心配をせずに生活してほしいということで、三十歳の基本給に合わせて手当を付けるというような制度が作られている。

近年、お米の配給を会社で実施している。二〇二〇年は十八トンお米を会社で農家から買い、社員に配った。「食べ盛り支援」という名目で実施している。年功序列に近いまま運営してきた給与制度を大きく変えることにはまだチャレンジできていないし、働き方・役職によって給与が決まるという、日本では一般的に使われている給与制度を使っているがゆえに、家族構成に対するサポートが不十分だった。少額の家族手当は付けているものの、家族の年代によって変えるところまでは考慮できていなかった。そこで、中高生・大学生の食べ盛りの子どもがいる家庭には、三十kgの玄米を必要なときに届けるという取り組みをしている。このように社員との関わりを大事にするということを、豫洲短板・豫洲グループでは継続している。

3．CSR（Corporate Social Responsibility）

同時に、CSRの取り組みとして、地域貢献という形でいろいろなことを長年実施している。例えば自然保護団体や障害者施設への寄付を行っているが、これは単に寄付をするということではなく、この活動を通して事業として何ができるか、会社として何ができるかということを考えながら取り組んでいる。また、「お米を主食にプロジェクト」というのは社員に対してお米を配るのだが、これは奈良県の米農家の作付けに対して、あらかじめ資金を提供して作ってもらう活動となっている。耕作放棄地が増えてきている地域で、年配の農家から「新しい投資をしないと米作りも大変だが、先行きを考えると投資したくない」という状況を聞き、われわれが先行して発注し、買い上げを決めることで、安心して米を作ってもらえる環境を作っている。その他にもさまざまな取り組みを行っており、ホームページの方で具体的に紹介されている。

CSRとしての音楽活動は二代目が行った方策だ。YOSHUホールは、指揮者の西本智実さんの事務所に運営を依頼している。

音大生はコンクールを目指して一生懸命練習しているが、頻繁に人前で演奏するという経験をしないと成功しないと言われている。しかし、そういう場所が少ない。大きいホールでするのは年に数回コンクールがある。そこに向けて場数を踏ませてあげたい。そういう場所を探している中で、テナントを入れているビルが1フロア空いていたので、そこに小さいホールを作って使ってもらうことにした。これがYOSHUホールだ。現在は音大生を中心に発表の場として使ってもらっている。

図表2.12　CSR (Corporate Social Responsibility)

自然保護団体　日本熊森協会への寄付
障害者施設　水仙福祉会(風の子育ち園)への寄付
アスリート採用　(陸上　中司菜月)
アスリート支援　(FC大阪、奈良ドリーマーズ)
お米を主食にプロジェクト　(奈良県別所町)
中国少数民族イ族への学費支援　(涼山)
YOSHUホール　若手音楽家に発表の場を提供する
YouTubeチャンネル　「SHINGO見聞伝」(社会を変革するリーダーを育てるため、これまで経営者として培ってきたことを動画にして発信する)

10　森晋吾社長のYouTubeチャンネル「SHINGO!見聞伝」より

森晋吾社長は、YouTubeチャンネル「SHINGO!見聞伝」で積極的に発信している。以下にそのいくつかの内容を紹介する。他にも森晋吾社長の人となりを紹介する情報を記す。

1．中小企業の海外展開

『日本の中小企業よ！海外展開を恐れるな!!』

→https://youtu.be/U1Ri55W7o-o

中小企業が海外進出する上で重要なポイント

- 人材面：展開する国の人が会社内にいない。最初に会社の考え方とか事業の方向性を理解できる人を採用できるか。
- 人材確保のポイント：先行投資をする覚悟を持って力をいれること。組織、チームが円滑に回るかどうか。
- 資金面：使えるお金、現地側でのお金の管理（不正防止、予見を持っての資金繰）。
- それぞれの拠点が結び合っての相乗効果を目指す（拠点同士の結びつきによる新たなビジネス）。
- その国での当たり前を理解する。

2．鉄鋼業界の海外展開

『当たり前！積極的に海外展開を進める鉄鋼業界の中小企業・社長がその理由を語る!!』→https://youtu.be/T3uhGkz1HOk

- 日本の鉄の生産量が衰退した。一方、世界の生産量は約3倍にな

YouTubeチャンネル 「SHINGO！ 見聞伝」より

っている。
この中心が中国である。
●海外進出したのは、マーケットが世界に広がっているからだ。鉄・ステンレスの需要は世界各国のＧＤＰ成長率に比例するので、中国、東南アジアなどのこれから生活水準が上がっていくところは鉄・ステンレスの使用量が増えることが見えていた。
●世界で挑戦するのは無謀ではなく、むしろそっちの方がチャンスがある。商売をする上で需要があるところで勝負することは当たり前である。

3．ベトナムでの事業展開

『ベトナムの鉄鋼業界！徹底解説！』→https://youtu.be/1Apk5SFFULQ
●ベトナムは鉄の生産量がとてつもなく伸びている（ベトナムの需要のみならず、東南アジア全体の需要を見据えている）。活気を呈している。
●これまで：海外メーカーから輸入した鋼材を加工することが主流。
中国の技術力が向上。
●これから：チャイナ・プラスワンでベトナムが注目を浴び、ベトナムでも良いものが作られるように。また、国内の経済発展、生活水準の上昇からベトナムでの需要が増えてきている。
●鉄鋼業界のみならず、様々な業界がアツい。

4．ベトナムの経済成長

『乗り遅れるな！ベトナムの経済成長がえげつない！』→https://youtu.be/IRzBouBIYOI

- ベトナム全体が経済成長のチャンスを見逃さないようにしていた（ロックダウン中でも新たな投資が生まれていた）。
- 成長の規模観、スピードが想像を超えるものであった。
- 日本の経済成長よりもかなり早く経済成長がなされるのではないか。
- 日本は不安やタイミングから進出を渋っているが、今だからこそのタイミングである。
- 今のうちに始めなければ、入る余地がなくなるのではないか（これはベトナムに限らず、経済成長している全ての国にいえる）。

11　結びに代えて　――森晋吾社長の人となり

1．ストレス解消・健康維持

まず、森晋吾社長は脳をリフレッシュさせることをしたいと考えて、オペラを習っている。月に一度、一時間だけのレッスンだが、歌っているとストレスを忘れる。また、書道も始めた。何かに向き合っているときと頭をリセットできるので、CPUが回復して次のスタートがさくさく動くような感覚を持つという。

2. 書道を始めたきっかけ

『世界に広がる書道！-次世代に紡ぐ書道の心とは⁉:』→https://youtu.be/PKONz-GkTBw

- 人生において最も大事なものは時間。
- 時間を作るということが大事。
- ちょっとの時間に自分と向き合うことで違った見え方ができるかもしれない。
- 書を通じて自分と向き合う。

社長のYouTubeではないが、以下のような情報発信がある。

→https://note.com/shingo_yoshu/n/n047bc7f5d9b4

忙しい時間の中でも、趣味などに没頭することで仕事以外の時間を作ることが大切であると思うようになり、趣味を探すが、なかなか見つけることができずにいた。そんな中、日本書鏡院会長の長谷川耕史先生と出会った。

【参考文献・参考資料】

森晋吾「豫洲短板産業の事業承継を通しての森家に受けがれる思い」関西大学・経済・政治研究所、第246回産業セミナー、関西大学梅田キャンパス、二〇二一年九月四日。

森晋吾「豫洲短板産業の事業承継を通しての森家に受け継がれる思い」『セミナー年報２０２１』関西大学経済・政治研究所、二〇二二年三月二十二日、一〇三～一二一頁。

森隼人「関西ファミリービジネスの経営戦略「森興産の経営戦略」」関西大学経済・政治研究所、第246回産業セミナー、関西大学梅田キャンパス、二〇二一年九月四日。

森隼人「関西ファミリービジネスの経営戦略「森興産の経営戦略」」『セミナー年報２０２１』関西大学経済・政治研究所、二〇二二年三月二十二日、一二三～一四八頁。

2021年９月４日　関西大学経済・政治研究所 第246回産業セミナー
関西大学 梅田キャンパス ホール
左から　亀井克之　森晋吾　森隼人　上野恭裕　の各氏

森興産　森隼人社長　講演動画　24分
「森興産の経営戦略」
関西大学経済・政治研究所
第246回産業セミナー
2021年9月4日
https://youtu.be/_njSbh_EN5s?si=0XRkOETs95DX4YLw

豫洲短板産業　森晋吾社長　講演動画　43分
「豫洲短板産業の事業承継を通して森家に受け継がれる思い」
関西大学経済・政治研究所　第246回産業セミナー
2021年9月4日
https://youtu.be/s4Po1tDG1DM?si=htnla00TJnVyqpNV

第3章

事例研究　株式会社　なんつね

ファミリービジネス
4代目社長はいかに新たなビジネスモデルを生み出してきたか

――南常之社長　講演録――

亀井克之　上田正人

■

なんつねとは何か？
なんつねの事業承継はいかになされたか？
南常之社長が就任し、リスクをとって新たに始めた事業は何か？
南常之社長の二〇二九年創業100年に向けたビジョンは何か？
あなたがなんつねの社長なら次にどんな決断をするか？

1　はじめに

本章では、関西ファミリービジネス の事業承継と経営戦略の事例として、株式会社なんつねを取り上げる。なんつねは、第2章で取り上げた豫洲短板産業と並び、「関西ファミリービジネスのBCMと東アジア戦略」という研究班の研究テーマに見事に合致した企業だ。

本章は、なんつねの南常之・代表取締役社長による講演「なんつねの経営戦略」（二〇二二年六月十五日、関西大学経済・政治研究所第250回産業セミナー）を基に構成している。そのほか、WEBサイト公開資料、新聞記事、各種資料に基づいている。

2　なんつねとは何か

1．なんつねとは①　――朝日新聞「近畿の底ぢから」より――

なんつねとは何か?

『朝日新聞』二〇二〇年七月十一日朝刊・大阪24面「近畿の底ぢから」では、次のように紹介されている。

「世界の「食」に切り込む」

「なんつね」は、食肉を加工する業務用スライサーを製造・販売し、国内シェア4割を誇る企業。機械メーカーの枠を超え、幅広く「食」に携わる企業へと成長を続けている。

一九二九年、刃物職人だった南常治郎氏が大阪市天王寺区で創業した。常治郎氏は職人時代に、オランダのハムスライサーの替え刃製造を引き受けた経験があった。「これですき焼き用の肉が切れないか」と考え、数年かけて国内初の手回し食肉切断器を完成させた。

当時は「機械で切った肉なんて、金臭くて食えたもんじゃない」と反発する人もいた。それでもへこたれず常治郎氏は全国を行脚し、機械の存在を広めていった。

スライサーだけでなく、ミンチやハムを作る自社製品もある。強みは、使いやすいボタンの配置など「かゆいところに手が届く設計」。創業九十年の蓄積を生かしてきた。

「肉屋に恩返し　端材肉の加工も」

二〇一〇年に南常之社長が就任して数年後のこと、ある若手女性従業員が言った。「なんつねは町の肉屋さんに育てられてきたんですよね。恩返ししませんか?」

南社長は、地域の精肉店が衰退していく中、食品メーカーなど大手の受注をどう取るか。そちらばかりを向いてしまっていたという。

(写真提供　なんつね)

「知恩報恩」

恩を知って、恩に報いる「知恩報恩」が社是だ。すぐに恩返しの方法を探った。注目したのが肉をスライスした際に残る「端材肉」。多くは廃棄されてしまう。

高価な機械を買う余裕のない精肉店やスーパーのために、この端材肉の加工をなんつねが受託することにした。

売り上げは少ないが、あるスーパーの創業者からは「今までどうにもできなかった。ありがとう」と感謝された。「意義あることをしているな、と実感した」と南社長は話す。

フランスなどで研鑽を積んだシャルキュトリー（ハムやパテなどの食肉加工品）職人との出会いもあり、大阪市に販売店と飲食店を構えるようになった。

南社長は「日本の食を世界に、世界の食を日本に提供し、世界の食を日本風にアレンジする挑戦を続けていきたい」と腕をまくる。

（『朝日新聞』二〇二〇年七月十一日朝刊・大阪24面「「近畿の底ぢから」なんつね（大阪）」より）

2．なんつねとは②　――南常之社長挨拶より――

なんつねとは何か？

同社ＷＥＢサイトに掲げられた南常之社長の挨拶に基づいて紹介してみよう。

創業者南常治郎は一九二五年に南常刃物工作所を設立、一九二九年に南常工作所と改称し、世界初の薄切り肉用生肉切断機を製造販売した。一九二五年から一貫して食肉加工を中心とした食品加工業者の皆様と価値共創を行ってきた。

現在は、食材が持つ価値の国境をなくすことをビジョンに掲げ、食を生み出すプロセスに貢献することをミッションとして経営理念を一新し、食品加工機械の製造販売だけに留まらず、お客様が販売する商品の企画提案からお客様の目的に応じた食品工場の設計まで幅広いソリューションを提供している。

さらにはシャルキュトリーを中心とした食肉加工品販売とイートインスペース、ＥＣストアを併設した次世代型精肉モデル店MEAT DELI Nicklaus'（ミートデリニクラウス）を大阪福島にオープンし、町のお肉屋さんの応援団としても活動を続けている。

知恩報恩の精神を胸にこれからも、食における不可能を可能にする企業として、お客様のため、そして社会のために挑戦を続けていく。

（出典）https://www.nantsune.co.jp/about/#greeting

3　なんつねの概要

図表３・１　なんつねの概要

社名	株式会社　なんつね（二〇〇五年五月二十一日社名変更）
創業	大正十四年（一九二五年）十月二十六日
法人設立	昭和二十九年（一九五四年）五月十日
資本金	一億円

従業員数	単体　一五〇名　グループ全体　三五三名
事業内容	事業の三本柱 食肉スライサーを中心とする食品機械製造（テクノロジー）事業 食品加工ライン（エンジニアリング）事業 食品企画（コンサルティング）事業 具体的な事業 1. ミートスライサー・ハムスライサー・ミンチ・惣菜機器など食肉機械の製造および販売 2. 輸入食肉機械器具の販売 3. 食肉加工工場・店舗などの設計施工 4. ハム・ソーセージ並びに関連食材、調味料、香辛料の製造販売 5. 外食、中食商品製造コンサルタント 代表的な製品 ●不定形な食肉を定量スライスできるリブラシリーズ ●豊富なカットアイテムをスライスできるジュピター ●85度の熱水洗浄が可能なヘルメスS ●冷凍肉を連続投入スライスできるクロノス
本社工場	大阪府藤井寺市大井　営業拠点17箇所
グループ会社	北京南常肉食機械有限公司　なんつねコリア株式会社　ヘラスパイスジャパン株式会社

（出典）https://www.nantsune.co.jp/about/company/

4　なんつねの社是　経営理念　とミッション

なんつねの社是は「知恩報恩」だ。これは、周りから受けている恩を知り、その恩に報いることを意味する。人は一人では生きていけず、企業も単体では活動できない。様々な助けのお陰で人は生きていくことができ、また企業は経営を行うことが出来る。その恩に報いていくことが出来る企業を目指している。

なんつねの経営理念は顧客ニーズに合致したオンリーワン製品・サービスを提供することによって、人々の生活レベル向上に寄与するだ。同業他社にはない尖ったオンリーワンを目指すことによって人々の生活レベル向上に努めている。

なんつねが思う人々とは、社員、ユーザー、消費者、販売代理店、供給業者、地域住民の六人の人々と定義されている。長期的な視点で六人の人々の生活レベル向上に繋がる企業活動を続けている。六人の人々とはいわゆるステークホルダーだが、なんつねではその中に株主を入れていない。なんつねはオーナー企業であり、六人の人々の生活レベル向上に努めれば、結果として企業が繁栄すると考えるため、ステークホルダーに入れる必要がないからだ。

図表3.2　なんつねの経営理念　ビジョン　ミッション　6人の人々

経営理念
知恩報恩
ビジョン
食材が持つ価値の国境をなくす
ミッション
食を生み出すプロセスに貢献する
なんつねが思う6人の人々
ユーザー様
代理店様
供給業者様　　＋消費者
地域住民の皆様
なんつね社員

（出典）https://www.nantsune.co.jp/about/philosophy/
https://buzip.net/osaka/nantsune/

5　株式会社なんつねの歴史

本節では、南常之社長が、二〇二二年六月十五日の関西大学経済・政治研究所第250回産業セミナーにおける講演時に用いられたスライドで、なんつねの歩みを示す。

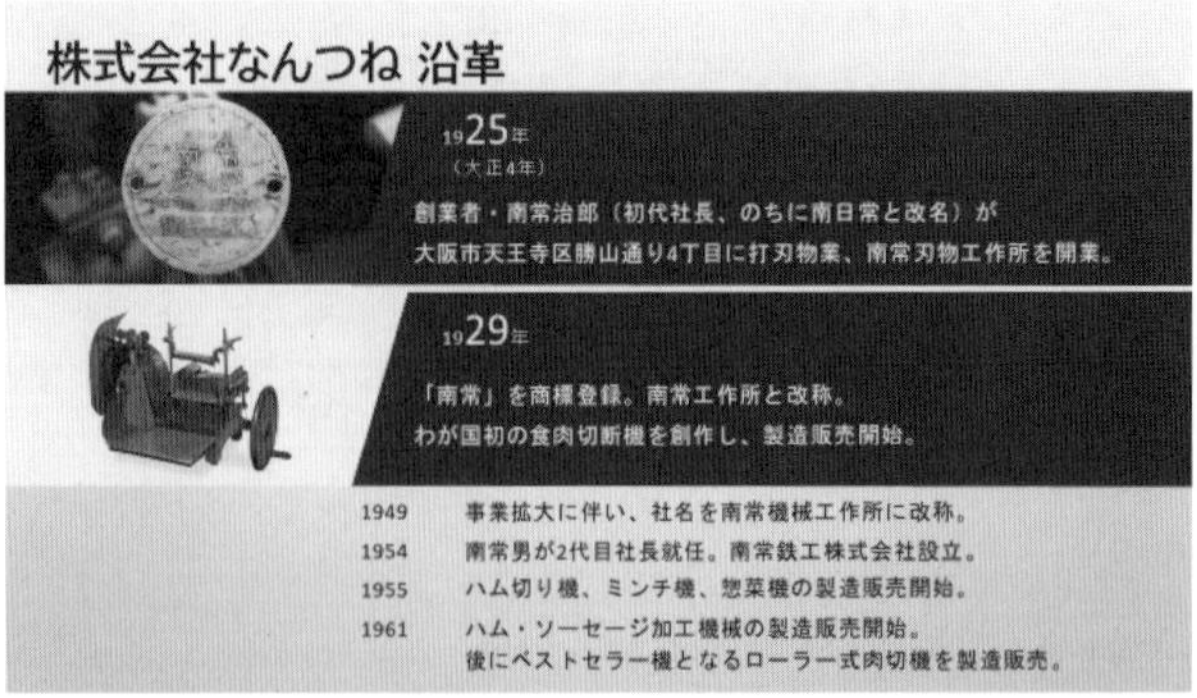
株式会社なんつね 沿革
1925年
（大正4年）
創業者・南常治郎（初代社長、のちに南日常と改名）が
大阪市天王寺区勝山通り4丁目に打刃物業、南常刃物工作所を開業。
1929年
「南常」を商標登録。南常工作所と改称。
わが国初の食肉切断機を創作し、製造販売開始。
1949 事業拡大に伴い、社名を南常機械工作所に改称。
1954 南常男が2代目社長就任。南常鉄工株式会社設立。
1955 ハム切り機、ミンチ機、惣菜機の製造販売開始。
1961 ハム・ソーセージ加工機械の製造販売開始。
後にベストセラー機となるローラー式肉切機を製造販売。

図表3.3　なんつねの沿革(1)

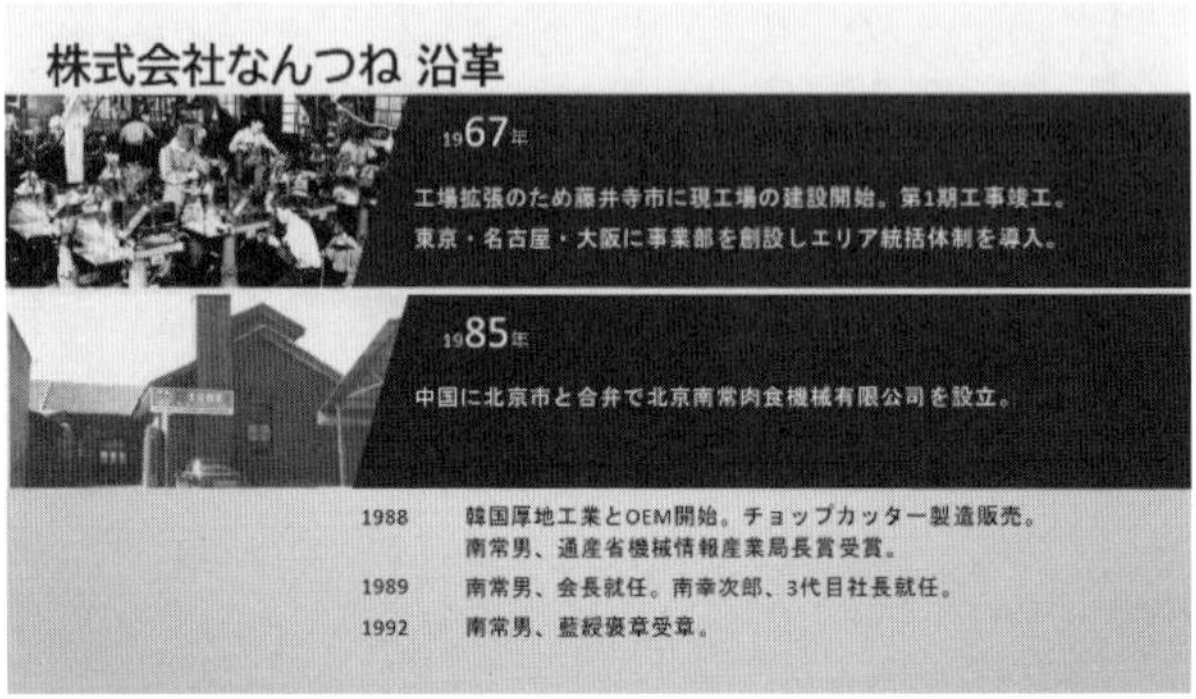
株式会社なんつね 沿革
1967年
工場拡張のため藤井寺市に現工場の建設開始。第1期工事竣工。
東京・名古屋・大阪に事業部を創設しエリア統括体制を導入。
1985年
中国に北京市と合弁で北京南常肉食機械有限公司を設立。
1988 韓国厚地工業とOEM開始。チョップカッター製造販売。
南常男、通産省機械情報産業局長賞受賞。
1989 南常男、会長就任。南幸次郎、3代目社長就任。
1992 南常男、藍綬褒章受章。

図表3.4　なんつねの沿革(2)

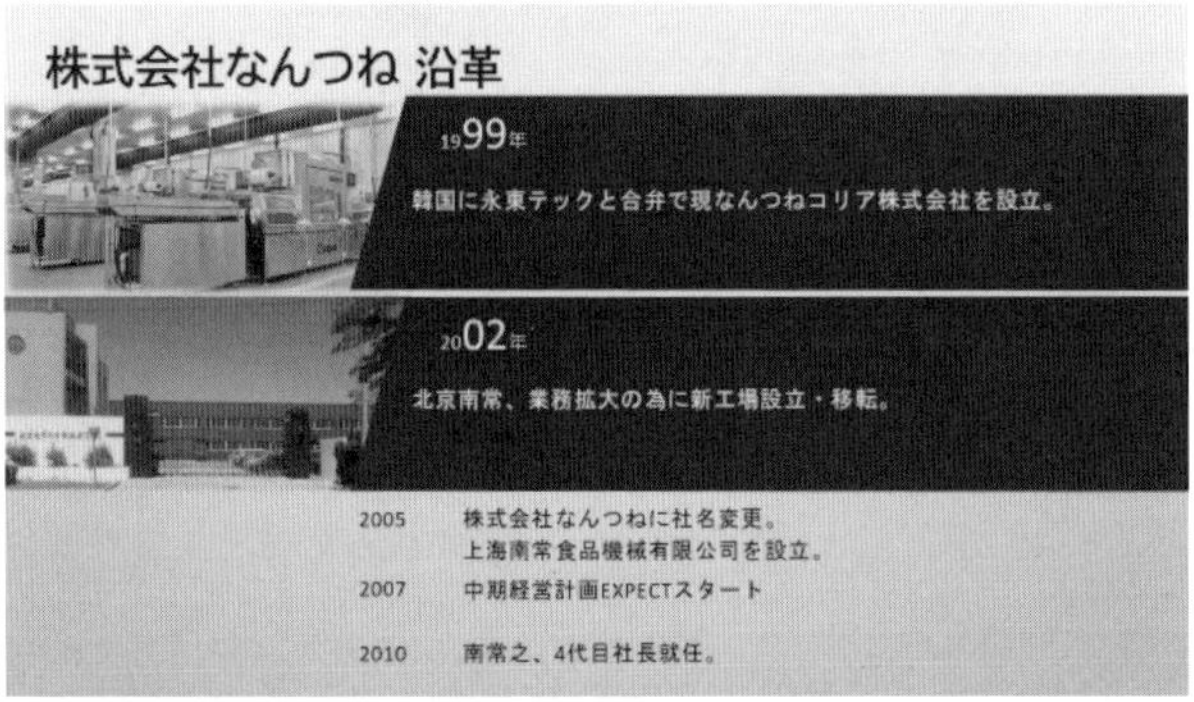
株式会社なんつね 沿革
1999年
韓国に永東テックと合弁で現なんつねコリア株式会社を設立。
2002年
北京南常、業務拡大の為に新工場設立・移転。
2005 株式会社なんつねに社名変更。
上海南常食品機械有限公司を設立。
2007 中期経営計画EXPECTスタート
2010 南常之、4代目社長就任。

図表3.5　なんつねの沿革(3)

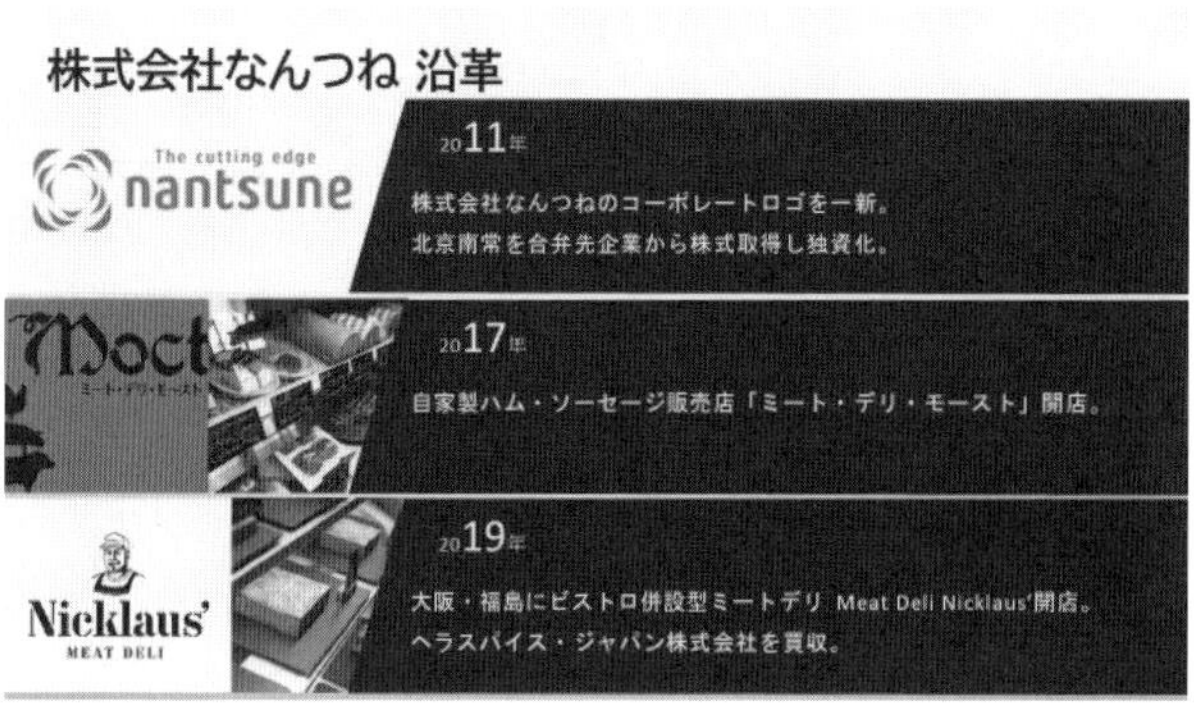

図表3.6　なんつねの沿革(4)

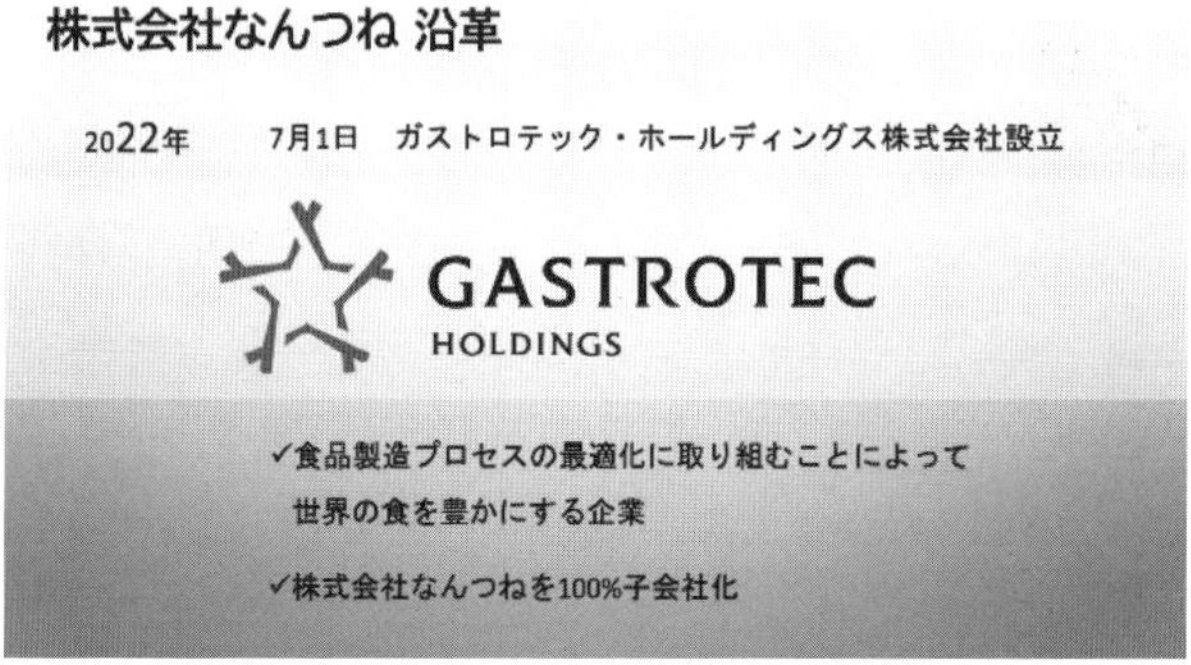

図表3.7　なんつねの沿革(5)

6　なんつねの事業領域

本節では、なんつねのWEBサイトから、なんつねの事業領域を示す。

図表3.8　なんつねの事業領域

国内17営業拠点と海外14ヶ国における提携ネットワークを通して、テクノロジー事業・エンジニアリング事業・コンサルティング事業の領域で、お客様の期待を超える最高品質の製品やサービスを提供。
「食材がもつ価値の国境をなくす」
なんつねは、テクノロジー、エンジニアリング、コンサルティングの３つの事業を通して、食材が持つ価値の国境を越えていきます。

中核事業
・テクノロジー
　食肉加工機械製造／販売・輸入食肉機械器具販売・特注機械の企画／設計／開発など
・エンジニアリング
　食品工場建設／改修・生産ライン最適化・衛生改善・オペレーション改善など
・コンサルティング
　開業コンサルティング・商品企画開発・レシピ開発・食品ロス改善など

製品情報
創業90年の技術とノウハウが凝縮された食品加工機械が、お客様の安全・安心・衛生性と生産性向上の両ニーズを実現します。

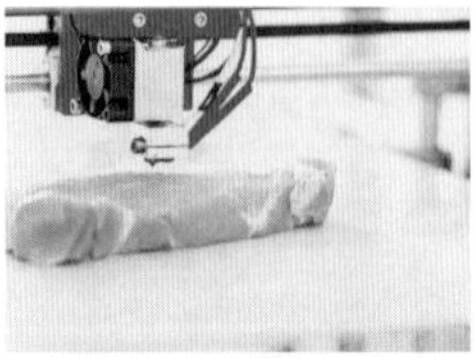

工場づくりサポート
食品工場を運営のお客様に、機器選定やレイアウト提案のみならず現場スタッフのオペレーション指導や作業環境の改善など、お客様の理想を実現へと導きます。

商品づくりコンサル
焼肉店やスーパー等店舗で食材加工されているお客様に、食材を最大限有効活用した様々なご提案を通して、期待を超える美味しさや品質の商品をご提案します。

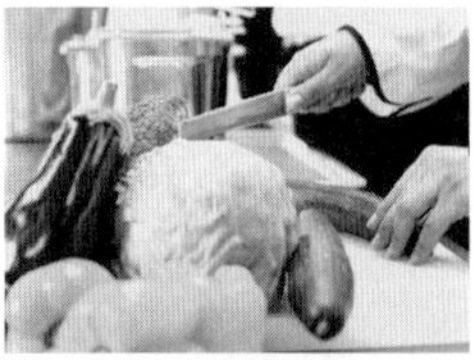

関連事業
飲食事業
製造・販売からオリジナルの商品企画まで、もっと美味しく・もっと高品質にお客様にお届けするコツを知っています。

（出典）https://www.nantsune.co.jp/about/works/

7　なんつね四代目社長・南常之氏のプロフィール

一九九八年に関西大学文学部教育心理学科を卒業。同年、南常鉄工（現なんつね）入社。二〇〇二年にカリフォルニア州立大学経営大学院で、経営学修士（ＭＢＡ）を取得。二〇〇五年代表取締役副社長に就任。二〇一〇年になんつね代表取締役社長、四代目に就任。二〇一一年には神戸大学大学院専門職課程で経営学修士（ＭＢＡ）を取得。二〇二一年からは甲南大学大学院の博士後期課程在籍。社長業と大学院生とを両立。「FOOMA JAPAN 2022」の実行委員長も務めるなど、食品工業会を牽引している。近年はコーチングの活動も行っている。

https://www.nantsune.co.jp/guidance/profile.htm

8　南常之社長三つの転機

1．第一の転機：アメリカ留学

大学ではあまり勉強をしなかった。他所で勤務することもなく、楽ができるだろうと思って家業に入った。家業に入って一年くらいすると父親か

図表3.9　南常之社長のプロフィール

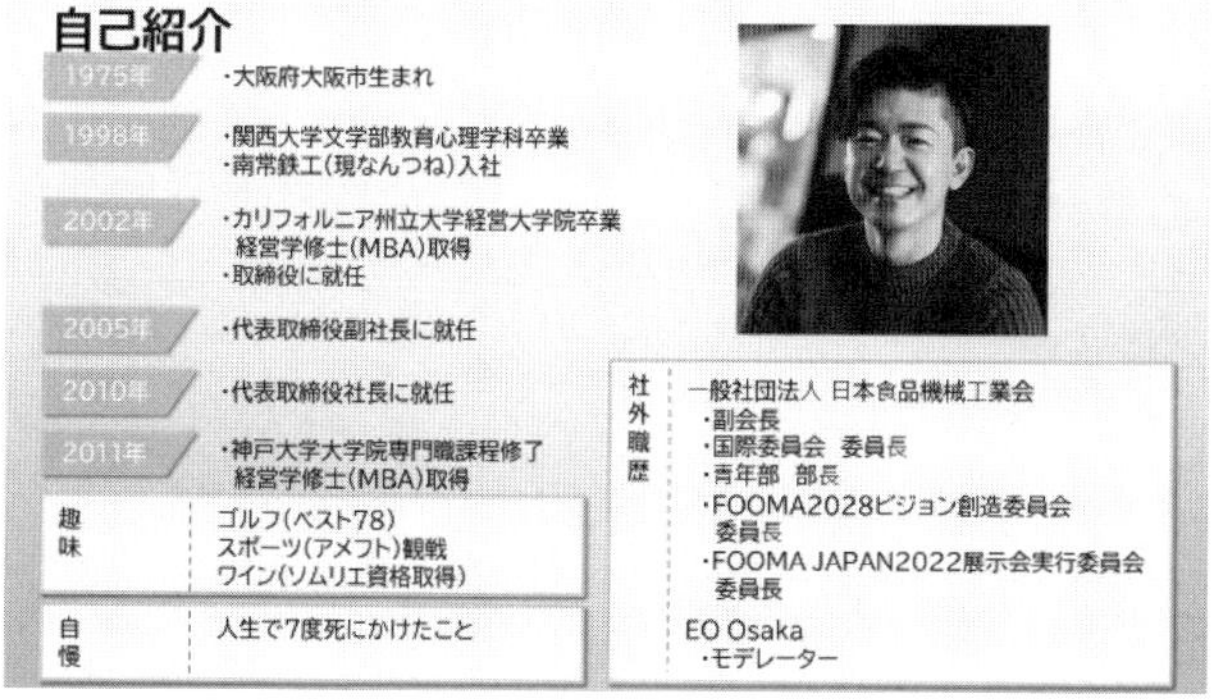

ら「アメリカに留学しないか」と言われ、「ああ、まだ遊べる」と思ってアメリカに行った。アメリカの大学に行くにはTOEFLという四択のテストの点数が必要となる。四択ということは、当たったら点数が高い。偶然に良い点数が取れて、自分にはセンスがあるなと思って大学に行った。もちろん英語ゼロの状態で行っているので大変なことになった。まず、先生が何を言っているのか分からない。ホワイトボードに何を書いているのか分からない。何を聞かれても苦笑いするだけみたいな生活をずっとしていた。できることは教科書を辞書を引きながら読むということだったが、大体一ページ二時間くらいかかった。十ページ読んでからアサインメントするという生活をずっとしていた。したがって寝ている時以外ずっと勉強しているような生活だった。半年くらいたって急に英語が聞こえるようになったり、新聞を見ていると何となく意味が分かるような状態になってきた。そこで中学入試から大学を卒業してアメリカに留学する二十四歳まであまり勉強していなかったのだが、ぱっと火がついて、ひたすら勉強するようになった。気が付いたらMBAをオールAで修了していた。これが大きな転機になった。

2. 第二の転機：スマトラ沖地震に遭遇

南常之氏の「自慢」は、人生で七度死にかけたということだ。そのうちの一つが大きな転機になっている。二〇〇四年十二月二十六日にスマトラ沖地震による大きな津波が発生した。南常之氏は、新婚旅行でモルディブに行っていた。モルディブの水上コテージに宿泊し、宿泊先には水上飛行機で行っていたので地震が起きていることすら知らなかった。水上コテージに着いてそのまま海に行った瞬間に、ドーンと津波に襲われた。沈められて上がってても、潮が巻いているのでもう一回沈められる。それを五回、十回、二十回と繰り返すと、最初は何だこれはと思っていたが「人間はこのように死ぬんだ」と思って、生きることをあきらめた経験がある。なぜ生き残ったかというと、津波で水上コテージが叩きつぶされ、その屋根が流れてきて、それに捕まって生き延びて、最終的にパキスタンの戦艦に拾われるという体験をした。

その時に人間はいつ死ぬか分からないから、本当に一日一日後悔せずに生きないといけないなと思ったりだとか、たまに寝る前に「今、死んだら納得できるかな」というふうに考えて、「いやいや、まだできない」「じゃあ、何でできないんだろう」と考えると、「これ、明日やろう」とか「来週やろう」とかと思っていた優先順位がぱっと明確になったりとかして、何にフォーカスしていく必要があるのかなということを考えるようになったという経験を持つ。

3．第三の転機：一日二十四時間を棚卸し

神戸大学大学院のMBAに通った頃、アメリカの大学院では、学生なので勉強だけしていればよかった。神戸大学へは副社長をしながら通っていて、土日はずっとひたすらアサインメントに取り組んでいる状態で、二十四時間で回らなくなってしまった。それで何を考えたかというと、二十四時間を棚卸しした。そこで注目したのが夜の九時から十二時だった。仕事をしていても能率が悪いし、仕事していなければ飲みに行っているかテレビを見ながらビールを飲んでいるかみたいな感じだったので、寝ようと考えた。九時に寝ると小学生みたいなので十時に寝ようと思った。それまで十二時に寝て六時半くらいに起きる生活だったのが、十時に寝ると四時半に目が覚めるようになって、その四時半から七時の時間というのはお客さんも社員からも連絡がないし、家族も寝ているし、好きなことができるわけだ。そういう時間を手に入れて、三十四歳くらいから大体いつも、今も十時に寝て四時半に起きる生活を続けているということで、生まれ変わったなという風に考えている。

9　コロナを契機に

南常之氏は、一般的な後継者と違うと思っている。後継者の友達は多いが、「僕はこんなことしたくなかった」とか「別にやりたいことがある」とかと言うので、「やればいいのに」というふうに思う。南氏は食品機械を作っていながら食というところに携わっているのだが、家業とやりたいことの両方を包摂する、抽象度を経営で上げていけば、できないことなどないと考える。経営というのは、突き詰めて言えば人々、生命体の幸せのためにしているので、どこまで抽象度を上げたら自分のやりたいことと家業が包摂されるかということを考えればしたいことができる。ＦＯＯＭＡ ＪＡＰＡＮという展示会の実行委員長を二〇二二年と二〇二三年に務めるが、コロナがすごくいいきっかけになったという。

南氏はコロナ禍で始めたことが三つある。一つは甲南大学の組織文化の平井先生に師事して論文を書くために大学院へ行こうと思ったこと、二つ目はソムリエの勉強をしてソムリエの資格を取ったことと、三つ目は筋トレだった。筋トレは筋肉が付き過ぎて気持ち悪くなってきたのでやめたそうだが、その他は続けている。

10　事業承継について

1．曾祖父の起業について

なんつねは、四代目の南常之・現社長が引き継ぐまでは基本的に食肉スライサー一本の会社だった。このこと自体、すごいことだ。創業者で南常之氏の曾祖父が元々刃物職人だった。天才的な刃物職人だった。他の職人が一カ月で稼ぐ給料を一日で稼いでいたという伝説が残っている。現代風に簡単に言えば、一億円プレイヤーということだから、常識的に刃物職人をやめることはないだろう。通常の人であれば、絶対に一生継続している。しかし、創業者である曽祖父は、すぱっと刃物職人を辞めて、食肉スライサーを作りだしたのだ。大正十四年（一九二五年）という肉を食べる機会が一カ月に一回あるかないかという時代、これからは絶対に豊かになる、お肉を切る文化がやってくる、という感じで、刃物職人一億円プレーヤーの地位を捨てて食肉スライサーを作り始めたという言わば変人だ。一九五四年に現社長の祖父に経営を引き継いだ時は、会社もすぱっとやめて僧侶になって、山にお寺を造った。現社長は、その管理をする事態に至っている。こうした伝説を持つ創業者・曽祖父だった。

2. 突然の重責

アメリカでＭＢＡを取得した。父親の体調も考え家業に戻り、二〇〇五年にいきなり代表取締役・副社長をしたが、実務経験のないものがＭＢＡをとって経営をすると大変なことになるということを身をもって経験した。

二〇一〇年に南常之氏は三十四歳で社長になった。父親はそのとき五十八歳だった。なぜかというと、事故で父親が急逝したのだ。いずれは社長になるとは思っていたのが、まさか三十四歳でとは思っていなかった。父親は六十五か、七十まではするかというような感じで考えていたときに、急に社長になったわけだ。

ただ、幸いなのは副社長として経営実務をしていたので、そこのあたりの困難というのはなかった。しかし、社長と副社長は全然違う。違いは、副社長だと、都合が悪くなってくる。「私はいいんですけど社長がね」というような言い逃れができなくなる。後ろに誰もいなくなるというような強烈なプレッシャーを感じるようになる。やはり三十四歳で数百人の社員がいるというところを考えて、さじ加減を間違えると会社をつぶす、そういう重責が当然ある。

3．松下電器より早く東アジア戦略展開

アジアとのつながりについては、二つの逸話がある。一九八五年に祖父が中国に進出した。これは実はパナソニックよりも早い。「松下電器が進出する前に、なんつねが出たんや」というのを現社長は祖父から一万回くらいは聞かされたという。当時の中国は現在の北朝鮮のように実態がよくわからない頃で、そのときに進出したということで、その当時は、お肉をスライスする機械の需要などなかったのだが、そこで一から開拓して、一年待ち、二年待ちみたいな状態で機械を作って、経常利益率が四割を超えていたというような状態にまでなった。その後は、コピー製品が出て大変な目に遭うというようなこともあったという。これが中国進出の事始だった。

もう一つは韓国だ。なぜスライサーメーカーのなんつねが中国と韓国に進出したかというと、スライス肉を食べるのはこうした国々だけだからだ。例えばアメリカやヨーロッパでは、しゃぶしゃぶ用の肉など需要はゼロだ。だから機械が売れようがないので行きようがなかったということだ。なんつねが中国と韓国に進出したのは薄切り肉を食べる文化が中国と韓国にあったからで、そこの市場を見分けて進出したということだ。現在は、中国も韓国も業績が良く、特に韓国は非常に業績がいい状態になっている。

11　承継後のイノベーション

1．経営の抽象度を上げる

町工場のスライサーというところから、経営の抽象度という視点から、食を満たすプロセスという社会インフラを支えている会社だというふうになんつねのことを考えている。そういう視座で言うと単なるスライサーだけではなくて食そのものというところにも影響を与えている。食品機械というのは当然食を満たすためにあるので、その食品、商品そのものというところのコンサルティング等も入って、結果としてMeat Deli Nicklaus'というハムやソーセージを作っているような飲食店や販売店の展開も始めた。

GASTROTECホールディングスという持ち株会社を立ち上げて、二〇二六年か二〇二七年にIPOを目指している。上場するのはなぜかというと、食品製造プロセスの最適化に取り組んで世界の食を豊かにしていきたいという思いがあるからだ。これは単なる個人がオーナーシップを持ってすることではない。もう少し公的な器でなければうまくいかないのではないかと思った。なんつねを100％子会社化して、アジアの食品機械の連合体をつくっていきたいというふうに考えている。

2．食品製造プロセスの最適化

食品製造プロセスの最適化とは何かと考えると、南常之社長は四つの視点があると考えている。一つは当然ながら生産性だ。今までよりも効率的にしていく必要がある。二つ目が資源ロスの削減だ。フードロスなど、さまざまな無駄をなくしていく必要がある。三つ目が他の工場とは違うのだが、おいしくするという概念だ。車などは、定量的な世界であるが、食品というのは官能的な「これ、うまい」「まずい」というような要素があるので、そういうノウハウも必要となる。四つ目に、食品機械は基本的に省人化のためのツールだが、人はゼロにならないと考えていて、その食品工場で働いている人たちがより大きな誇りを持って働ける、「私たちがしているんだ」というような思いを抱いてもらえるような方法があると考えている。これら四つのポイントが食品製造プロセスの最適化だと南常之社長は考えている。

3．商品の提案から入る　――価格競争からの脱却――

では、南常之氏は、社長に就任して、何に注目したのだろうか。社長に就任した当時は食肉スライサーをひたすら作っていた。お客さんのところに行くと「なんつね、スライサーくれ。見積もりを出せ」と言われて、「120万円です」と言うと「競合は110万で来てるけど、どうするんだ」と言われて「じゃあ、100万で、今回だけで」というような話をして、ひたすら価格競争をしていた。勝ったり負けたりしていた。こうした状況は、率直に、面白くないなと思った。そして、面白くないことを社員にさせたくないなと思った。

もう一つは、なぜお客さんはこんなに値引きを要求してくるのかなと考えると、それは、南社長の仮説だが、お客さまにとって値引きをするということがお客さまの利益を最も生み出す行為だと考えているから値引きを要求するのだという仮説が立った。そうであるならば、値引き以上にお客さんにとってメリットのあることを提案すれば、もしかすると値引きを要求してこないのではないかと考えた。お客さんの利益を上げるためには、お客さんの売上を上げるお手伝いをするか、コストを下げるお手伝いをするか、あるいはその両方をすれば実現するわけだ。

そのために何をしたかというと、食品機械を造っているので、食品を売るのではなくて商品の提案から入ったのだ。「オリジナルのソーセージを作りませんか。それをめがけてお客さんが来るし、他のものものもついでに買ってくれるので、もうかりますよ!」という風に言うと、「おもろいやないか」という話になってくるわけだ。

まだ機械は提案しない。それを作るためにはこういう食品工場が必要とか、こういう食品製造ラインが必要とラインの提案をするのだ。「おお、それは確かに必要だな」という話で、最後にようやく、「そのラインにはA・B・Cという食品機械が必要ですね」と言うと「そら要るやろ」というような話になる。そういう提案をすると「A・B・Cの機械が幾らか」というよりも、「その食品製造ラインを使って月にどれだけ稼げるのですか、なんつねさん」というふうになってきたのだ。

お客さんからすると当然のことだ。120万の機械を100万にしたところで十年に一回というと一年当たり二万円しかもうからない。それを使ってどれだけ利益を生み出すか。毎月の利益をどれだけ上げられるかというところにフルコミットすれば、当然、機械が安いよりもそちらの方がもうかるという当たり前のことに気付いていただける。機械を売るのではなくて商品の提案から入る。商品の提案が受け入れられたらその製造ラインの提案に入る。最後にようやく機械の提案をする。要は、逆転させているだけなのだが、端的に言うと、十年前に現社長が就任してしたことはそれだけだった。それ一つしかしていないというような状態だ。

そのときは気付かなかったが、そうすることによってお客さんの担当者が変わってきた。それまでは購買担当者で、購買担当者のミッションはいかに機械を安く仕入れるかというところだが、やがて企画担当者など戦略を考えるような人が出てくるようになった。例えばスーパーマーケットの場合、「こういうものを作って、こういう商品ラインナップでしていきたいんだけど、どうしたらいいか」というような話になる。より意思決定に近いような人、売上や利益を考えるような人たちと出会うことができるようになった。機械の価格ではないようなところに携わることによって、そこでいろいろ勉強できるし、食品製造のノウハウをいろいろ蓄積してそれをお客さんに展開していくという良いサイクルが回ってきたというのが、この十年だった。

単に省人化、無人化、コストを削減するということもあるが、売上を伸ばすというところが非常に重要だと考えている。コストは0円以下にはならない。限界がある。一方、売上は、理論上は無限なのだ。いくらでも増やすことができる。そこをどういうふうにお客さんに理解してもらうかというところが非常に重要なわけだ。機械だと、どちらかというと省人化でコストが削減できるというところで、それも重要だが、これを使ってどれだけ売上を上げるかというところをお客さんにアピールすることが、より重要だと考えている。

これらをテクノロジー、エンジニアリング、コンサルティングと、なんつねでは呼んでいる。コンサルティングとは商品開発、ハムとかベーコン、ソーセージとか、その他もろもろの商品をどうやって開発していくのか、エンジニアリングというのは食肉製造ラインの提供、テクノロジーというのはその機械の開発だ。それまでのテクノロジーで、機械を作って、それが安くたたかれるというところから、売上・利益をどういうふうに増やしていくのかという三つの軸でお客さんに提案をしていくことを始めたのが、現社長がしたことだった。

GASTROTECの形でオールアジアの食品機械の連合体を作りたいと考えたきっかけがFOOMA JAPANという展示会の実行委員長になったことだ。コロナ後とは考えられないくらいの集客がある。普通の機械は単に1・5ミリでスライスするという形だが、なんつねの機械は1パック当たりの重量を揃えるというものだ。重量をある程度揃えるために、パートさんが5枚入れて測って、ちょっと少ないとまた入れてというようなことをひたすら繰り返しているが、鮮度の問題だとか安全とか衛生面というところにも問題がある。食品工場はやはり基本的に温度が低くないと駄目なので、働く環境もよくないというところでパートさんが集まりにくい。そういうことを考えるとこうした機械のニーズが多くて、現在、デモ依頼が殺到しているような状態だ。

図表3.10　なんつねのビジネスモデル(1)

図表3.11　なんつねのビジネスモデル(2)

図表3.12　なんつねのビジネスモデル(3)

（南常之社長講演時のスライドより、2022年６月15日の関西大学経済・政治研究所第250回産業セミナー）

4. なぜ食品事業に進出したか ——女性社員の声「お肉屋さんに恩返し」——

食品機械を作っているのはわかるが、なぜハムやソーセージを作りだしたのか。ある時、三年目くらいの女性社員が「町のお肉屋さんの応援団をしたいのです。なんつねというのは創業以来八十年以上、町のお肉屋さんにお世話になった企業ですよね。恩返ししませんか」と言ってきたのだ。入社して数年たった社員にそういうことを言われて、南常之社長は頭を打たれたような思いがした。それまでは大手のスーパー、例えばイオンやイトーヨーカドーにどれだけ大量に機械を入れたらいいのかということしか考えていなかった。そこで、お肉屋さんを何軒か回ってみた。

すると、はっきり二つに分かれていることがわかった。「もうこの機械が壊れたら廃業するわ、後継者もおらへんし」と言っているおじいちゃんやおばあちゃんがしている肉屋と、後継者が苦労しながら何とか活路を見出している肉屋の二つに分かれる。前者のところはお手伝いできることは限られているが、後者のところはできることがもっとあるのではないかなというふうに思ったのだ。

そのときに注目したのが、くず肉だった。肉をスライスするとくず肉ができて、それはもったいないが捨てたり、ミンチにして安く売ったりしていた。そのくず肉を使ってソーセージを作って売ると、すごく高単価で売れるし、ついでにスライス肉も買ってくれたらスライサーも売れるのではないかというようなことを考えてみた。商品なので実際に作ってみて味を確かめたいということで、会社に小さなミニキッチンを作って、テストマーケティング用に何キロかだけ作って提供していた。「こういう形で作ったら売れますよ」「実際に試してみてください」「試しに売ってみてください」「それで手応えをつかんだら機械を買ってください」というような算段で動いていた。あるとき「なんつねの機械は要らないから、このソーセージを売ってくれ」ということをお肉屋さんから言われて、機械屋が食品かというふうに思ったが、お客さんの利益を創造するのがなんつねであるならば、これはお客さんをもうけさせることができていると考えて、食品製造にも入っていったのだ。

食品製造に入って、やはり本当に自信のあるものを提供したいと考えると、自信があるものというのは、やはり実際に消費者の皆さんに食べていただいて、「いや、これうまいね」と言ってもらったものだ。そうしたものを提案したいと思って、小さな食堂を会社の近くに作った。これはいけるなと思ったので、福島店と、ＥＳＴ店に二店舗展開している。

福島の方に関しては、一階がイートインで、大きなショーケースがあって販売、テイクアウトができる。二階が食品工場になっている。実際に消費者の皆さんにも来ていただいているが、日本全国のスーパーとかお肉屋さんでこういうこともしてみたいというお客さんからすると、二階を見て、一階を見て、住宅メーカーにおけるモデルハウスみたいな使い方をしている。実際に人件費がどれくらいかかるかとか、これくらい売らないとブレークイーブンを超えないよねというような話を実感している。したがって、理論上ではなく実感値が提案ができるので説得力がある、そういうような状態に至っている。

12　今後の展望　――食品機械メーカーと食品製造メーカーを結ぶプラットフォーム――

次にこれからどんな世界観を実現したいのかというと、一言で言うと食材の持つ価値の国境をなくしていきたいと考えている。世界中のあらゆるものが世界中のあらゆる所で食べられる世界が理想的だ。だから、もっと世界の食を豊かにしていきたいと思って、そのためにできることがあるのではないかと考えている。

豊かにするというのは、別に贅沢品を食べるだけではなくて、貧しさをなくすということも豊かさにつながると思っていて、日本でも世界でも大体生産される食品の三割は廃棄されているが、他方で毎日何万人もの方が餓死しているという現実があって、この現実を何とかしたいなという思いがある。フードロスをなくしたり、あとは腐敗しない食品を何とか作れないかということで、最終的には餓死者をなくして世界中のあらゆるものがあらゆる所で食べられるような世界を実現するために努力している。

そのために、GASTROTECホールディングスというところでIPOを行って、オールジャパン、そしてオールアジアの食品機械連合体をつくって、その旗振り役をなんつねがしていきたいと考えている。なんつねが上になったら駄目だと考えており、食品機械メーカーと食品製造メーカーをつなぐプラットフォームみたいな場所がGASTROTECになればよいと考えている。お客さんが「こういう悩みがある」と言えば、それをAI解析をして「こういう食品製造ラインが必要です」というようなことを数年で実現していきたいと考えている。そうすることによって、世界の食品製造プロセスの最適化、世界の食品製造プロセスのスタンダードを作ることを目指している。

問題意識は食品機械メーカーにも食品メーカーにも両方ある。食品機械メーカーでいうと売上十億円以下の会社が七割だ。FOOMA JAPANに所属している日本食品機械工業会正会員二三五社のうち、六十八%が売上十億円以下だ。後継者が当然いないので、二〇三五年までには企業数が半減してしまう。

中小企業がなくなることだけでも問題だが、もう一つ大きな問題が食品加工技術が枯渇するということだ。例えば、和菓子の団子を包む機械があるが、後継者からすると「和菓子なんか食べないし、将来性がないから俺はサラリーマンになるわ」と考える。でも、この技術を応用すると、小籠包（台湾の点心料理、ショウロンポウ）を包む機械ができる。そうなると世界中にマーケットがあるが、そういう視点で物事を見ていないので、そういう技術がどんどん枯渇していくのだ。これではもったいない、今なら何とかなるというふうに思っている。日本の食品加工技術を集約して新たな食をつくる、新たな食品製造のスタンダードをつくるためにどういう連合体にすればいいのか、ここ十年が勝負となる。

食品メーカーで言えば、日本の人口が減る以上に労働者人口が減り続けているので、省人化、無人化のニーズが高まっていく。意外と知られていないが、食品工場は一般的な工場と比較して生産性が六割くらいしかない。要は、車の工場などと比べて給料が六割くらいしかない。これでは絶対に人が集まらない。省人化というのはどんどん進めていく必要があると考え、連合体をつくれば、食品機械メーカーも救えるし、食品メーカーも救えるのではないか、それを世界のスタンダードにしていきたいと、南常之社長は考えている。

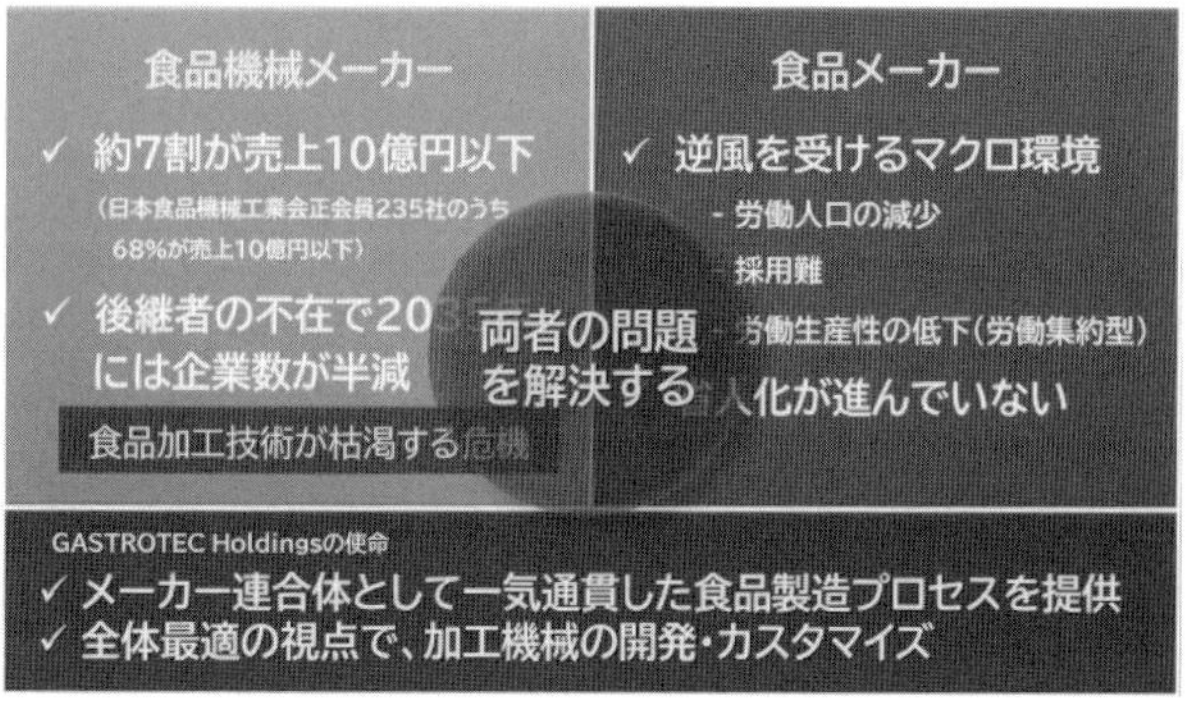

図表3.13　なんつねのビジネスモデル(4)

図表3.14　(写真提供　なんつね)

(南常之社長講演時のスライドより、2022年６月15日の関西大学経済・政治研究所第250回産業セミナー)

13　経営者として考えていること

1．経営者として考えていること(1)「為せば成る」と「なるようにしかならない」

経営者としてどういうことを考えているのか。社長力とは何だろうか。いろいろな考え方があろう。南常之氏は、経営力とは「為せば成る」の執念と「なるようにしかならない」の開き直りのバランスだと思っている。

何でもかんでも「為せば成る」だったら自分がつぶれてしまう。また、何でもかんでも「なるようにしかならない」だと会社がつぶれてしまう。これはイーロン・マスクでも同じだろうが、どこかで「なるようにしかならない」と思っているところがあるはずだ。しかし、その前に、「為せば成る」のレベルが高過ぎるから、あそこまでの会社になっているのだろう。

「為せば成る」と「なるようにしかならない」のバランスをどのレベルで実現しているのか。どこでこのバランスをとるのかというのが、社長力になるのではないかと南常之氏は考えている。

2．経営者として考えていること(2)　抽象度と解像度

南常之氏は、抽象度と解像度のバランスも非常に重要だと考える。例えば、食肉スライサーという抽象度から、お客さまの利益を生み出すという抽象度に上げていくと、できることが変わってくるわけだ。商品の企画だとかエンジニアの食品製造ラインだとかというところで抽象度が上がると、例えば、商品の企画とかソーセージの作り方というところの解像度を上げていく必要がある。解像度を上げるとまたアジアの連合体みたいな抽象度を上げてい

く。抽象度を上げ過ぎても何もできない人になるし、ひたすら解像度だけを上げていてもアリの目になってしまって目の前のことしかできないというようなことになると思う。したがって、経営者というのは、抽象度と解像度で今はどちらが重いのかなというふうに考えて、解像度が高いと思えば抽象度を上げる時期だろうし、抽象度が高くて解像度が悪いなと思ったら解像度を高める時期で、このようにしながら経営者は経営力を付けていくのではないかと南常之氏は考えている。

3．経営者として考えていること(3)　顧客は誰か

南常之氏は、ドラッカーは本当にいいことを言っていると評価している。具体的には、「顧客は誰か」「使命は何か」「価値は何か」というようなドラッカーの主張だ。展示会の実行委員長を務めているが、それまではお金を出している出展者が顧客だというふうに考えられていた。南常之氏が実行委員長になって、「来場者だ。来場者が集まったら勝手に出展者が集まってくるから、出展者にフォーカスするのではなく、来場者、食品機械ユーザーにフォーカスして、彼らにどういう価値提供をするのかを考えていこう」という風に考えるようになった。顧客を間違えていたら、経営は間違えるしかないので、こういうシンプルな問いは重要だと南常之氏は考えている。

4．経営者として考えていること(4)　イノベーション

イノベーションは日本では起きないと言われているが、イノベーションというのは、ニューコンビネーション（新結合）という言葉で、既存のものと既存のものを掛け合わせるだけでイノベーションになる。あらゆるところで起きているはずだ。その芽をつぶしているのは自分たちではないかと南常之氏は考える。無数にあるイノベーション

をどういうふうに大きくし、形にしていくのかというのが、経営者の大きな仕事なのではないかと南常之氏は実感している。

14 おわりに

経営者として考えていること(5) 現状の延長線上にないゴール

最後に、南常之氏が大切にしていることだが、現状の延長線上にないゴール、現状の外側にあるゴールということを常に考えている。このまま頑張ったら五年先、十年先にこうなるなということが分かっていることに時間を費やしたくない。今絶対に考えられないということしか考えたくない。もう見えている先のために時間を費やすのはもったいないと南常之氏は考える。現状の外側のゴールはどういうところにあるのか。当然、今は見えていないもの、三年後はもっとすごいものが見えているかもしれないが、少なくとも十年前に見えなかった景色を現在見ている。十年間、毎年、今年ほど成長できた年はないというふうに思って十数年間生きているので、これを繰り返していくとさらに現状の外側にあるゴールが見えてくるのではないかと南常之氏は考える。

【補節】

ゴルフと経営の共通点

上手くいかない、知識や経験だけがものをいう世界ではない。

悩んだ時の対処法

他人は他人、自分は自分だし、周りと自分を比較しない。与えられた環境は人それぞれ違うからそこでどのように振る舞えるかが重要。寝たらストレスがリセットされると思い込む。いい事も悪いことも引きずらない。いい時に調子に乗らず、逆に悪い時はいつまでも掘り返さない。

コーチングを始めたきっかけ

Mindset のコーチングスクールで、エグゼクティブ向け（経営者向け）講座を半年受講した。

日本人は主要国の中でも一番自信がない民族。一人ひとりの日本人が自信に満ち溢れ、活気と明るい未来が満載な国にするために始めた。コーチとして経営者の伴走者となる。株式会社なんつねには知恩報恩という社是があり、採用する人物像が誰よりも誰かのためにというモットーということからも、なんつねの人柄から日本国民を元気にしたいという思いがあるのかもしれない。講座終了直後から、四名ほどの方と半年間のクライアント契約をした。現在およそ十名。社長業と二足の草鞋を履いている。https://takashioya.com/peeps/tsuneyukiminami-golf/2172/

【参考文献・参考資料】

南常之「なんつねの経営戦略」『セミナー年報２０２２』関西大学経済・政治研究所、二〇二三年二月十日、三十五～四十四頁。
南常之「なんつねの経営戦略」関西大学経済・政治研究所・第250回産業セミナー、二〇二二年六月十五日、関西大学梅田キャンパス、配布資料。
「世界の「食」に切り込む　肉屋に恩返し　端材肉の加工も」「近畿の底ぢから　なんつね（大阪）」『朝日新聞』二〇二〇年七月十一日、朝刊14版
「コストダウンから売上増への貢献に価値観を転換 食肉業界にイノベーションを起こす（株式会社なんつね　代表取締役社長　南常之氏）」大阪産業局Ｗｅｂサイト、https://www.obda.or.jp/jigyo/syoukei/venture_nantsune.html
「食肉機械の「なんつね」、トップシェアの秘密 「町のお肉屋さんが儲かるビジネス」を意識」東洋経済オンライン、二〇一八年六月二十五日、https://toyokeizai.net/articles/-/226325
「FOOMA JAPAN 2023は過去最大規模に、加工前後工程の関連企業が増加」「日本食品機械工業会は二〇二三年四月五日、東京都

内およびオンラインで記者会見を開き、同年六月六～九日まで東京ビッグサイトで開く食品製造に関する総合展示会「FOOMA JAPAN 2023」の開催概要を発表」、二〇二三年四月六日、https://monoist.itmedia.co.jp/mn/articles/2304/06/news053.html

大矢隆司「ゴルフの円」vol.3 株式会社なんつね 南常之さん、二〇二〇年十一月七日、https://takashioya.com/peeps/tsuneyukiminami-golf/2172/

Mindset Coaching School受講生の声 ―― 株式会社なんつね 代表取締役／プロコーチ【南常之さん】https://www.youtube.com/watch?v=P_kAzEEqwxo

左より　上田正人　南常之　亀井克之　の各氏

2022年 6 月15日　関西大学経済・政治研究所第250回産業セミナー（関西大学梅田キャンパス）

南常之社長　講演動画　49分
「なんつねの経営戦略」
関西大学経済・政治研究所
第250回産業セミナー
2022年6月15日
https://youtu.be/45C0Y82RPi0?si=Tlc0l1hkmj8AANIN

タブレット端末の上にこの基盤を置き、タブレットが発する色の中の、紫外線に近い波長のブルーの光を酸化チタンに吸収させ、タブレットが表示する絵を転写したように、細胞を配列しようという試みに取り組んでいます。

光で絵が描けるようになると、例えば皮膚になる細胞シートの中に血管を埋め込むことが簡単にできるようになります。1回で描けるのは細胞の膜1層だけですが、タブレットを複数台用意して、できたシートを重ねていったら、3Dプリンターのように臓器などの三次元のものも作ることができるでしょう。気の遠くなるような枚数の細胞シートを重ねないといけませんが、理論的には決して夢物語ではありません。

Application of Chemical Properties That Respond to Ultraviolet Rays

── I heard you are focusing on titanium oxide. What type of research is it?

As a photocatalyst, titanium oxide is generally used for both sterilization and deodorization, as well as a material for solar cells. In contrast, I try to use the characteristic properties in the developments of cell culture vessels and regeneration techniques for coral reefs.

── First, please explain the development of the cell culture vessels.

Recently, the usage of cell sheets in regenerative medicine has become a popular research topic. They are thin films cultured from human cells, which are attached to affected areas to regenerate organs. To advance this medical treatment, there is a requirement to develop techniques to both fabricate cell sheets and to successfully detach the cultured cells from the vessels without any damage. The state-of-the-art method is to seed cells on a polymer-coated dish, which are then cultured into a sheet. By simply decreasing the temperature, it is possible to detach cell sheet from the culture vessel without damaging the cell-to-cell bonds. With the advent of this technique, the cell sheet engineering has advanced to the clinical stage. Recently, I came up with an idea of developing a new method utilizing the characteristic properties of titanium oxides respond to ultraviolet rays.

Since cells are living organisms, they can become damaged or cancerous when exposed to ultraviolet rays. On the other hand, titanium oxide is known to absorb ultraviolet rays. Therefore, I fabricated various structures that could protect cells from the ultraviolet element. Consequently, the cell culture vessel converged to a simple structure with a titanium oxide thin film on a glass substrate.

When the cell culture vessel is illuminated from the backside, the titanium oxide film absorbs the ultraviolet rays. The photo-response at the exposed area on the surface prevents cell adhesion, whereas cells show excellent adhesion at the unexposed region. By adjusting the film thickness, the cells could be perfectly protected from UV rays. Furthermore, if cells are additionally seeded to the vessel, they preferentially adhere to the blank region. Thus, it would be possible to have several types of cells coexisting on a sheet. What one can do with this is to draw with light using cells as the materials.

── What do you mean by "draw with light"?

We try to control the adhered position of cells in the same manner as pictures displayed on a tablet. The present titanium oxide film might respond to the blue light with a relatively short wavelength which is emitted by the tablet devices.

For example, drawing images with light allows blood vessels to be easily embedded in the skin cell sheet. One can only draw cell sheet one layer at a time. However, if the sheets are prepared on multiple tablets, and then are stacked together; it can fabricate 3D structures such as organs. One has to stack up several cell sheets but it is not just a pie-in-the-sky theory. This is a 3D printer based on a new principle.

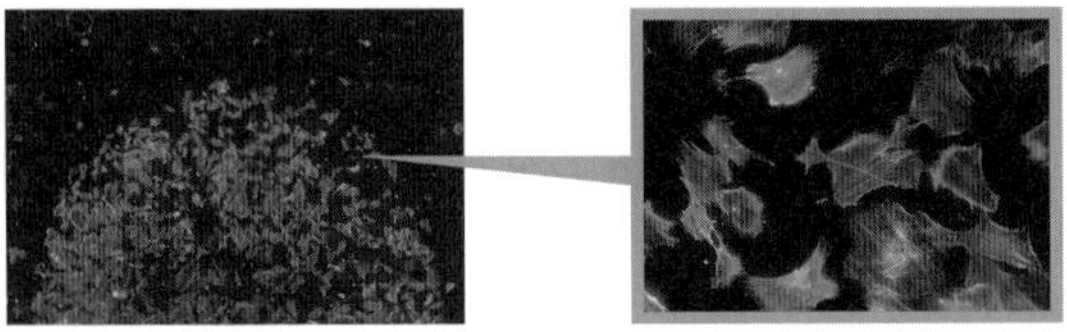

細胞培養器に下から局所的に光を当てると、細胞は光を当てた部分にくっつかず、当てていない部分にくっつくようになる
The cells don't adhere to the light-exposed areas, whereas preferentially adhere to the shaded ones.

■研究最前線

酸化チタンの研究 ・Titanium Oxide Research

細胞シートの作製 サンゴ礁の再生技術の開発

再生医療、地球環境など、多様な分野で可能性を追求

Fabrication of Cell Sheets and Development of a Regeneration Technique for Coral Reefs

Pursuing potentials in multiple areas such as regenerative medicine and the global environment

◉化学生命工学部 上田 正人 教授

• Faculty of Chemistry, Materials, and Bioengineering

—— Professor *Masato Ueda*

日本でもここでしか測定できないと、鉄鋼メーカーなどからの委託も多い、環境材料研究室の電気抵抗率測定装置

An ultra-precision measurement system of electrical resistivity in the Laboratory of Environmental Materials. Many measurement requests from steel manufacturers and others due to its unrivaled performance.

地球、社会、経済などすべての環境にやさしい材料を研究する環境材料研究室。上田正人・化学生命工学部教授はさまざまな領域での酸化チタン利用の研究を生かし、従来応用が想定されていなかった、細胞培養器の開発やサンゴ礁の再生という領域で酸化チタンの新しい可能性を見出す研究を進めている。

Earth, society, and economy—— The Laboratory of Environmental Materials researches on environmentally friendly materials. Masato Ueda, a professor of the Faculty of Chemistry, Materials, and Bioengineering, has carried out researches on the applications of titanium oxide in various areas. With his experience, he is currently looking for the possible applications of titanium oxide in several areas, such as the development of cell culture vessels and the regeneration of coral reefs.

■紫外線に反応する化学的性質を応用

——酸化チタンの研究をされているとお聞きしています。どのような研究ですか？

酸化チタンは光触媒として除菌・脱臭などに利用されるほか、太陽電池の材料として注目されていますが、私は酸化チタンの性質を生かした「細胞培養器の開発」や「サンゴ礁の再生促進技術の開発」に取り組んでいます。

——まず、細胞培養器の開発について教えてください。

ヒトの細胞をシート状の薄い膜に培養し、それを患部に貼ることで臓器などの再生を図るという細胞シートを使った再生医療が最近話題になっています。この医療を進めるためには、細胞シートを作製する技術と同時に培養した細胞をシートからうまく剥離させる技術の開発も重要です。高分子を塗った基盤の上に細胞をまき、シート状に培養し、冷やして剥がすという方法が現在の最先端だと思います。この技術の登場によって、温度を下げるだけで細胞と細胞の結合を壊さずに細胞シートを細胞培養器から剥がせるようになり、細胞シートを使った治療が臨床まで進みました。これに対して私は、酸化チタンが紫外線に反応する性質を利用して、新しい作製法を開発できるのではないかと研究を始めました。

細胞は生き物ですので、紫外線が当たるとダメージを負ったり、癌化したりします。でも、酸化チタンは紫外線を当てないと反応しない。そこで、細胞には紫外線が当たらないように、いろいろな構造のものを試作してみたのですが、結局、ガラスの上に酸化チタンの膜をつけただけのシンプルな構造の基盤に落ち着きました。

この基盤の上に細胞をまき、下から局所的に光を当てると、光を当てた部分は酸化チタンの膜が紫外線を吸収し、膜表面で起こる光応答のために細胞が基盤にくっつかず、当てていない部分はくっつくようになります。膜厚を調整すると細胞に紫外光成分はまったく曝されません。この光を当てた部分に、さらに細胞をまいてやると、その細胞が基盤に接着して数種類の細胞が共存したシートが作れます。これで何ができるかというと、細胞を材料にして光で絵が描けるんです。

——光で絵が描けるとはどういうことでしょうか？

第2部

ファミリービジネスにおけるレジリエンス

第4章
外食ファミリービジネスによる危機突破とレジリエンス
——事例研究：グルメ杵屋・南海グリル・大起水産——

亀井克之
林　能成

■
クライシス（危機）とは何か？
老舗企業の危機管理の特徴は何か？
関西の老舗外食ファミリー企業はいかにコロナ禍の危機を乗り越えたか？

1　はじめに

本章では、関西の老舗外食ファミリー企業がコロナ禍において、どのように危機を突破したかについて分析する。まず第一にリスク、危機、危機管理、そして老舗の危機管理に関する概念整理を行う。第二にコロナ禍による影響を大きく受けた外食産業に焦点をあてて、危機突破の事例分析を行う。いずれの事例も事業承継を経た創業40年以上の老舗ファミリー企業を取り上げる。

＊本章の事例はすべて二〇二〇年十月時点の事実に基づいている。

2　危機管理と老舗

1．リスクとクライシス（危機）の語源

リスクの語源はラテン語 risicare「岩礁」であり航海に関係する。岩礁に衝突するリスクをとらなければ目的地に到着したり、積荷を販売するというベネフィットも得られない。リスクの意義は、損失の可能性を賭して利得を追求する際の決断にある。

一方、クライシス（危機）の語源はギリシア語 krisis「決断・分岐点」で、病気や医療に関係する。これは病気が回復に向かうか悪化するかの分岐点（ターニングポイント）だ。重大な事象が発生して、どちらに転ぶかわからないという重大な局面だ。クライシス（危機）の意義は分岐点での決断にある。コロナ禍における企業経営は、リスクの段階を越え、クライシス（危機）局面にあった。

2．リスクとクライシス（危機）／リスク対応と危機対応の要素

リスクは、事象発生の可能性であり、クライシス（危機）は事象発生の接近、事象発生直後の状況を意味する。二〇二〇年以来世界を襲った状況は、新型コロナ感染症の流行という事象が発生した後のクライシス（危機）局面と捉えられる。

3．リスクマネジメントの要諦 ――「3リスク×4プロセス」モデル――

リスクマネジメントは、「3つのリスク」に対する「4つのプロセス」（4つの「定」）と表現できる。

図表4.1　3つのリスク

予防すべきリスク	Preventable Risk	例：事故 法令違反	防ぐ
外襲的リスク	External Risk	例：自然災害	守る
戦略リスク・投機的リスク	Strategy Risk/ Speculative Risk	例：新しいことに挑戦する際に失敗する可能性	とる 決断する

Robert S. Kaplan and Anette Mikes, "Managing Riks: A New Framework", *Harvard Business Review*, June 2012 issue.
（https://hbr.org/2012/06/managing-risks-a-new-framework）に基づいて筆者作成

図表4.2　4つのプロセス（4つの「定」）

特定	Identification	リスクを発見する　リスクの洗い出し
想定	Assessment	もしもの場合の損失程度や発生確率を予測する
決定	Decision	リスクにどう対応するかを決断する
改定	Review	失敗に学ぶ　災害から教訓を得る →対策を見直す。

図表4.3　ISO31000による定義

リスク	目的に対する不確かさの影響
リスクマネジメント	リスクについて、組織を指揮統制するための調整された活動

4．ISO31000によるリスクマネジメントのプロセス

プロセスについては、リスクマネジメントの国際規格ISO31000: 2018に基づき図表４・４のように示される。

5．Fink（1986）によるクライシスマネジメント（危機管理）の定義

一方、クライシスマネジメント（危機管理）について、代表的研究者フィンクは「ターニングポイントであるクライシスに対する計画は、多くのリスクや不確実性を取り除き、できるだけ自分の運命を自分でコントロールするための技術」と定義している。フィンクは医学的語源を持つクライシスを「前兆期」「急性期」「慢性期」「回復期」に分けて考えている。

（Steven Fink, *Crisis Management Planning for the Inevitable*, amacom, 1986 P.15：近藤純夫訳『クライシスマネジメント――企業危機といかに闘うか』経済界、一九八六年、三十六頁）

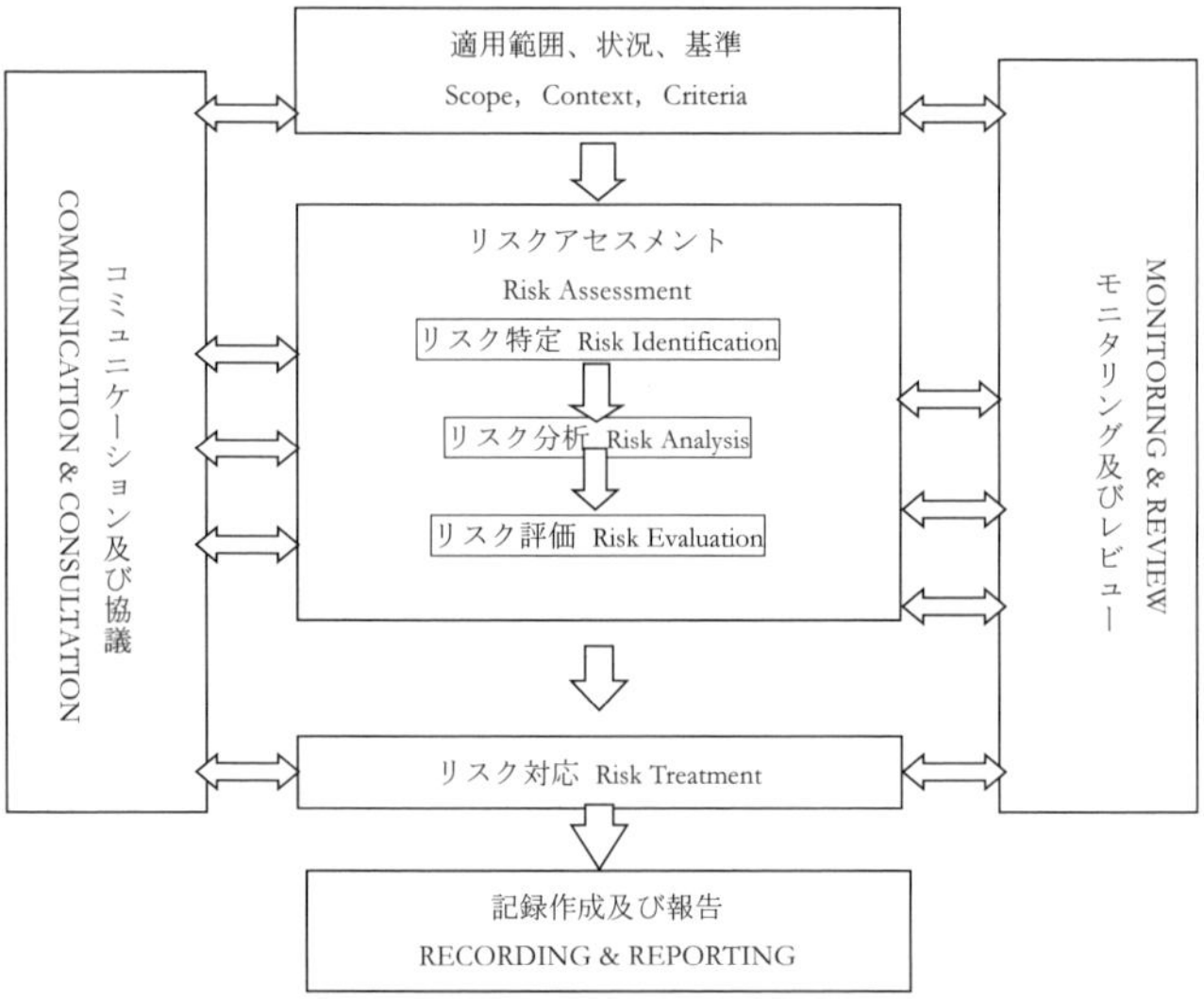

図表4.4　リスクマネジメントのプロセス（ISO31000; 2018; JIS Q31000: 2019）に基づいて作成

図表4・5　リスクマネジメントと危機管理の関係

■事前のリスクマネジメント
- 気づく力としての「リスク感性」の発揮
- リスクの洗い出し（リスクの特定・想定）
- 災害対策、事故防止、保険加入、資金準備（リスク対応）
- 安全管理計画、事業継続計画（ＢＣＰ）
- 平常時からリスクを意識し訓練（シミュレーション訓練）

■事後の危機管理
- 決断力としての「リスク感性」の発揮
- リーダーシップ・決断・コミュニケーション
- レジリエンス（逆境に適応する力、危機を乗り越える力）
- 災害や失敗に学ぶ・同じミスをしない

6．危機対応の定義

リスクとは異なり、危機（クライシス）は管理よりも、対応という用語の方が結付けやすい。危機対応（incident response）は、ISO22320では「差し迫ったハザードを排除し、及び／又は不安定、中断又は阻害を引き起こす可能性のある事象の結果を軽減し、正常な状況へ復旧するために講じる処置」と定義されている。（ISO22320: 2011（JIS Q22320: 2013）（社会セキュリティー緊急事態管理－危機対応に関する要求事項））

7．危機突破（危機克服）の概念

事前のリスクマネジメントから事象発生後は、危機管理・危機対応・危機突破（crisis breakthrough）の局面になる。危機突破手段は、挑戦、防衛、撤退から構成され、必要力量は危機情報収集・分析力、危機対応戦略力となる。

危機突破では、①ビジョンの重要性、②ソフト・コントロールとハード・コントロールのミックス、③リーダーシップとマネジメントの二人三脚、④レジリエンス（復元力）が必要となる。（亀井利明原著・上田和勇編著『リスクマネジメントの本質』（同文館出版、二〇一七年　第十一章）

8．長寿企業のリスクマネジメント

後藤俊夫教授監修『長寿企業のリスクマネジメント』（第一法規、二〇一七年）によれば、長寿企業には六つの定石（七頁）がある。リスクマネジメントと危機管理の観点からは定石5が重要となる。

図表4・6　長寿企業における六つの定石

定石1：長期的視野に立った経営
定石2：持続的成長の重視
　継続こそ最大の目的、身の丈経営、ハイリターンより確実性
　短期的変化に惑わされない、他人資本に頼らない
　設備過剰リスク、不良在庫リスク、値引きリスク
定石3：優位性の構築・強化
定石4：利害関係者との長期関係性
定石5：安全性への備え
　財務面（自己資本比率）・経営面「安全性」
　「リスクマネジメント」（不況抵抗力の確保）「リスク分散」
　「独立性」（他人資本による干渉の排除）
定石6：次世代へ継続する強い意志〈長寿企業大国実現の最も重要な要因〉

後藤俊夫教授監修書は、長寿企業のリスクとして、人事リスク、事業リスク、天災地変リスク、倫理リスクを挙げる。（九頁）そして、長寿企業のリスク管理の特徴として次の三点を示している。（十一頁）

図表４・７　長寿企業におけるリスク管理の三つの特徴

① 入念な準備対策：どのリスクについても、創業者から始まる各世代の言い伝え。
② 危機意識ならびにリスク管理ノウハウの世代を超えた継承。
③ リスクが発生した後の迅速な復旧：長年培われた地域社会との信頼関係に基づく。

9．老舗の危機克服

老舗企業の危機対応に関する先行研究として、横澤利昌教授編著『老舗企業の研究　改訂新版』（生産性出版、二〇一二年）における危機管理に関する二つの章がある。第一章「東日本大震災に見る老舗の本質」と第二章「老舗企業における危機克服」である。そこでは老舗企業の危機対応の教訓として次のような事例が導出されている。

図表４・８　老舗企業の危機対応の教訓

- ＹＫＫの事例：危機克服には家訓が新たな方向性を示す。創業者の理念で結束。（五十四頁）
- 小津産業：最大の危機克服の決め手は人材。
また老舗の強みとして、①危機があっても慌てず足元、周囲を見渡す余裕、②長年の信用による取引、③過去のさまざまな経験を現代に読み替えて考えることができる。（五十七頁）
- 田中製紙工業：チャレンジ精神とリーダーシップ、多業種少額納入でリスク分散。（六十三頁）
- 勇心酒造の事例：危機克服は企業家精神にある。バイオテクノロジーに活路。（六十九頁）

同書の第十二章では、老舗の三つの軸として求心力軸（堅実性・結束性）、イノベーション力軸（革新性・顧客志向）、継承力軸（創業性・継承性・地域志向性）が示されている。

危機管理の視点からは、これら三つの軸の欠如や、三つの軸に対する脅威が老舗のリスクだと考えられる。

3　外食産業における危機突破とリーダーシップ

二〇二〇年十月十二日に開催された大阪外食産業協会による危機管理事例研究会の発言録が大阪外食産業協会『ＯＲＡ』Vol. 339（二〇二〇年十一月）に収録されている。関西の外食ファミリー企業のリーダーはコロナの危機にどのように対応したのだろうか。以下に抜粋・引用してみよう。（事例は二〇二〇年十月現在の事実である。）以下の（　）内に示す頁数は参照・引用した『ＯＲＡ』vol. 339の掲載頁を示す。

1．株式会社グルメ杵屋（一九六七年創業）代表取締役　椋本充士（創業者の息子、三代目社長）

五〇年間、人が集まるところに出店してきた結果、緊急事態宣言発令中、商業施設の大半が閉鎖され、売り上げが対前年比数％まで落ち込んだ。その時、とった経営判断は「現状を踏まえた上で、今後、どのように再開していくかを多面的に検討する」ことだった。

現在、企業のあり方、働き方がいろいろな形で問われているが、それが今後、どのように外食マーケットに影響するのか注目する必要がある。

「人の集まるところ」に出店してきたグルメ杵屋レストランと、新たにグループに加わったロードサイド店を展開する会社を比較して、レストラン事業の抜本的な見直しを行っている。もう一つ取り組んでいるのが事業展開のさらなる多角化である。現在、レストラン事業のほか、不動産賃貸、冷凍食品、機内食、卸売などの事業があるが、今後どのような危機に直面しても生き残れるよう、さらなる多角化を志向している。（五～六頁）

株式会社グルメ杵屋　椋本充士　社長
「開かれた株主総会」で知られる株主総会の懇親会場にて（2019年）

グルメ杵屋　高槻阪急店（2008年）

2．株式会社南海グリル（一九五二年創業）代表取締役　西浦結香（創業者の娘、二代目社長）

二〇二〇年四月九日から営業時間短縮、十三日から物販以外すべて休業した。五月二十三日に全店舗再開した。物販の営業を続けたのは「火は消したくない」と思ったからである。コロナ禍での営業に慣れた七月、社員からコロナ感染者が出た。幸いにも顧客や従業員に影響はなかったが、これを機に厚生労働省や保健所の指導のもと、自社基準や復帰後の環境づくりなど、新型コロナウィルスを「自分事」として捉えるようになった。その後、常に新しく正しい情報を収集し、従業員全員でシェアしながら、適切な対応を心掛けている。現在、会社単位の宴会はゼロになった。当面は「少人数の会食をいかに楽しんでいただくか」に重点を置き、さらなる知恵と技術を高めることを志向している。「食べることは生きる

株式会社南海グリル　西浦結香　社長（左端）　西浦友莉香販売促進室室長（右端）　亀井克之（中央）

創業者の父から事業を引き継いだ西浦結香社長。次の社長候補の西浦友莉香室長。創業者・父から娘への事業承継。さらにその娘への事業承継の予定。

堺市と関西大学との地域連携事業「堺市ファミリービジネス・外食企業の事業継続と事業継承」西浦結香講演「コロナ危機をのりこえる・堺市から元気を」2021年9月16日、フェニーチェ堺・小ホール。

こと」を全従業員が自覚し、「楽しい場所」と「美味しい料理」を提供していければと考えている。コロナ禍を機に、鉄板を備えたキッチンカーを作った。「来店していただけないなら、こちらから出向こう」と思ったことが契機である。美味しいものを食べ、元気になってもらうためにも、具体的な「夢」を抱きながら前進していく覚悟である。（六頁）

3．大起水産株式会社（一九七五年創業）
代表取締役　佐伯慎哉（創業者の息子、二代目社長）

緊急事態宣言発令中は街中を中心に二〇店舗を休業した。開店していた郊外店舗も売上が50％まで下落した。この状況を踏まえ、まず雇用および給料を保障する旨を従業員に伝えた。さらに、店舗が休業したことで待機状態になった従業員たちの「働く場」を作るために、前年から展開していた「寿司・弁当・惣菜」のテイクアウト専門店の出店を早急に進め、約三ヶ月で八店舗をオープンした。この数年、気の合う仕事仲間や友人、家族など、少人数での外食が好まれるなど、お客様の行動は変化しつつあった。そう考えると、コロナ禍でその時間軸が早まっただけとも言える。

創業は小売業で、「外でも魚を食べていただきたい」との思いから外食産業に参入した。事業目的を「鮮度の良い美味しい魚を値ごろ感で食べていただくこと」とし、小売、外食のカテゴリーにこだわることなく、店舗展開してきた。今回のコロナ禍では、この事業展開に助けられたところもあり、改めて事業を分散させることの大切さを

南海グリル　堺駅店（2021年）

実感した。今後も、「魚を提供することでお客様に満足していただくこと」を念頭に置き、業態にとらわれず幅広く展開していく所存である。（六頁）

大起水産株式会社　佐伯慎哉　社長（左）

堺市と関西大学との地域連携事業「堺市ファミリービジネス・外食企業の事業継続と事業承継」公開セミナー、佐伯慎哉講演、2022年9月6日

生本まぐろ解体実演販売　海と海鮮鮨酒場　街のみなと　ルクア店（2021年）

4　おわりに

コロナ禍は、企業の求心力軸（堅実性・結束性）、イノベーション力軸（革新性・顧客志向）、継承力軸に揺さぶりをかける事象だった。これに対処したグルメ杵屋、南海グリル、大起水産の事例に共通するのは、危機突破の概念整理で取り上げたレジリエンス（逆境に適応する力、復元力）が発揮された点にある。三社はいずれも、危機にあっても、慌てず状況を分析し、対応策を打ち出した。グルメ杵屋では、経営の多角化という戦略ビジョンが危機突破に際して再確認された。南海グリルでは「楽しい場所」と「美味しい料理」という外食産業にとっての原点ともいえるビジョンが危機突破において前面に出された。大起水産では、「鮮度のよい魚を提供する」というビジョンゆえに小売、外食の双方に軸足を置いていたことが危機突破に奏功した。

このように外食産業というコロナ禍による影響を最も受けた業界においても、老舗ならではのビジョンに立脚し、過去の経験を活かして、レジリエンスを発揮して危機を突破している。

第5章

事例研究　株式会社　美々卯

――薩摩和男氏の理念・事業承継・危機対応――

亀井克之

■
美々卯とは何か？
薩摩和男氏はいかに老舗における事業承継を成し遂げたか？
薩摩和男氏の理念は何か？
美々卯はいかに危機を突破したか？

1　はじめに

老舗ファミリー企業の子弟はどのように教育されるのか。事業承継はどのように行われるのか。先代との関係はいかにあるべきか。次代にどのように承継するのか。危機をどのように克服してきたのか。コロナ禍の危機にどのように対応してきたのか。危機に直面してどのように決断したのか。

これらの問いに対して、本章では、株式会社美々卯の代表取締役・薩摩和男氏に二〇二〇年九月十六日に実施したインタビューに基づいてまとめる。事業承継観、危機管理観、経営上の理念について、薩摩和男氏が独自の考え方に基づいて回答している。修業期から事業承継時、社長就任後、現在のコロナ禍に至るまで、様々な危機に対応する過程で、その根底に経営者としての独自の考え方が紡ぎだされている。

薩摩和男氏は、勉強で看板を立てるとの思いから、学生時代東京大学法学部に学んだ。父親からの事業承継に当たり、禅寺で半年、京都の吉兆で四年間、修業した。修業体験から、現在の経営を支える理念が既に芽生えていた。実際に家業に入り、当初は先代の父親との摩擦に悩むこととなったが、最終的に「先代の思いを今の時代に翻訳する」という境地に達した。がんの克服を機会にマラソンなどのスポーツに挑むようになり、ここでも人生観を洗練させる。次代への事業承継については、揉め事のリスク管理がなされた。いずれ何らかの危機が来るという思いを抱いていたことから、コロナ禍においても危機対応に力を発揮した。

「理念は自分を超えた何かだ。のれんをきちんと受け継いでいくのは、個人の損得勘定や感性を超えたそれを上回る存在だ。西暦一九九二年から二〇二三年までの間、その時代の担当者として、きちんとそれを維持して、それを次の人に受け継いでもらう。それまでが僕の責任という考え方だ」という言葉に、その理念と危機管理観が凝縮されている。

2　株式会社　美々卯の沿革

一七七六年頃（安永五年）、堺の料亭「耳卯楼」が開業した。代々主人は耳卯兵衛を名乗った。

代々続いた堺の料理屋「耳卯楼」の跡取り息子だった「耳平太郎」が薩摩家と養子縁組の結果「薩摩平太郎」になった。薩摩平太郎が一九二五年（大正十四年）、大阪に出てきて「美々卯」ののれんを立ち上げた。「エンタツ」うどんなどが話題となる。

一九二八年（昭和三年）、うどんすきが考案される。そして一九五八年（昭和三十三年）株式会社美々卯が創立される。

薩摩和男氏は堺にあった料亭から計算すると十二代目になる。薩摩氏は二つの指針を掲げた。

(1) トップの私自身「大切な人を連れて行きたい」と思える店
「美味しい味」「おもてなしの場」「納得のいくサービスと価格」

(2) 「自分の子どもに毎日安心して食べさせられる料理」

3 学生時代　東京大学法学部に学ぶ　――学生時代に帝王学を学んだのか――

薩摩和男氏は、お客さんが帰った後の座敷に布団を敷いて寝るような生活を小学校の低学年の頃にしていた。小さいころから長男だからあとを継いで店をやるんだろと周りから言われて育ち、物心つく前からプリントされたような気がする。社員の人たちとはすごく密接に交流していた。高校生ぐらいになると、自分より年下の中卒社員が店で働いている。彼らが朝から晩まで一生懸命働いているのに、こちらはボンボンで高校生をしている。完全に迫力負けする。彼らの迫力に打ち勝って上に立つためには、調理場で戦うわけには行かないので、こちらは勉強で看板をどんどん立てなければならないと思うようになった。

だから、東京大学の法学部に入った。これで看板はできた。銀行に入ったり弁護士になるつもりはなかったので、勉強はしなかった。ふらふらしていた。友だちとだべって暮らしていた。帝王学的なことも四年生までは何もしていなかった気がする。

大学一年生、二年生、三年生はそういう感じだった。機械いじりが好きだったので、アマチュア無線とかオーディオとかにのめりこんだ。三年生の時に、アメリカに行って飛行機の免許を取ってきたりもした。

四年生の夏休みに、中学校時代に行っていた入江塾の入江先生から「薩摩、おまえ、塾の合宿を手伝いに来い」と言われた。「わかりました」と答え、四十日間、兵庫の山奥にある柏原の合宿所で四〇〇人の生徒を動かすことを経験した。その時に、それまでの自分のあり方というものを思い知らされて、大勢の人を動かしていくには、何が大切なのかみたいなことを学んだ。

計画的にチャレンジしたわけでないが、結果的に、後々の勉強になった。これが大学四年の時のことだ。

4　父親からの事業承継　――修業・父親との摩擦――

1．決意表明

大学四年になって父親から「将来どうするんだ?」という話になった。それまで父親には跡を継ぐことは明言していなかった。

「跡を継いでくれたらうれしいが、東京大学法学部まで行ってるから、うどん屋をしない可能性もあるよな」というのが父親のその当時の考えだったらしい。

「おまえどうするねん?」「俺は跡を継ぐつもりだよ」と言ったら、顔には出さなかったけれども、とてもうれしかったようだ。

「え? ほんまか?」と言うので、「いやいや、小さいときからそのつもりやったし」と返事をした。これまであまりそういう話はしなかった。父親とはしなかった。

固く決心していたというわけでもないが、自然というか、当たり前というか、跡取り息子としての使命感を最初にインプットされてしまったという感じだった。

2. 京都での修業

卒業して、料理をしている店の跡を継ぐとなったら、今度はやはり料理の勉強をしないといけない。大学は日本で一番のところへ行ったのだから、料理の勉強も日本で一番のところへ行かないといけないと考えた。当時は吉兆だった。吉兆の創始者の湯木貞一さんは、祖父の薩摩平太郎と料理勉強仲間だったので、祖母に頼んで連れて行ってもらった。高麗橋の吉兆本店に行って「勉強させてください」と頭を下げた。慣れない白衣を着て行ったら湯木貞一さんが「軍服を着て来たのは、なかなかいい心掛けだ」とニヤッと笑ったのを覚えている。

その後しばらくして湯木さんに呼び出された。行くと「君はいっぱい勲章ぶら下げているな。愛日小学校から船場中学、灘高へ行って、東大に行って。そして美々卯の息子だ。しかし欠けている勲章が一つあるな。何やと思う？」返事はもちろん「わかりません」。

「苦労という勲章が欠けてるなぁ。吉兆で働いているのは中卒、高卒の連中ばかりや。そこへ君みたいな勲章ぶら下げた人間が入ってきて、上手くいけばいいけれども、上手くいかなかったら君も困るが私も困る。せやから、私の知り合いの京都の禅宗のお坊さんを紹介する。そこへ行って頭丸めてそこの弟子になって、しばらく勉強しておいで。苦労して来なさい」と言われた。それで、大学を卒業した年の春に、頭を丸めて京都の臨済宗のお寺へ入った。

最初の数ヶ月は禅寺での生活に慣れるのに必死で何も考える余裕がなかった。数ヶ月経って慣れてくると「同じ時期に大学を出た友人は、商社や金融機関に入ったり、司法修習生になったりしているのに、俺は木綿の作務着にワラジを履いて、托鉢したり畑仕事をしている。何時になったら出られるのだろう」と、寺の塀を眺めていた時もあった。

半年ほど経ったときにブレークスルーがあった。考えて見ると今、頭を丸めて京都の片隅の寺にいるのは誰の選択でもなく自分の選択だ。他の道を進む選択肢もあったけれど、寺に入ることを含めてすべて自分で選んだ結果ここにいる。その選択肢を提供してくれた人たちは皆、俺の事を思ってその提案をしてくれたはず。なのに俺は、自分で選択したことに自分で文句をつけている。こうなったのも何かの縁だとしたら、その道を進むしかない。一生寺にいることになったとしても仕方ないが、その場合は日本一の坊主になってやるぞ。と心を決めたわけだ。

そういう心境の変化は誰にも言わなかったのだが、しばらくして「お前がここでやる事は終わった。出ていけ」と言われた。禅寺の老師は見抜いていたのかも知れない。しばらくして、手提げ袋ふたつほどの荷物を抱えて吉兆の門をたたいた。

吉兆では足かけ四年勉強した。湯木さんが「やはり京都に行かんとあかん。大阪の高麗橋の吉兆本店ではあかん。京都へ行かしたるから行け」と言われ、寺の時代を合わせると京都で五年ほど過ごしたことになった。

小さい時からずっと季節感の無い大阪の真ん中で暮らしていたので、「京都に住む」ということの意味が最初はわからなかった。一年経って季節の移り変わりを身体で感じて、だんだん日本料理の一番大切な要素である「季節感」を感じるようになってきた。

嵐山は、春夏秋冬がはっきりしている。桂川の向こうの山が、上の方から赤くなっていく。緑の山が寒くなるに連れてだんだん赤くなっていく。境目が少しずつ下にずれて行くのを目の当たりにすると「ほう」と思う。

バァーっとまわりが赤くなったと思ったら今度は雪が降る。雪であたりが真っ白になる。嵐山の雪景色。年明けて少し寒さが緩むと、「春一番」、「寒の戻り」という言葉を文字通り体験する日々。川沿いの桜の木を見ると花は咲いていないのに何となくピンクを感じる。

四月に入ると内に秘めたその色が表に出てきて一面桃色の桜景色。ハラハラと散る桜の中を歩くと、何故だかわからないけど涙が出てきた。二週間ぐらいたつと、今度は溌剌とした緑色の青紅葉。葵祭を経て六月に入ると、祇園祭のお囃子の練習をする「コンコンチキチン」という音が、京都の街の至る所で聞こえてくる。京都の夏は大文字の送り火で終盤を迎え、秋の紅葉の季節へと続いていく。

四季の移ろいというものがこんなにあるということに、感激した。日本人は一生の間に一年間は、京都で暮らすべしという法律を作ってもいいぐらいだと思った。京都で何年間か過ごしたということの値打ちは本当にあった。

日本料理の最大の眼目は「季節感」なのだが、そもそも日本料理の本質は「お茶事」で提供される懐石料理にある。「お茶」の本質は「一期一会の精神」にあるとされている。

そして「お茶」というのは禅寺における「食事や喫茶」の習慣から来ていて、その精神は禅の本質である「諸行無常」「万物流転」というところに行きつく。

つまり「日本料理」を突き詰めると「懐石料理」になり、さらに突き詰めると「禅寺での食事や喫茶」になる。バックグラウンドになる考え方で行くと、「季節感」を突き詰めると「一期一会」になり、さらに突き詰めると「諸行無常」になるという事。

振り返ると、日本料理を勉強したいと言ったらいきなり禅寺に放り込まれた。一見関係が無さそうな印象があるが、結果的に、おかげで日本料理の最奥にある部分から学びをスタート出来たことになる。湯木貞一師が私に用意してくれた道は、そのような意味がある事だったというのが後からじわっとわかってきた次第だ。

3. 父との摩擦

その後、大阪に戻った。父親との間の摩擦は猛烈にあった。

本店を一九九八年頃に建て替えをした時、古い調理場の中にトロ箱（市場から仕入れた魚が入れてある箱）を燃やすボイラーがあった。今は発泡スチロールだけれども昔は木の箱だった。その箱の木を燃やすボイラーがあって、そのボイラーが調理場の横にあった。

調理場で木箱を燃やすと煙突の外側が水のタンクになっていて、お湯を沸かせるようになっていた。要は廃熱を利用するシステムで、それが父親の自慢だった。

しかし、最近の衛生法の観点からすると、調理場の中に虫が付いているかもしれない木の箱を持ち込むというのは絶対に駄目なわけだ。ましてや環境問題からしても木の焼却炉は禁止されている。だから駄目なのだが、父親はそれが気に入らなくて、新しい調理場の中にも焼却炉を設置しろと言う。さんざんやりあった挙句ようやく諦めさせたのだが、本当にくたびれた。

また調理場の隅に井戸が掘ってあった。六十年前はきれいな水が出ていた。しかし今となっては、濁った臭い水しか出てこない。「こういう水を調理場に引いたら、汚染物質をばらまくようなものだから絶対駄目」と言っても、父親は頑として聞かない。「井戸を埋めるのは嫌だ」と言う。仕方がないからこの井戸は残しておいて、水をくみ上げて庭にまくように配管をした。庭にまく水だったら多少濁っていてもいいだろうと。こうして収まったけれども、その過程でも激しい言い合いになった。

器の選び方や盛り付け方でも、うちの父親の感覚と僕の感覚とは全く違う。味付けにしても違う。こういうことで衝突する。僕は「こうしろ」と言い、うちの父親は「ああしろ」と言う。社員にしてみれば、どうしたらいいのかわからなくなる。そこで「どっちの言う事を聞いたら良いのですか?」と僕に聞きに来る。そういう時は、いつもこういう返し方をしていた。「あのね、自分のネクタイを八〇過ぎたおじいさんに選んでもらうのか?」と。「お客さんの年齢は幾つや? その年代の人がおいしいと思うものを、われわれは出さないとあかんやろ。どうやねん」と言ったら「そうですね」と言って僕に付く。そういうことの繰り返しだった。

4．父親に対する意識の変化

最初の頃は、うちの父親をいかに打倒するかみたいな感覚だった。でも、いろいろな人から「薩摩君はまだまだ修行が足りない」と言われる。腹が立ったけれども、落ち着いて考えてみたら、そうかもしれないと思うようになった。

ある時から、結局、うちの父親の目指しているものと、僕の目指しているものはそう違わない。最終的に目指している状況は違わないけれども、現在の立ち位置が違うところにいるから、次の一歩をどうするかが違って見えるのだということに気づいた。

跡を継ぐのは僕が主役なのだから、うちの父親が何を目指しているのか、何を望んでいるのかというのを、僕が翻訳して「今」に置き換えて、それを表現するべきなのだと思うようになった。

目の前の表現で、父親はこうで俺はこうで違うけれど、どちらが正しいのだということではなくて、もう少し父親の望むものを、私が翻訳して今の時代に落とし込んだらこうなりますねというアプローチに変えていかないといけないということを悟った。

後継ぎについて、飲食業界の他の店の事例を僕はいろいろ見て、あるとき発見した。うまくいっている飲食店は、親子の仲が悪い。主人と跡取りの間の仲が悪い。

親子の仲がいいところはだんだん落ち目になる。うまくいっているということは、息子が父親の言うことを何でも聞いているということだ。だからうまくいっているわけだ。ということは、父親の感覚のまま八〇過ぎのおっさんがネクタイを選ぶということをその店はやっているわけだ。するとだんだん落ちぶれていく。

5　健康の危機　――経営者と健康――

がんを克服された経験が『老舗料理店の女将がつくる夫のがんを消した最強の食事』（かんき出版、二〇一六年）に詳しく書かれている。中小企業にとって経営者の健康はとても重要だと思われるが。

1．健康観

「がんを克服した」と言われることがあるが、「克服」というのは「勝ち負け」のイメージがあって正しい表現ではないと思う。がんが出来るには原因があって、その原因を解消すれば自然にがんは消える。「打ち負かそう」という闘争心そのものががんの原因になっている可能性があることに気づくべきだ。

マラソンを始めとするスポーツをするようになって、運動が経営や人生にいい影響があるという事に気づいた。フルマラソン完走したことのある人と、ない人とでは、身体に対する考え方に決定的な違いがあるような気がする。たいていの人は「今日はしんどいから○○する」「風邪引いたから○○しない」とか、自分の今のありようを肉体が支配するようなことを言う。しかし、フルマラソン完走という経験を通ると、主客が逆転して「自分の意識のコントロールの下に肉体がある」という体験をするような気がする。主客逆転を一回体験すると、肉体を支配するとはこういう事だというのが分かる。

2．ストレスと睡眠

社長は最後に決断するときは一人で決めないといけない。ストレスにはどう対処しているか？　睡眠はどうか？

僕はストレスはすごく感じる方で、神経質な方だと思う。後からああしとけば良かったな、こうしとけば良かったなとかいろいろ考えることもある。そんな時、座禅あるいは瞑想をよくやる。何かおかしいなと思ったら、目を閉じて一人で部屋の中でじっと座って心を落ち着けるということはよくやる。

三十代の頃は毎晩一時、二時まで起きていて、朝五時に起きて中央市場へトラックで仕入れに行っていた。四十代で社長になってからはさすがに毎朝仕入れに行くということもしなくなって、睡眠は六時間ぐらいになった。最近はしっかり七時間寝ている。

6　親子関係の危機

1．娘の結婚

娘さんの結婚に反対だった。

娘の連れてきた相手との結婚に対して、私のまわりの一族はみんな賛成だった。しかし妻は反対していた。僕もどちらかというと反対だった。娘は親の言う事を聞くタイプではないし、好きにするしか仕方ないとも思っていた。

嫁入りするというのは敵陣へパラシュートで一人降下するようなものだ。一族で商売をやっているうちの家に、私だけをたよりに妻は一人で舞い降りてきたわけだ。娘の結婚に妻は絶対反対している。ここで私が賛成にまわると、薩摩一族の中で妻がたった一人孤立してしまう事になる。それもあって娘の結婚に反対している妻の側に立った。妻と二人そろって、娘の結婚式に出席しなかった。今となっては笑い話だが、当時は結構な騒ぎになった。

結婚後は娘夫婦とは交渉が途切れた状態になった。しかし数年後に、孫が生まれてその小さい女の子を見たときに、これはいつまでもゴタゴタしている場合ではないと感じた。なぜなら僕にとっての一人娘で、そのまた一人娘だ。僕にとっての孫だけれども美々卯という大きな資産が、結局は全部この小さい赤ちゃんに将来的に行くことになる。

世の中の人は「財産があってええなあ」みたいな見方をするかもしれない。それは間違っていて、会社を経営するというのは、巨大なジャンボジェット機を操縦するようなもの。上手に操縦できればみんな幸せになるけれども、そうでなかったらたくさんの人が不幸になる。本人も大変な目に遭う。

だから、孫の時代に、本人を含めて関係者が幸せに暮らしていける状態を実現するのが大切で、それに向かって全員で一生懸命していかないといけないと思うようになった。その後、二～三年かけて、妻と娘の関係を解きほぐしていった。

7　次世代への事業承継

薩摩さんご自身のご兄弟は、美々卯に関わらない形になっている。

僕は父親から跡を継ぐときに、「弟と妹を入れるなら、僕は継がない」と宣言した。父親からすると3兄弟は等しくかわいい気持ちがあって、株式が3等分された状態だった。社長になってから、このままでは将来もめごとが起きる可能性があると判断した。ずいぶん時間はかかったが、株式を全部、僕と娘のところへ集めた。私の後は今ある資産が娘に全部行って、それがまた孫に全部行くわけだ。

娘婿は、一流の広告代理店勤務のエリートサラリーマンで、一家は東京に住んでいた。娘夫婦との関係修復に取り組む中で、サラリーマンを辞めて美々卯の経営にタッチするように促した。中途半端なうどん屋だったら、その気にはならなかっただろうけれど、美々卯の社長となれば、トライしてみる価値はあると思ってくれて、大阪へ夫婦で戻ってきてくれた。美々卯へ来てから五年が経過した。三十代後半で来たので、マネジメントから入った。経営のバトンタッチは二〇二三年と決めていた。

結婚の際に、僕の中では将来的には跡を継いでもらわざるを得ないという判断はあった。

孫は小さいわけだから、一人前になるまでの間は娘夫婦が資産を守る。娘本人よりも夫の方が前に出る機会が多い。サラリーマンを続けながら、オーナーとして美々卯の株主という選択肢もある。いろいろな方法があるが、後から決めればいいことで、とりあえず娘夫婦との人間関係を修復することに注力した。

8　コロナ禍の危機

1．コロナ禍における危機対応

コロナ禍で飲食業が本当に大変な状況だが、どのように対応しているのか。

店によってコロナの影響に差がある。百貨店内の店は、百貨店がクローズするから、数ヶ月間クローズした。祇園の店は休業状態。祇園の真ん中で、観光客が来ないから。路面店で名古屋の店は四月末で閉じた。

箕面の店や堺と言った住宅地エリアの店はあまり落ちていない。一番落ち込んでいるのは駅ビル内にある新大阪の店とか伊丹空港内の店だ。今は飛行機や新幹線の利用客が減って影響を受けているけれど、いずれ戻るだろう。

七割経済と言われるが、当分、この状態は続くと思う。現状の水準でバランスが取れるようにいろいろなことを調整している。美々卯部門と不動産部門がある。現状、美々卯部門の赤字を不動産部門が補っている。

飲食業だから大きな影響を受けていて、五月は前年対比で売り上げが半分くらいに落ち込んだ。六~七月は前年対比の売り上げが七割くらいまで回復したが、八月はまた六割ぐらいに落ちている。九月は七割、十月はＧｏＴｏキャンペーンで八割近くまで戻ったが、十一月は七割弱までもどってしまった。忘年会シーズンもキャンセルが続出しているので、飲食業では、これから冬に向かってどんどん閉店する店がもっと増えてくるかもしれない。

当社は、本社ビルの建築に向けてキャッシュを潤沢にしていたから、銀行に頭を下げることもなく、今はやれている。本社ビルは、今、建築中だ。大部分を賃貸住宅にして、残りの部分に店と本社機能を入れる計画だ。コロナで経済が停滞している間に工事を進めて、世の中が通常に戻るときにオープン出来れば良いなと思っている。

2．独自の危機管理観 ――いずれ危機が来ると思っていた――

僕は飲食業がどうしたらいいかというような狭い観点ではなくて、今回のこのコロナ禍について、二つのことが言えると思う。コロナを通して時代の流れは我々に何を求めているのかを考えないといけないと思う。

一つ目は「前倒し」だ。いずれしないといけないと思っていたことを直ちにしないといけないようになった。

二つ目が「内向きベクトル」という事だ。今まで我々の意識は「外へ外へ」とか「拡大」とか言う方向しか向いていなかった。それが逆転している気がする。

例えば地産地消だったり、地元にどういう観光資源があるのかとか。近くの人に何をどう打ち出していけばよいのかという風になってきている気がする。前倒しにせよ、内向きベクトルにせよ、それをわが社に置き換えたら、何がテーマになってくるかということだ。それは一つ一つの会社で違ってくる。各社がそれぞれ考えざるを得ない。

コロナだとは思っていなかったが、危機が来るとは思っていた。とにかく経済的な危機が来る。それは過去の経済的な危機をずっとひもといていくと、そろそろ来るなと思っていた。

景気のサイクルが大体八十年で一サイクルだ。だから、二〇二〇年か二〇二一年か二二年かはわからないけれども、近々ボトムが来ると思っていた。それに向かっていろいろな準備はしていた。これから何かの転換が起きて、再び次の山に向かって日本がまた上っていくのが今後数年で始まるはずだと。どちらへ向かって上っていくかはわからないが。

9　経営者の決断のあり方　――決断とリスク感性――

リスクマネジメント論では、リスク感性が重要だと言う。決断する時に、通常は理性と感性があり、平常時はデータを集めて理性的に決断できるが、ピンチの時は、感性によるのではないか。実際はどうか？

理性でも感性でもなく、その上位概念として理念が重要だ。理性か感性かという、手法も大事だが、そもそもその決断が何を目指しているのかという話だ。お世話になった歴史のあるところから出店の話を頂いたとする。出店してうまくいくとは限らない。大丸の創業者の理念「先義後利」に照らせば、この話は義理の点から言うと、出店すべきだ。しかし、利益の点から言うと、断ってリスクを避けるべきだとなる。

結論は利をきちんと考えつつ、義で応えるということだ。「この条件なら、リスクはありますが、許容範囲に収まるので、お世話になってきた経緯を踏まえ出店させていただきます」と。

これは情報を集めて理性で出したのか、感性で出したのかという手法の話ではない。理念というか、決断を左右する大きな判断基準がまずあって、それを支えるものとして手法がある。理性か感性かという手法は大きな問題ではなく、その奥にある理念が重要だ。

感性というのはあくまで自分の個人のもの。理念は自分を超えた何かだ。美々卯ののれんをきちんと受け継いでいくのは、僕個人の損得勘定や感性を超えたそれを上回る存在だ。僕は西暦一九九二年から二〇二三年までの間、その時代の美々卯の責任者として、きちんとそれを維持して、それを次の人に受け継いでもらう。それまでが僕の責任という考え方だ。

10　娘婿への経営の引継ぎ

二〇二三年、薩摩和男氏は、公言してきた通り、経営権を娘婿である江口公浩氏に渡した。これにより、薩摩和男氏が代表取締役会長、江口公浩氏が代表取締役社長となった。江口氏は入社以来、現場に立ち、研鑽を重ねてきた。今回、社長に就任し、新たな経営の舵取りに期待が寄せられている。

11　結語

以上、老舗外食企業の経営者の理念と危機管理感をまとめた。それらは、「老舗はいつも新しい。受け継ぐものは受け継ぎ、変えるべきものは変化させせつつ暖簾を守っていきたい」（美々卯のホームページ掲載）という薩摩和男氏の言葉に凝縮されている。

＊本章の記述は、最後の第十節を除いて、薩摩和男氏へのインタビューを行った二〇二〇年九月十六日現在の事実に基づいている。

【参考文献】

薩摩智恵子、薩摩和男『老舗料理店の女将がつくる夫のがんを消した最強の食事』（かんき出版、二〇一六年）。
亀井克之「老舗外食企業のケーススタディ――株式会社美々卯・代表取締役・薩摩和男の理念と危機対応――」『事業承継』事業承継学会、二〇二一年七月、一三〇～一三九頁。

薩摩和男　会長
2024年1月31日　美々卯　本町店にて

うどんすき

第6章 気仙沼オイカワデニムの事業承継とレジリエンス

亀井克之

■
オイカワデニムはいかにレジリエンスを発揮して経営危機を乗り越えたか?
オイカワデニムではどのように事業承継が行われたか?
東日本大震災後のオイカワデニムの事業展開の特色は何か?

2022年11月1日　オイカワデニムにて
ベランジェール・デシャン教授（グルノーブル大学）
及川秀子会長　及川洋社長

1　はじめに

危機に直面した企業が、新規事業によって、危機を乗り越えることがある。また、危機が契機となって、新たな理念を認識するようになり、そのことが新たな商品開発につながることがある。

レジリエンスを発揮して幾多の危機を乗り越え、新製品を開発してきた企業の例として、東日本大震災の被災地、気仙沼のオイカワデニムがある。

二〇一一年三月十一日に発生した東日本大震災により、オイカワデニムの及川秀子社長自宅と製品倉庫が津波で流された。工場は三年前に高台に移転していて無事で、避難所となった。工場の再稼働時に作った最初の製品や未経験者の技術指導が契機となり新ブランドが立ち上げられた。避難生活の中で漁業関係者と交流したことからメカジキのツノを使った新製品が開発された。経営は及川秀子氏から及川洋氏へと引き継がれ、事業が展開されている。及川洋現社長は、従来の高品質デニム製品に加え、ＳＤＧｓや地球環境問題への対応を志向した新製品開発の先頭に立っている。

2　オイカワデニムの沿革

オイカワデニムは、気仙沼にあるデニムのメーカーである。海外で生産された低価格ジーンズが市場を席巻する中、オイカワデニムの製品は「メイド・イン・ジャパン」の確かな技術力で世界的に高い評価を得ている。

及川明さんと及川秀子さん夫婦は呉服店を営んでいた。一九八一年に、呉服店からデニムのジーンズ生産へと事業転換を図りオイカワデニムを創業した。ところが、会社を創業して十年目の一九九一年に明社長が病死した。妻の及川秀子さんが社長を継ぐこととなった。夫の急死（第一の危機）、グローバル化の荒波（第二の危機）、東日本大震災（第三の危機）という三つの大きな危機を乗り越え、二〇一六年に次男の洋さんが社長を継承して現在に至っている。

オイカワデニムの企業特性は次の三つの点にある。

① 希少性：日本のデニム・ジーンズの市場において純日本製の市場占有率は5％未満である。オイカワデニムの製品はしたがって希少な日本製であり、使用資材は全て日本製である。地元住民を雇用している。

② クオリティー：日本人特有の繊細な手仕事による。製品の隅々まで商品への配慮がなされている。デザイナーの意思を素直に形にするプロフェッショナル集団である。

③ 独創性：麻糸による世界唯一の加工縫製技術を保持している。顧客最優先サービスとして一般衣料にない製品保証システムを「スタジオゼロ」に採用した。[1]

3　大手ブランドの海外生産移行による経営危機とSTUDIO ZEROの立ち上げ

オイカワデニムは大手ブランドのOEM生産を請け負っていた。ところが、安い工賃を求めて、大手ブランドが海外生産に切り替えていくと、オイカワデニムでは仕事がなくなり、一気に経営危機に陥った。

注文が激減して、オイカワデニムを辞める従業員が出てきた。ある日、及川秀子社長の指示で、仕事がないなら、残った社員で自由に一人ずつ好きなジーンズの試作品を作ってみようということになった。このとき自由に試行錯誤してジーンズを作ってみたことが、独自ブランドの立ち上げにつながった。大手の下請けからの脱皮が志向された。その成果として、二〇〇六年に自社ブランドとして打ち出されたのが「スタジオゼロ（ZERO）」である。ゼロの文字には、オイカワデニムの頭文字のO（オー）の形と、ゼロから「メイド・イン・ジャパン」の商品を開発するという二つの意味が込められた。この独自ブランドのジーンズの特色は世界初となる麻だけでできた縫い糸にある。

麻を使うと製品の強度が増す。通常のミシンではこの特殊な糸を使うことは不可能だが、ミシンを改良することによってそれを縫い上げることが可能となった。日本の職人が丁寧に縫い上げた、はき心地がよく、前ポケットなどの機能性に優れたSTUDIO ZEROのジーンズは海外でも高く評価されるようになった。

STUDIO ZEROのもう一つの特長として保証書がある。取り扱い説明書がついている服はあるが、保証書が付いている服は他にはない。この保証書により、購入者は購入から六か月間、無料で修理を受けることができる。(2)

4　東日本大震災時のオイカワデニムと「奇跡のジーンズ」

二〇一一年三月十一日に東日本大震災が発生し、東北地方の沿岸部は津波による壊滅的な被害を受けた。オイカワデニムでは、工場を三年前に高台へ移転していたため難を逃れた。しかし、海辺にあった及川秀子社長の自宅や従業員の自宅、そして製品を保管する倉庫は津波に流されてしまった。及川秀子社長は、高台にあり、被害を受けなかった工場を避難場所として、自宅を流された人たちを受け入れることを決めた。最大百五十人の地域住民との共同生活がスタートした。オイカワデニムの工場は、及川秀子社長の次男である洋さんの県庁への働きかけにより、正式に避難所に指定された。民間の避難所として正式に認められ、救援物資が届くようになった。そして、東日本大震災から二十四日後、四月四日月曜日には非常用電源を用いて操業を再開した。

象徴的な出来事として、津波から四十日後に山林でオイカワデニムのジーンズが発見された。これは津波で流された倉庫に保管していたものであった。発見された46本のジーンズは、ほつれ一つない状態であった。発見されたジーンズは「奇跡のジーンズ」と呼ばれた。

（工場で避難生活を送っている）お父さんたちが、明日はお世話になっているデニムの倉庫を片付けに行くぞということが朝の集会で決まりました。そして夕方、軽トラに大きな荷物を積んで、意気揚々として帰ってきたのです。流されたはずのデニムがいろいろな理由で46本、ポケットの中にはヘドロから砂から、とにかく汚れて見つかりました。でも、その汚れたデニムを1本ずつ取り上げてみると、糸のほつれのなさ、丈夫さ、それは全然作ったときと変わりませんでした。私はそれで大きな自信を得ました。「生きていてくれたのだ」「よく帰ってきてくれたね」。46本のデニムに話しかけ、お父さん方に感謝しました。その1本が仙台の楽天の野球場に、額に入って展示されております。

二〇一一年十月三十日に開催されたTEDxTohokuにおいて、及川秀子社長は次のように述べた。「デニム製品は破れたら繕えばいい。泥がつけば洗えばいい。一度失敗してくじけても立ち上がり人生を歩み直せばいい。その都度立ち上がればいい。私たちの作るデニム製品は人生に似ている。一針一針に命を込めましょう。」

この言葉は、オイカワデニムがレジリエンスを発揮して、幾多の経営危機を乗り越えていく姿を表現している。

二〇一一年東日本大震災後、東北大学工学部に在籍する学生が立ち上げたのが、「TEDxTohoku」である。TED（Technology Entertainment Design）とは、Ideas worth spreading. を理念に行われているアメリカのプレゼンテーション・イベントである。近年では動画サイトで視聴する人が増えており、世界に知られる存在となっている。ライセンスを取得すれば、TEDxイベントを各地で行うことができる。TEDxTohokuは、被災地の東北で、震災を乗り越えていく過程での学びや気づき、東北らしいアイデアやストーリーを発信しようとの考えに基づいて開催された。二〇一一年十月三十日に東北大学の萩ホールで開催された第一回TEDxTohokuには及川秀子社長ら、被災地で活躍する各分野の代表が登壇した(3)。

2011年10月30日、TEDxTohokuで講演する及川秀子社長。
「奇跡のジーンズ」を手にする東北大学工学部3年の亀井潤TEDxTohoku
ファウンダー（写真提供　TEDxTohoku）

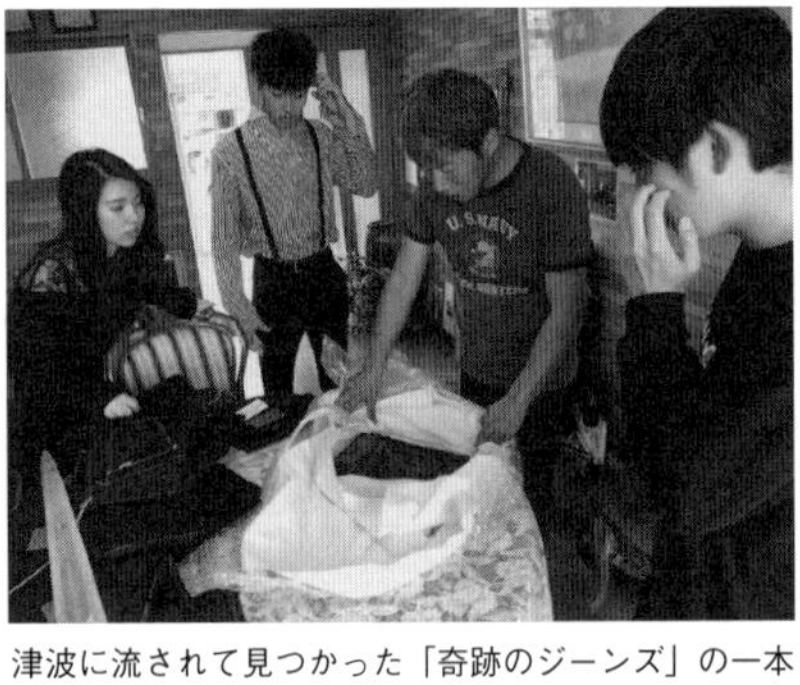
津波に流されて見つかった「奇跡のジーンズ」の一本は「会社の宝」として現在も発見された時のままの状態で保管されている。現社長の及川洋さんが見せている様子。2018年10月関西大学社会安全学部リスクマネジメント研究室による訪問時
（写真撮影　亀井克之）

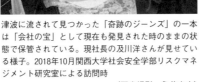

5　新ブランド　Shiro0819 ——地域再生と地域雇用の創出

東日本大震災により、気仙沼では多くの被災失業者が出た。オイカワデニムでは、地域再生に貢献しようと、ハローワークに求人情報を出した。しかし、ただ単に募集をしただけで、被災者の心理状態を考えていなかった。だから誰も応募してはこなかった。オイカワデニムではデニムを製造するメーカーとして機械を使用する。したがって初心者には機械は動かせないだろうと、募集広告を見た被災者はさらに不安になるだけだった。そこで、被災者の気持ちを考慮して、経験を問わないということを記して再び求人を出してみた。すると応募者が出てきたのである。

オイカワデニムによる社員募集では、雇用形態区分は正社員だった。契約社員やパートタイマーといった形の区別をしなかった。また、もし元の仕事に戻れるようになったら、いつでも辞めてよいという条件を付けた(4)。

及川秀子社長の決意と従業員の熱意により二〇一一年四月四日月曜日に工場が再開することになった。この日、工場で避難生活をしていた漁師が中心となって発電機を動かし、ミシンを動かした。及川秀子社長の考えで、再開第一号の製品として手提げ袋が製作された。これは大きめのサイズの手提げ袋で、持ち物の少ない避難所生活ではタンス代わりに使える製品だった。

工場では、この手提げ袋を三〇〇枚仕上げた。及川秀子社長は、震災後にお世話になった自衛隊、消防署、警察、役所、ボランティアの人々に配った。そこには、感謝の念と共に、「復興に向けて歩き出す」という決意の気持ちが込められた。

東日本大震災後に雇用した社員は、ジーンズ製作工程について未経験であった。手提げ袋の場合、ミシンの縫い方も直線でよいため、技術指導により、それまで未経験の社員でも縫うことができた。こうしてデニムの原反を使った手提げ袋だけでなく、名刺入れ、コースターなどの製品が作られた。

これらの製品には、大漁旗から切り取った布が縫い付けられた。避難所生活により、オイカワデニムの人たちは漁業関係者と交流するようになり、話を聞いた。漁師によれば、大漁旗は祭りが終わると、縁起物は汚れたらゲンが悪いからと捨てられていた。オイカワデニムではそれを再利用することにしたのである。津波で流された大漁旗を消毒して使用した。震災の事実を忘れないようにするというメッセージ性が重視された。大漁旗はあえて細かくカットして使用された。

こうした製品は、「Shiro0819」というブランドが付けられた。Shiroは白で、白紙からの出発を意味する。0819は、及川秀子社長がこのブランド立ち上げを思いついた日付の八月十九日から来ている[5]。

Shiro0819（写真提供　オイカワデニム）

6　メカジキジーンズの開発　――資源の有効活用

東日本大震災後のオイカワデニム工場を使った避難所生活を通して、及川洋専務は、漁業関係者と交流した。漁師の方と話をして、メカジキの長くとがったツノの部分は利用価値がなく捨てられていることを知った。及川洋氏は、東日本大震災直後に、まだ救援物資が届かなくて、いくらお金を持っていても、ペットボトル1本を手に入れるのに苦労した経験を持つ。この経験から、物を大切にすることを痛感していた及川洋氏は着想した。それは、気仙沼はメカジキの水揚げが日本一の漁港で、一年間に四十トン廃棄されているメカジキのツノをジーンズの糸に活用するということだった。漁師が命をかけて捕獲したのに、使い道がないため、メカジキのツノは当たり前のように捨てられていた。漁師の家で、メカジキのツノを見た瞬間に、構想が生まれて具体化への努力が始まった。

及川洋専務は、映画『ザ・トゥルー・コスト　ファストファッション　真の代償』で描かれる効率性のみを追求した綿花栽培の実態に、危機感を感じていた。ジーンズの原反は綿の糸でできている。このままいけば、将来的には綿花が不足するのではないかと実感し、新しい糸を開発する必要性を強く感じていた。

こうして、二〇一三年に銀行や大学の協力を得て新素材生地の開発チームが立ち上げられ、試行錯誤が繰り返された。当初想定されたメカジキのツノから繊維を取り出すことは成功せず、ツノを粉にして糸に混ぜることが目指された。食品メーカーの力を借りて、ツノを〇・五ミクロンまで細かく砕くことができるようになり、糸に混ぜる可能性が見出された。しかしながら、魚を焼く匂いが取り除けなかった。そこで焼いて炭にして粉にすることを試みた。最終的に岡山の繊維工場に委託して二〇一五年九月に新素材を使ったデニム生地が完成した。メカジキジーンズは二〇一五年十一月二十日に販売開始となった。

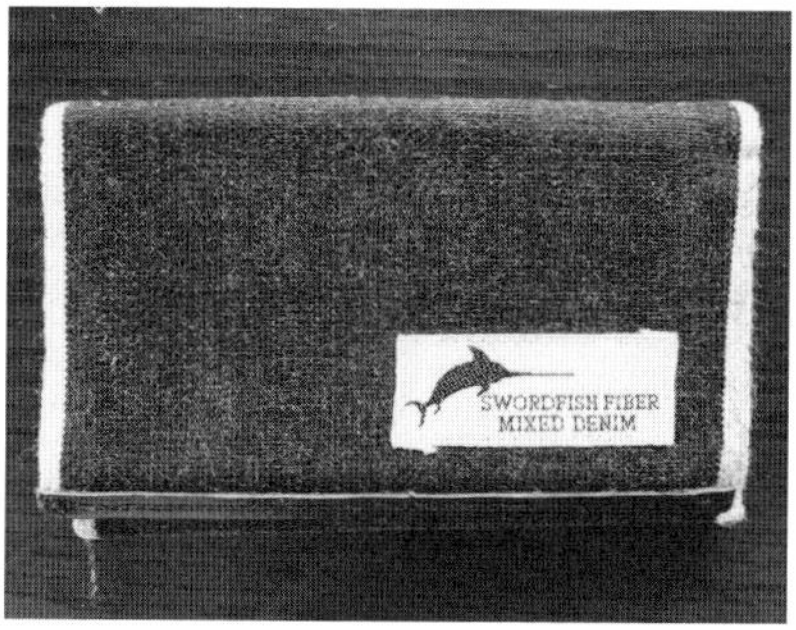

メカジキのツノの成分を使ったデニム生地の名刺入れ
（写真撮影　亀井克之）

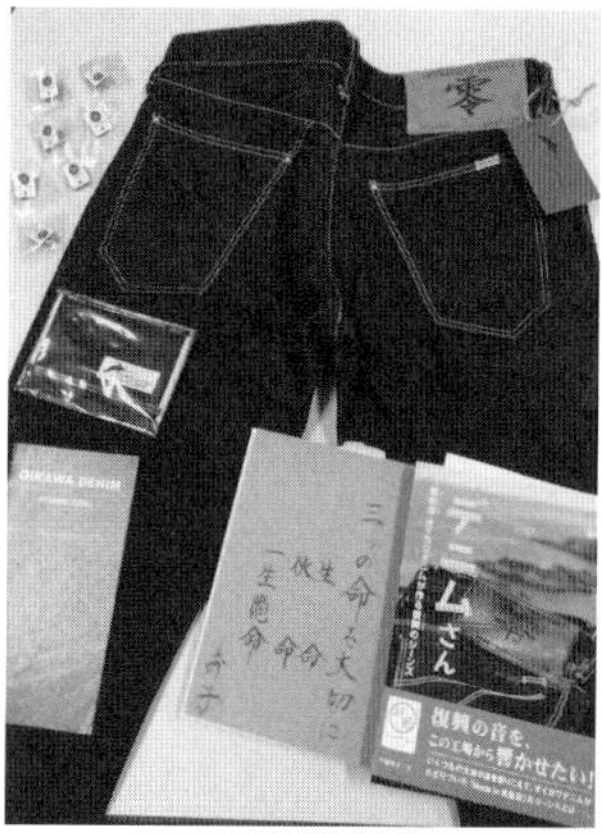

メカジキのツノの成分を使って作られたジーンズ（写真撮影　亀井克之）

メカジキのツノから生地を作るということは、もちろん繊維業界で初めてのことだった。衣服の生地の生成は陸の自然繊維と、陸上動物の獣毛、そして化学繊維であるが、水生動物（魚）を用いた生地の開発の試みは前例がなかった。新素材の生地開発は、オイカワデニムが二〇〇〇年代中頃の経営危機を乗り越えて国内生産にこだわり続け、開発土台となる知識、経験、設備が既に備わっていたことが功を奏した。メカジキのツノ調達には、気仙沼漁協が全面協力してくれる。

オイカワデニムは、高い新規性を持つ新素材の発表によりオンリーワンのポジショニングを獲得した。①自然界の廃棄物再活用による人体への効果、②日本の原動力であるものづくり技術、③東北発・オイカワデニムだけの独創性という三点により世界で勝負できる生地が誕生した[6]。

7　レジリエンスと危機克服によるオイカワデニム製品開発の真髄

オイカワデニムによる二〇〇〇年代中盤の経営危機を乗り越えての自社ブランドSTUDIO ZEROの開発。東日本大震災による被災失業者優先雇用と技術指導が契機となったShiro0819ブランドの開発。東日本大震災で向上した地域資源有効活用の意識に基づく新素材の開発によるメカジキジーンズの開発。これらは経営危機に直面したときに、新製品開発や新ブランド開発により克服した事例と捉えられる。新製品開発により危機を克服した古典的な事例として、アサヒビールがスーパードライの開発により起死回生の浮上を遂げた事例などがある。オイカワデニムの事例はこれら古典事例に匹敵する内容であろう。

メカジキジーンズで廃材を利用し高付加価値を見出したように、オイカワデニムは素材の再認識に至っている。①サメの革、②アワビの殻によるボタン、③津波の瓦礫の中から発掘された大漁旗のような希少価値のある素材、

④漁網を用いた装飾品など、気仙沼という港街のイメージと五感で感じ取れるものによる高い理解を促している。

オイカワデニムのゴールイメージは潜在的に眠る消費者イメージを掘り起こすことにある。まず第一には一般的な地産商品は単なるお土産品である傾向があるが、オイカワデニム発の地産商品はファッションブランドである。第二に、資源の有効活用を通して消費者と地域住民の気づきを誘発する。気づきにより注目が集まって画期的商品が誕生したことの認知を獲得し、継続的な新しい価値観を備えた事業の発展につながるという流れである[7]。

8 オイカワデニムにおける事業承継

1. 及川秀子氏への事業承継

及川秀子氏は昭和四十四年（一九六九年）に新潟から宮城に嫁いできた。当時、夫と本吉で呉服店を営んでいた。二年後に、珠算教室を開いた。多くの子供たち、三人の息子たちに恵まれ、穏やかな日々を暮らしていた。昭和五十六年（一九八一年）に呉服業からデニム工場へと事業転換した。和から洋へ、着物から現代ファッションの洋服へと変わった。デニム工場には創業と同時に珠算教室の教え子のお母さんたちが入社した。ミシンの練習から始まり、高い技術を身に付けていった。デニムの世界的ブランドWranglerやEDWIN、Levi'sのＯＥＭ生産を請け負った、当時は専務として経理を担当していた。工場で気づいたことは、ミシンの上で作業するお母さんたちの指の動きの美しさだった。海外の縫製工場も見る機会はあったが、日本のお母さんの指先が一番美しい動きをしていると感じた。

ところが、平成三年（一九九一年）に、最愛の夫、明氏が病気で亡くなってしまった。明氏は四十八歳、秀子氏は四十三歳だった。長男の成人の姿を見て、一月三十日、子供たちを秀子氏に託し、明氏は旅立ってしまった。秀子氏は明氏の後を継いで社長に就くことを決断した。周りの人たちから励まされ、力を付けてもらい、勇気を頂き、何とか乗り越えることができ、事業を継続していった。[8]

当時の日々の暮らしですけれども、買い物時はいつも「蛍の光」が流れ、いつも最後の買い物客でしたが、遅い時間でも四人で食事が取れることをとても幸福に思いました。次の日の準備をしながら、子供たちには不自由をかけまいと気を引き締め、常に突っ走っていました。ですが、息子たちもまた、私の知らない苦労もいろいろな場面でたくさんあったと思います。毎日の生活のこと、会社のこと、従業員のことを考え、何度も何度も挫折しそうになった私は、「この子らのために」と思うことで頑張り通せたと思います。[9]

2. 及川秀子氏から及川洋氏への事業承継

(1) 及川秀子氏の視点

二〇一六年十一月一日、及川秀子社長は二十人の従業員に言った。「もし津波がなかったら、五年前にしようと思っていたことを話しします。今日から、社長が交代します。洋がオイカワデニムの社長になります。これまでと変わらず、力いっぱい働いて下さい。」(『デニムさん』一一七頁より)秀子氏は会長職に就任することになった。

準備と社訓

私は震災後から、意識して経営を少しずつ移行しておりました。その中の一つで社訓を変えました。それまでは「端正」。端正というのは、真心を込めて丁寧にという意味です。それと「高品質を届ける」。この二点でしたが、移行するに当たり、私が尊敬してやまない気仙沼、階上の片山和尚さまにご指導いただき、揮毫（きごう）してもらい、今までの「端正」に加え「地産地消」を社訓にしました。ご住職が堂々とした力強い大きな文字でしたためてくださり、オイカワデニムの大切な社訓を作ってくださいました。そして七十歳になった私は、バトンを息子につなぎました。そのとき、私は認め切る、信じ切る、任せ切る、この信念で遠くから見守り続けていくと覚悟を決めました。

伝えたこと
　息子には、経営者としてどなたに対しても相手を尊敬し、信頼し、そして期待すること。これを伝えました。工場には時々行きますが、皆さんが仕事をしやすいように、そういう環境をつくるため、周りの草取りや片付け、その他脇役に徹しております。

従業員の反応
　私も結構年を取っていましたので、従業員さんたちはいつかとも思っていらしたと思います。名残惜しんでくださいました。泣いてくれた従業員さんもいました。それはあの二回の危機を一緒に守ってくれた従業員さんでした。その思いが胸にしみて、本当に肩を抱き合って泣きました。でも、皆さん快く送り出してくださいました。[10]

事業承継発表の日、及川秀子氏は、息子の洋氏が従業員に頭を下げているのを見て、頼もしく思った。「会社の**バトンは明さんから私へ、そして私から洋に渡った。一つ一つ心を込めて縫い上げていく仕事、東北の人たちの持つ優しさと粘り強さが受け継がれていく。あとは、若い人たちを信じて任せるだけです。**」（『デニムさん』一一九

頁より）

下の写真に秀子氏の信条が示されている。それは、「三つの命（めい）を大切に」だ。・生命　・使命　・一生懸命

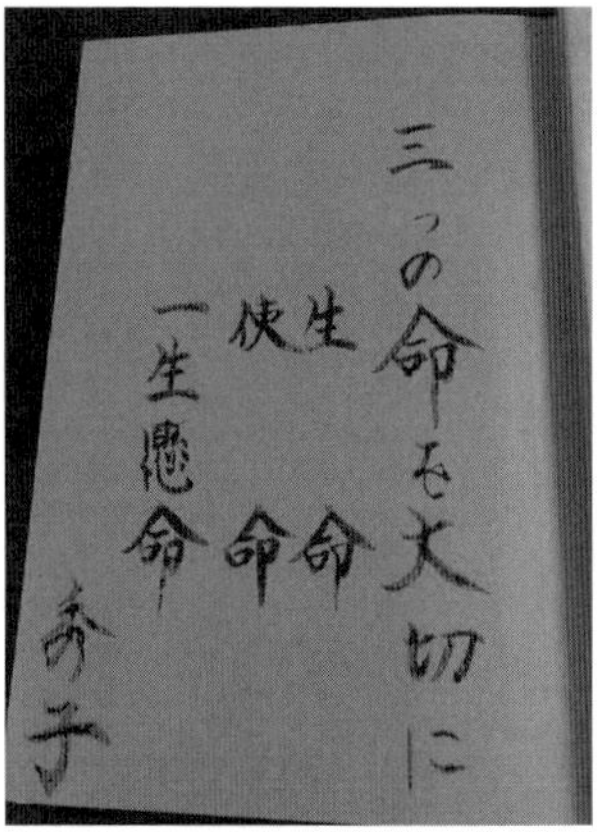

（写真撮影　亀井克之）

（2）及川洋氏の視点

洋氏は、その場で就任演説をした。「今日から僕が新しい社長になります。でも新しいことをどんどんしていこうとは思っていません。今まで、みんなでいっしょに積み重ねてきた技術を生かしていきましょう。僕たちはみな津波で被害を受けました。でも力を合わせてこの災害を乗り越えることができました。この経験を僕は何よりも大切にしたいと思います。この会社では、社長や一部の人が儲けをひとりじめするようなことはしません。儲けたお金は、会社の将来や研究のために使って、残りはみんなが満足していただけるように分けましょう。これから大切にしていきたいのはあらゆるものを『生かす』ことです。これまでは捨てていたものに目を向けて、再生利用できないか考えていきましょう。大量生産。そして大量消費の社会。これは、知らず知らずのうちに、ひずみを生んでいます。僕は、次の世代に負の遺産を残すことだけは絶対にしたくありません。」（『デニムさん』一一七－一一九頁より）

先代から学んだもの

直接言葉で指導されたことよりも、その姿で教えられることが多々ありました。先代が、実にさまざまな人たちに感謝して御礼を述べ、頭を下げている姿に接してきました。先代のそのような人を大切にする気持ち、人に感謝する気持ちを、先代の姿から学びました。会社の財産とは、資産でもノウハウや技術でもなく「人」

しかない、と私は考えております。

失敗に学ぶ

昨今、世の中では失敗が出来ない風潮が多くあります。チャレンジをする事は人を成長させる大切な事ですが、それが出来ない世の中です。「チャレンジをし、失敗してもそこから学べば良い。」成功や失敗、そこからの学びやリカバリーの仕方を、私、自らそのような姿勢を見せております。

未来への投資というのは、私はチャレンジすることだと思うのです。もちろん失敗もたくさんしますが、ただ成功する姿だけではなくて、失敗する姿も見せてのことだと思っているのです。ですので、メカジキのジーンズを開発したときも、たくさん失敗しました。今開発しているシカの服も、ジャケットを販売させていただいて、いよいよジーンズを販売させていただくのですが、ここまで来る間に、実は構想から6年かかっているのです。6年というのはすごく長い時間で、たくさん失敗しているのです。そういう姿も見せての、次の世代への受け渡しかなと。私は失敗する姿も全部含めて次の世代につなげたいなと思っているところです。

次の世代へ

現在、とてもありがたいことに、弊社の製品は多くのユーザーから愛されております。市場が求める数量に対し、全てを叶えるのではなく、私は会社の幹を太くしたいと考えております。次の世代が、大きな数字が欲しいのならば、それを行えば良いと思います。私が代表を受け継いでから考えていることは、「安心して出来るものづくりの環境」を次世代に残すことに尽きます。

洋氏が社長に就任して、オイカワデニムは新製品、メカジキジーンズの販売を本格的に展開している。気仙沼は日本におけるメカジキの水揚げ量最大の港である。毎年、廃棄されるメカジキのツノは、四十トンに上る。オイカワデニムは、ツノを粉末にして、焼いて炭にして生地の麻糸に混ぜる製法を開発した。企業は成長し、二〇一八年には、従業員二十三人、売り上げ一億五千万円となった[11]。

9 新製品三部作 ――海・丘・山――

経営バトンタッチの後、オイカワデニムでは、若い考えで今までと違った形で世界を見ている。事業承継に先立ち、社訓に「地産地消」を追加した。地産は地元、気仙沼だ。地消の「地」には次の意味が込められている。東日本大震災の時、国内はもとより国境を越えて、地球規模で被災地は支援してもらった。それゆえ地消の「地」は地球の「地」を意味する。

オイカワデニムでは、現在、デニムの常識を破り、命のシリーズを打ち出している。これは三部作だ。第一弾は「海」だ。気仙沼に水揚げされるメカジキマグロのツノの成分を糸に練り込んで生地を織った。メカジキマグロのツノは捕獲したときに船上で切り落として捨ててくるという話を避難所生活の中で漁師さんたちから聞いて生まれたアイデアだ。

命のシリーズ第二弾は「丘」だ。北海道の厚岸町の奥にある酪農家にジーンズのつなぎを提供してからの展開だ。酪農家は良い牛乳を得るために良い牧草を植えるが、良い牧草を植えるとウシだけではなくてエゾシカがやってくる。エゾシカが大量に往来すると、地域のリスクマネジメントの問題だが、子どもを含めて地域住民にとって大変危険である。エゾシカが増え過ぎると子どもが学校に通えないという状況では、シカを撃たなければならない。シカの皮は用いられるが、毛は残って捨てられるだけなので、それを使ってジージャンやジーパンを新開発することになった。命のシリーズ第三弾は「山」の製品だ。現在、研究開発中である。こうして、命のシリーズ、「海」（メカジキマグロ）、「丘」（エゾシカ）、「山」（開発中）が完成していく[12]。

10　おわりに

ファミリービジネスと非ファミリービジネスの違いは、危機に瀕した際に、明白になる。船に例えれば、沈みかかった船から、非ファミリーの経営者であれば、もしかしたら逃げ出すことができるかもしれない。しかし、ファミリービジネスの場合はそうはいかない。親、子、夫婦が関わりあうファミリービジネスでは、船が沈みかかっても逃げることはできない。身を挺して経営危機に立ち向かわなければならない。

オイカワデニムの事例は、ファミリービジネスがレジリエンスを発揮して、何度も何度も経営危機を克服した事例である。そして、危機を乗り越える時に、独創的な新製品開発が打ち出された。さらに、現在は、ファミリービジネスの英知が、未来の世代のための環境問題志向、ＳＤＧｓ志向へと連なっている。

【注】

（1）及川秀子「日本の新しい希望――メイド・イン・ジャパン　オイカワ・デニムの取り組み――」日本リスクマネジメント学会第41回全国大会、東北福祉大学、二〇一七年九月二十三日；今関信子『デニムさん　気仙沼・オイカワデニムが作る復興のジーンズ』佼成出版社、二〇一八年；亀井克之「気仙沼オイカワデニムの商品開発：日本の新しい希望」『商品研究』62－3・4（通巻246・247）、日本商品学会、二〇二〇年五月、五十二～五十七頁；及川洋氏へのヒアリング、オイカワデニム本社、二〇一八年十月十二日、二〇二二年九月二十一日、二〇二三年九月十五日。

（2）同上。
（3）TEDxTohoku における及川秀子氏のプレゼンテーション、Hideko Oikawa at TEDxTohoku、東北大学萩ホール、二〇一一年十月三十日　https://www.youtube.com/watch?v =0uYHV0Yu7gE。
（4）注（1）と同じ。
（5）同上。
（6）同上。
（7）同上。
（8）及川秀子、ベランジェール・デシャン「気仙沼とフランスをつないで」日仏公開討論会、主催　科学研究費　基盤（B）21H00751　二〇二二年十月三十一日、気仙沼市役所ワンテン庁舎大ホール。
（9）同上。
（10）同上。ならびに今関信子『デニムさん　気仙沼・オイカワデニムが作る復興のジーンズ』佼成出版社、二〇一八年。
（11）及川洋・亀井克之「特別講演　オイカワデニムの10年――東日本大震災10年」『危険と管理』第53号「東日本大震災10年」、日本リスクマネジメント学会、二〇二二年四月、三十八～四十三頁：及川洋「With/After コロナにおけるオイカワデニムの戦略」『危険と管理』第54号、日本リスクマネジメント学会、二〇二三年五月、三十八～四十三頁：今関信子『デニムさん　気仙沼・オイカワデニムが作る復興のジーンズ』佼成出版社、二〇一八年。
（12）「海の恵みがデニムに」『AERA』２０２１年９月13日号：AERA dot.　２０２１年９月13日　https://dot.asahi.com/aera/2021090900082.html?page=1　二〇二三年一月二十八日確認。

【参考文献】


今関信子『デニムさん　気仙沼・オイカワデニムが作る復興のジーンズ』佼成出版社、二〇一八年。

及川秀子「日本の新しい希望」『危険と管理』第49号、日本リスクマネジメント学会、二〇一八年、九～二十一頁。

及川洋・亀井克之「特別講演　オイカワデニムの10年――東日本大震災10年」『危険と管理』第53号「東日本大震災10年」、日本リスクマネジメント学会、二〇二二年四月、三十八～四十三頁。

及川洋「With/After コロナにおけるオイカワデニムの戦略」『危険と管理』第54号、日本リスクマネジメント学会、二〇二三年五月、三十八～四十三頁。

亀井克之「気仙沼オイカワデニムの商品開発：日本の新しい希望」『商品研究』62－3・4（通巻246・247）、日本商品学会、二〇二〇年五月、五十二～五十七頁。

スタジオゼロ
（写真提供　オイカワデニム）

関西大学　社会安全学部　東北研修（2023年９月15日）
中央　及川秀子会長　右端　及川洋社長

及川洋社長　講演動画　20分
「With/After コロナにおけるオイカワデニムの経営戦略」
日本リスクマネジメント学会　第47回全国大会
2022年9月23日
https://youtu.be/LBDWQk8UxIA?si=wfrxqy1Q2DDNYtqD

仏大学の副読本で紹介

オイカワデニム会長及川さん　関西大亀井教授が執筆

本吉

気仙沼市本吉町蔵内のジーンズ製造会社「オイカワデニム」会長の及川秀子さん（73）が、フランスの大学で使われている教科書の副読本に登場している。亡夫から会社を引き継いだ及川さんが、東日本大震災を乗り越え、会社を再建した奮闘ぶりなどが紹介されている。

「事業承継」テーマに

「事業承継」をテーマに、関西大学の亀井克之教授（58）が執筆した。

2011年10月、東北大学工学部に在籍していた亀井教授の長男らが中心となり、被災地で活躍する人を発信するイベント「TEDx Tohoku」を大学の川内萩ホールで開催。及川さんも登壇した。

及川さんは、夫・明さんから会社を引き継いだことや、震災の苦労などを紹介しながら、「失敗したら人生を歩みなおし、その都度立ち上げればいい」などと来場者に訴えた。

動画でイベントの様子を見た亀井教授が、力強く語る及川さんの姿に感銘。17年に東北福祉大学で開かれたリスクマネジメント学会で及川さんと会い、当時の様子を聞き取った。18年にはオイカワデニムを訪れ、及川さんの次男である社長の洋さんとも交流を深め、執筆の参考にした。

副読本では「オイカワデニムの事例　創業者の妻が事業承継した日本企業」をテーマに、20㌻にわたって紹介されている。従業員と3人の息子に支えられながら、どのように危機を乗り越えられたのか、洋さんが会社を引き継ぐまでの過程などが記されている。

亀井教授はこれまでも、オイカワデニムを取り上げた本を数冊出版しているほか、論文も発表している。

及川さんは「小さな町工場のことを取り上げていただき、感謝している。フランスの大学で当社の取り組みを知ってもらうことは、仕事の励みにもなる」と話している。

及川さんと、紹介されている副読本

『三陸新報』2020年12月6日

第3部

ＢＣＭ（事業継続マネジメント）

第7章　コロナ禍における中小企業のＢＣＭと経営者の健康問題
―日仏共同調査結果を用いた多値ロジスティクス回帰分析―

堀越昌和

■
中小企業のＢＣＭ（事業継続マネジメント）の特徴は何か？
中小企業経営者の健康問題はいかなる重要性を持つか？
コロナ禍における日仏共同調査結果が示唆するものは何か？

1　目的と背景

終息の見通しのきかないコロナ禍において、企業経営へのモチベーションを維持できず、経営者がみずから事業継続を断念する「ギブアップ廃業」が増加するリスクが懸念されているが（帝国データバンク、二〇二二）、新興感染症が中小企業経営、とりわけ、経営者のモチベーションや企業の事業継続に及ぼす影響に関する研究の蓄積は少ない[1][2]。そこで、本稿では、筆者らが二〇二一年に実施したアンケート調査の結果を踏まえて、コロナ禍における経営者の健康問題が中小企業の事業継続に及ぼす影響を明らかにする。その上で、ポストコロナ時代を見据えた中小企業のＢＣＭ（事業継続マネジメント）の実践的方法を考察する。

2　既存研究の整理

1. 中小企業のＢＣＭ

東日本大震災やコロナ禍といった重大なインシデント対応として、ＢＣＭ（Business Continuity Management; 事業継続マネジメント）があり、その中核的な取り組みとなるのが、ＢＣＰ（Business Continuity Plan; 事業継続計画）である（亀井、二〇一六）。また、企業や組織が直面するリスク全てに対応できる訳ではないが、具体的な対策手法が予め準備されているという点で、ＢＣＰはインシデントが発生した際、その影響を最小限に食い止める可能性がある（森岡、二〇一四）。そして、経営資源の集中性そのものが事業継続リスクとなる中小企業であるほど、ＢＣＰが必要とされる（堀越、二〇一九）。他方で、規模の小さな企業ほど、ＢＣＰの導入は進まず（日本政策投資銀行九州支店、二〇一七）、調査の時期や対象でばらつきはあるものの、中小企業のＢＣＰ策定率はここ十数年、おおむね10～15％で推移している。

以上のように、ＢＣＰの導入が進まない中小企業において、インシデント対応は、経営者のリーダーシップに頼らざるを得ない（堀越、二〇二〇）。つまり、中小企業のＢＣＭの中核となるものは、実質的には、経営者のリーダーシップである。ところが、わが国の中小企業経営者で六十歳以上の占める割合は、二〇二〇年時点で56・5％に達するなど、高齢化が進んでいる（中小企業庁編、二〇二一）。そして、高齢者ほど罹患時の重症化や死亡のリスクが高い、という新型コロナウィルス感染症の実態を踏まえると（国立感染症研究所、二〇二〇）、コロナ禍において「いつ」、「いかなるときも」、経営者のリーダーシップ発揮を前提にすることは、事業継続上、リスクが大きい。中小企業のＢＣＭでは、経営者の不在に備え、せめて、彼らの代行者を措置しておく必要があるように思われる。(3)

2．中小企業経営者の健康問題

マネジメント研究の世界的権威の一人、ミンツバーグによると、経営者に権限が集中するシンプルな組織構造は、柔軟な意思決定を可能にするなどして、中小企業に強みをもたらす半面、彼らの健康問題の具現化が、事業継続の致命的なリスクとなりうる（Mintzberg, 1979: pp. 305-313）。ところが、オンタイムとオフタイムの境界の曖昧さ（栗岡・亀井・尾久・馬ノ段・トレス、二〇二一）、精神的休養の困難（柳川・黒木、二〇〇七）や孤独（Lechat・Torrès, 2016）などにより、中小企業経営者の多くは、平常時から高いストレスを抱えている（石埜・松岡・山田・小笠原・竹内・李・椎原、二〇〇九）。そして、自然災害などの重大なインシデントの発生により、経営者は、より多くのストレスに晒されることになる。例えば、事業の中断、再建のための多額の借財（田口、二〇〇八）のほか、コロナ禍の経営者の健康問題に関するいくつかの研究では、孤独や経営破綻リスクへのストレスが経営者のバーンアウトリスクを上昇させていること（Torrès et al., 2022）、労働時間の減少にもかかわらず、多くの経営者に体調や気力に悪化の傾向が見られたこと（堀越、二〇二二）などが明らかにされている。他方で、コロナ禍で企業の財務状況に与えるネガティブな影響は大きいものの、「なんとかなるだろう」といったポジティブな想いを抱く経営者が多い、という相反する指摘もなされている（関・河合・中道、二〇二〇）。

以上、重大なインシデントによる経営基盤の毀損、過負荷やストレス高進によって、経営者の事業継続意欲が喪われることもあれば、ポジティブな想いが、廃業を思いとどまらせることもありうる、ということになる。

3．既存研究の残された課題

既存研究では、経営者のリーダーシップや代行者の措置、彼らの健康（ストレスやバーンアウトなど）や個人特性（ポジティブな想いなど）が、企業のＢＣＭに及ぼす影響の大きさが示唆されるが、両者は別々の分野で論じられている。他方で、経営者の高齢化が進むなかで襲った今般のインシデント下、つまり、人の命と健康を脅かすコロナ禍では特に、両者を関連付けながら、中小企業の事業継続を論じる必要があるように思われる。

3　研究のアウトライン

1．分析の枠組み

これまでの議論を踏まえて、以下、本研究の分析の枠組みを提示する（図表7・1）。

2．対象と方法

研究の対象は、二〇二一年十月十日から十一月八日にかけて、筆者らが実施したＷＥＢ調査「コロナ禍における中小企業経営者の健康と事業継続に関するアンケート」に回答した中小企業の経営者二九一人である[4][5]。なお、この調査では、東京中小企業家同友会などの中小企業団体を通じて、会員中小企業約二万社に対して回答を勧奨する方法を取った。おって、アンケートの内容は、企業及び経営者の基本情報について14問、事業承継に関して8問、コロナ禍への対処と経営上のリスクについて10問、経営者の健康マネジメントについて16問、ＢＣＰなどイン

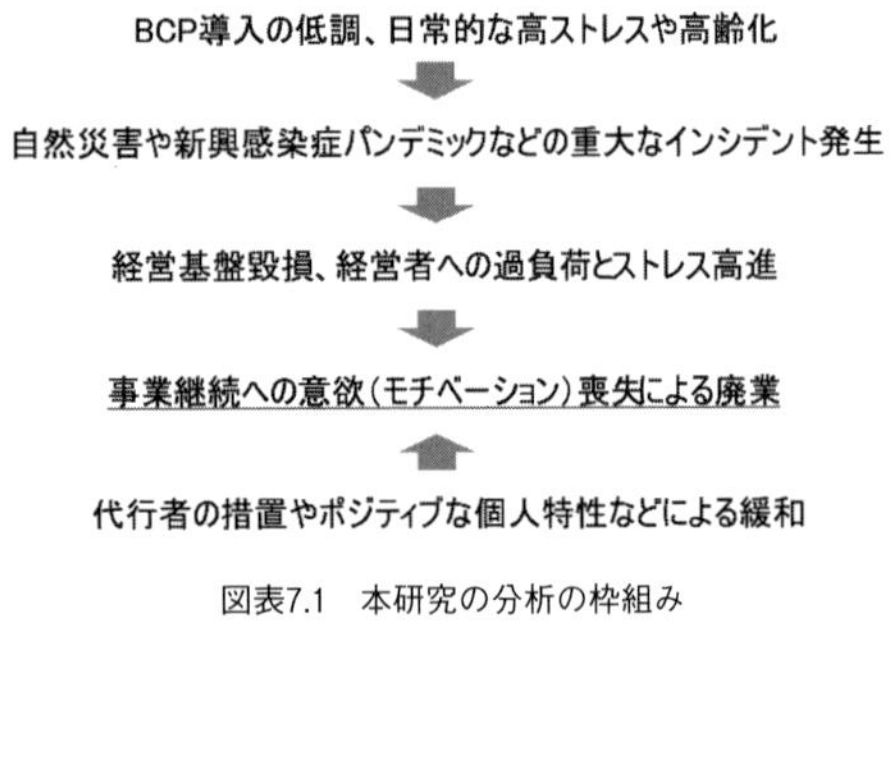

図表7.1　本研究の分析の枠組み

シデント対応について9問、自由記述など2問、合計59問（枝問を含め計112問）であった。

研究の方法は、上述のうち、本稿の目的に合致し、また、天井効果（床効果）及び多重共線性の認められない11問の回答の結果について、統計分析ソフト「College Analysis」を用いて、多値ロジスティクス回帰分析を行った。

3. 変数

（1）従属変数

コロナ禍における、経営者の事業継続に向けた意欲（モチベーション）に関して、1＝高まった、2＝変わらない、3＝低下した、を選択肢とする順序尺度（値が小さいほどポジティブな状態にある）を用いた。

（2）独立変数

十の独立変数はいずれも、順序尺度もしくは名義尺度で、値が小さいほど、事業継続意欲にポジティブな影響を及ぼすことが予想される。具体的には、四つの企業属性として、業績基調、従業員規模、ＢＣＰ有無及び代行者有無、六つの個人属性として、生年、個人特性、バーンアウト、オフタイムの自律性、労働時間及び孤独とした。以下、それぞれの尺度について叙述する。

⑴　企業属性

業績基調については、現在の自社の収益状況について5件法（1＝5％以上、2＝4〜-4％、3＝-5〜-24％、4＝-25〜-49％、5＝-50〜-100％）で尋ねた（亀井・トレス・影浦、二〇二〇）。次いで、従業員規模は、栗岡・馬ノ段・亀井・尾久・トレス（二〇二二）を参照して、1＝101人以上、2＝51〜100人、3＝31〜50人、4＝11〜30人、5＝6〜10人、6＝5人以下、で区分した。また、ＢＣＰ有無は、コロナ禍以前（二〇二〇年三月）

のBCP導入状況について、堀越（二〇一九）を参照して、1＝策定済、2＝策定中、3＝策定予定、4＝策定の予定はない、で尋ねた。最後に、代行者有無は、堀越（二〇二〇）を参照して、代替リーダーとして、経営者の職務を代行する者の職位数について、1＝3つ以上、2＝2つ、3＝1つ、4＝なし、で区分した。

（2）個人属性

生年については、1＝1991年以降、2＝1981〜1990年、3＝1971〜1980年、4＝1961〜1970年、5＝1951〜1960年、6＝1950年以前で区分した。値が大きいほど年齢が高い、つまり、罹患時の重症化や死亡のリスクが高まる。次いで、個人特性は、AMAROKが開発した健康増進資本の評価尺度を参照した（亀井・トレス・影浦、二〇二〇）[6]。具体的には、コロナ禍以来の自身の、a．楽観性・オプティミズム、b．自己効力感・自己可能感、c．自分らしい行動をとる能力、d．レジリエンス（立ち直る力・困難に立ち向かう力）、e．自分の行動に意味を与えようとする意思、f．適応能力、g．自分の行動に責任を持つ能力、h．問題解決能力、i．希望を持つ力について、7件法（1＝大きく増加した〜7＝大きく減少した）で回答するものである[7][8]。

バーンアウトは、Torrès et al.（2022）を参照して、BMS－10（Burnout Measure Short version）を用いる。具体的には、仕事のことについて考える際に想起される10の質問（a．疲れたと感じる、b．一部の人に対して失望感を感じる、c．絶望することがある、d．八方塞がりのように感じる、e．自分の無力さを感じる、f．落ち込むことがある、g．体力の低下や病気の不安を感じる、h．自分が無価値、《失敗》かのように感じる、i．よく眠れない、j．《もうたくさんだ》と思うことがある）について、7件法（1＝一度もない、2＝ほとんどない、3＝まれに、4＝たまに、5＝よく、6＝とてもよく、7＝いつも）で回答するものので、平均値が大きいほどバーンアウトリスクが高い状態にある[9]。

オフタイムの自律性については、Shimazu・Sonnentag・Kubota・Kawakami（2012）による日本語版リカバリー経験尺度の下位尺度であるコントロールを参照した。具体的には、一日の仕事が終わった後の時間の過ごし方に関する四つの質問（a．何をするか自分で決められると思う、b．自分のスケジュールは自分で決める、c．時間の過ごし方は自分で決める、d．自分のやりたいように物事を片付ける）について、5件法（1＝よく当てはまる、2＝やや当てはまる、3＝どちらともいえない、4＝あまり当てはまらない、5＝全く当てはまらない）で回答するもので、平均値が大きいほど、自律性が阻害されている状態にある[10]。

労働時間は、Torrès et al.（2022）を参照して、最近の週当たり平均労働時間について、1＝40時間未満、2＝40～50時間未満、3＝50～60時間未満、4＝60～70時間未満、5＝70時間以上、で尋ねた。最後に、孤独については、Torrès et al.（2022）を参照した。具体的には、最近の自身を取り巻く環境について、5件法（1＝とても取り巻かれていた、2＝ある程度は取り巻きがいる、3＝孤立もしていないが、取り巻かれてもいなかった、4＝少し孤立していた、5＝とても孤立していた）で評価してもらった[11]。

4　結果と分析

以下、本稿の分析結果を叙述する。

1．回答者の基本属性

回答者の主な属性は、以下のとおりである。

(1) 企業属性

主業種で、最も多いのが「サービス業」(69人、23・7%)、次いで、「製造業」(58人、19・9%)であった(n=291[12])。従業員数は、「11〜30人」(88人、30・2%)が最も多く、次いで、「5人以下」(65人、22・3%)であった(n=291)。また、企業形態は、「独立系の会社」(202人、69・4%)、「個人企業」(74人、25・4%)の順であった(n=291)。創業時期は、「1971〜1990年」(77人、26・6%)、「1991〜2010年」(73人、25・2%)の順であった(n=290)。後継者の有無は、「有」が45・4%(132人)、「無」が54・6%(159人)であった(n=291)。事業承継計画の有無は、「有」が17・9%(52人)、「無」が82・1%(239人)であった(n=291)。BCPの有無は、「有」が17・5%(51人)、「無」が82・5%(240人)であった(n=291)。代行者の職位数は、「1つ」が61・9%(180人)、「無」が22・3%(65人)であった(n=291)。

(2) 個人属性

経営者の生年は、「1971〜1980年」(101人、35・2%)が最も多く、次いで「1961〜1970年」(84人、29・3%)であった(n=287)。性別は、「男性」が91・8%(267人)、「女性」は8・2%(24人)であった(n=291)。また、就任経緯は、「家業承継」(134人、46・0%)、「創業者」(104人、35・7%)の順であった(n=291)。経営者の引退希望年齢は、「66〜70歳」(98人、33・7%)が最も多く、次いで「61〜65歳」(84人、28・9%)であった(n=291)。

2. 相関分析の結果

相関分析の結果は、表7・1のとおりである。まず、VIF値はいずれも低く、多重共線性が、分析結果に深刻

表7.1　相関分析の結果

変数	平均	標準偏差	最小	最大	VIF	1	2	3	4	5	6	7	8	9	10
1. 事業継続意欲	1.81	0.53	1	3											
2. 業績基調	2.19	0.90	1	5	1.10	0.190**									
3. 従業員規模	4.13	1.47	1	6	1.24	-0.008	0.142*								
4. ＢＣＰ有無	2.87	1.09	1	4	1.18	0.053	0.081	0.353**							
5. 代行者有無	3.04	0.67	1	4	1.16	0.082	0.026	0.248**	0.189**						
6. 生年	3.92	1.01	1	6	1.29	-0.023	0.033	-0.089	-0.042	-0.203**					
7. 個人特性	3.42	1.16	1	7	1.32	0.287**	0.220**	0.005	0.056	0.115*	0.077				
8. バーンアウト	2.69	0.90	1	6.8	1.49	0.226**	0.130*	0.147*	0.072	0.094	-0.066	0.337**			
9. オフタイムの自律性	1.78	0.64	1	4	1.31	0.178**	0.174**	0.067	0.056	0.037	-0.093	0.342**	0.408**		
10. 労働時間	3.44	1.31	1	5	1.33	0.036	0.070	-0.082	0.042	-0.201**	0.426**	-0.122	-0.138*	-0.179**	
11. 孤独	2.75	0.98	1	5	1.32	0.139*	0.128*	0.130*	0.118*	0.133*	-0.029	0.296**	0.456**	0.239**	-0.122*

**. 1% 水準、*. 5% 水準で、それぞれ有意であることを示す

な偏りを与えていないことを示している。次いで、事業継続意欲（従属変数）と高い相関を示す変数は、係数の高い順に、個人特性（０・287）、バーンアウト（０・226）、業績基調（０・190）、オフタイムの自律性（０・178）で、いずれの変数も１％水準で有意な結果となった。また、５％水準で有意な結果となった変数は、孤独（０・139）であった。中小企業のＢＣＭに関して、組織的な対応を促すことが予想されるＢＣＰや代行者の有無については、経営者の事業継続意欲との相関は低い結果となった。他方で、従業員規模とＢＣＰ有無が０・353、代行者有無が０・248で、ともに１％水準で有意な相関を示しており、従業員規模の大きな企業であるほど、組織的なＢＣＭを手掛けている可能性が示唆された。

３．多値ロジスティクス回帰分析の結果

まず、このモデルの実測予測Ｒ２は０・625、正解率は０・714であった。モデルの当てはまりは、比較的良好と思われる。次いで、コロナ禍において、事業継続意欲が「１＝高まった」との回答を、「２＝変わらない」と「３＝低下した」の回答を合算したカテゴリーで割った対数オッズについての独立変数の線形関数での推計結果（モデル１）は、次のとおりであった（表７・２）。つまり、事業継続意欲にポジティブな影響を及ぼす独立変数は、個人特性（Ｐ＜0.001）と労働時間（Ｐ＜0.05）であった。

また、「１＝高まった」と「２＝変わらない」を合算したカテゴリーを「３＝低下した」で割った対数オッズについての独立変数の線形関数での推計結果（モデル２）をみると、事業継続意欲にネガティブな影響を及ぼす独立変数は、バーンアウト（Ｐ＜0.01）と業績基調（Ｐ＜0.05）であった。最後に、業績基調を除く三つの企業属性（従業員規模、ＢＣＰ有無及び代行者有無）と、経営者の三つの個人属性（生年、オフタイムの自律性及び孤独）は、いずれも有意な値ではなかった。

表7.2　多値ロジスティクス回帰分析の結果

	標準化値	標準誤差	B	P	95.0%下限	95.0%上限	オッズ比
モデル1							
業績基調	−1.079	0.170	−0.183	0.281	−0.517	0.150	0.832
従業員規模	1.398	0.108	0.151	0.162	−0.061	0.363	1.163
BCP 有無	−1.017	0.138	−0.140	0.309	−0.411	0.130	0.869
代行者有無	−0.795	0.228	−0.182	0.426	−0.629	0.266	0.834
生年	1.211	0.160	0.193	0.226	−0.120	0.506	1.213
個人特性	−3.359	0.156	−0.523	0.001	−0.829	−0.218	0.593
バーンアウト	0.250	0.203	0.051	0.803	−0.346	0.448	1.052
オフタイムの自立性	−0.263	0.268	−0.070	0.793	−0.595	0.455	0.932
労働時間	−2.153	0.124	−0.266	0.031	−0.509	−0.024	0.766
孤独	−0.123	0.167	−0.021	0.902	−0.348	0.307	0.980
切片	1.306	1.182	1.544	0.191	−0.773	3.860	
モデル2							
業績基調	−2.446	0.290	−0.711	0.014	−1.280	−0.141	0.491
従業員規模	−0.462	0.253	−0.117	0.644	−0.612	0.379	0.890
BCP 有無	1.275	0.306	0.390	0.202	−0.209	0.988	1.476
代行者有無	−1.046	0.451	−0.471	0.296	−1.354	0.412	0.624
生年	0.665	0.335	0.223	0.506	−0.433	0.878	1.249
個人特性	−0.414	0.283	−0.117	0.679	−0.672	0.438	0.889
バーンアウト	−3.288	0.329	−1.081	0.001	−1.726	−0.437	0.339
オフタイムの自立性	−1.095	0.439	−0.480	0.274	−1.340	0.379	0.619
労働時間	−0.148	0.250	−0.037	0.883	−0.527	0.453	0.964
孤独	0.301	0.298	0.090	0.764	−0.494	0.673	1.094
切片	3.810	2.400	9.145	0.000	4.441	13.849	

5　考察と結論

個人特性は、値が小さいほど、コロナ禍以来の自身の自己効力感が高い状態を、労働時間は値が小さいほど減少する傾向を、それぞれ示している。他方で、バーンアウトは、値が大きいほど、心身の不調による仕事への意欲が低下する傾向にあることを示し、また、業績は不調であることを、それぞれ示している。つまり、コロナ禍においては、自己効力感が高く、労働時間の短い経営者であるほど、事業継続意欲は高まる傾向にあり、他方で、バーンアウトのリスクが高く、業績が不調に陥っている企業の経営者ほど、事業継続意欲が低下する傾向にある（図表７・２）。

このことに関する、既存研究との整合性は、以下のとおりで、バーンアウトリスクと業績については、Torrès et al.（2022）の指摘と整合的であった。他方で、労働時間に関する堀越（二〇二二）並びに業績についての関ほか（二〇二〇）の指摘とは、整合的ではなかった。また、自己効力感と業績は、相反する影響を示す傾向にあり、業績不調のなか「なんとかなるだろう」といったポジティブな想いだけでは、コロナ禍という重大なインシデントを乗り切れるわけではないことが示唆された。「ギブアップ廃業」が増加するリスクが顕在化するとしたら、単純に、事業継続へのモチベーションと廃業を結びつけるのではなく、既往の業績を含めた収支財政の問題や、新たな債務に起因する二重ロー

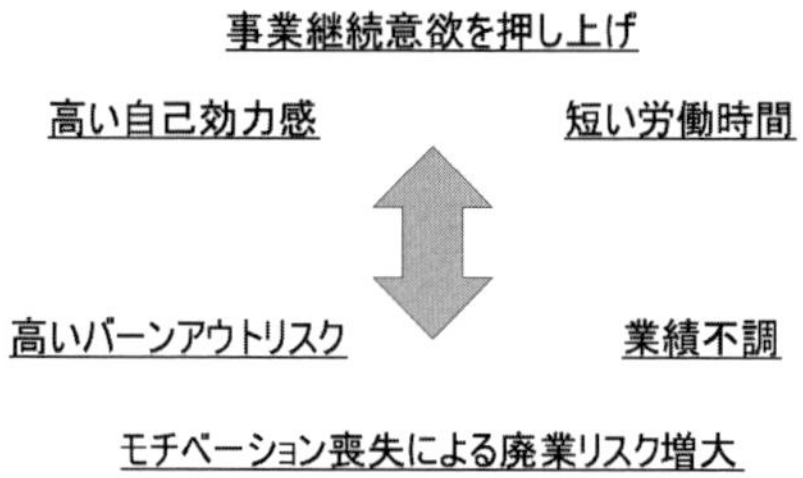

図表7.2　コロナ禍における中小企業のBCMと経営者の健康問題

ンの問題といった、媒介となる変数を考慮に入れたうえで論じていく必要があると思われる[13]。

以上を踏まえ、ポストコロナ時代を見据えた中小企業のＢＣＭの実践的方法を概括的に示すと、経営者の健康を事業存続の問題と位置付け、その上で、バーンアウトリスクへの対応をはじめとしたストレスマネジメントに加え、修飾要因となりうるポジティブな個人特性の開発に努めること、となる。

6　成果と課題

本稿の成果は、次のとおりである。まず、人の命と健康を脅かすコロナ禍における中小企業の事業継続に関して、経営者の健康問題と関連付けながら考察をすすめたことにある。次いで、筆者らが二〇二一年に実施したアンケート調査の結果をもとに、多値ロジスティクス回帰分析を敢行した結果、中小企業経営者の事業継続意欲に影響を及ぼす要因を明らかにしたことにある。具体的には、事業継続へのモチベーションにポジティブな影響を及ぼす要因として、自己効力感と労働時間、他方で、ネガティブな影響を及ぼす要因として、バーンアウトと業績基調であることを明らかにした。

本稿の課題であるが、まず、アンケート調査の実施時期、回答者の偏りや回答者数などの問題から、サンプリングバイアスが生じている可能性がある。そのため、本稿の結果をもって、一般的な妥当性を主張することは困難である。次いで、経営者の健康マネジメントを包摂した事業継続リスクを測定する尺度の開発は、不可欠の課題となる。また、この尺度の開発に当たって、より広範なデータ収集や変数の整理など、本稿の結果の妥当性の検証とモデルの修正も不可欠の課題となる。

【謝辞】アンケート調査にご協力いただいた皆さま、共同研究、日本中小企業学会での報告及び査読を通じて貴重なご意見を下さった先生方に、心より御礼申し上げます。また、福山平成大学経営学部の福井正康教授には、応用数学の視点から、データの整理・解釈に当たって、助言をいただきました。ここに、御礼申し上げます。なお、本稿は、関西大学経済・政治研究所及びJSPS科研費（課題番号21H00751並びに19K13791）の助成により実施した成果の一部であり、全ての誤り・不備に関する責任は筆者に帰するものであります。

【注】

（1）世界保健機関（WHO）が、コロナ禍（新型コロナウイルス感染症の流行）について、パンデミックの状態にあるとの認識を示したのが二〇二〇年三月十一日、国際的な公衆衛生上の緊急事態を宣言したのが同年三月三十日であり、また、この宣言の終了を表明したのが二〇二三年五月五日である（中國新聞社、二〇二三）。

（2）数少ない成果の一つとして、例えば、Torrès・Benzari・Fisch・Mukerjee・Swalhi・Thurik,（2022）。

（3）例えば、MS&ADインターリスク総研（二〇二〇）を参照。

（4）JSPS科研費（課題番号 21H00751）「被災後の中小企業経営者の健康問題と事業継続に関する日仏比較研究」に基づき実施した日仏共同調査で、本稿では日本調査の結果を用いる。

（5）回答者は、中小企業基本法第2条の定義に該当する中小企業である。

（6）健康増幅とアントレプレナーシップ（起業家精神）を両立させるという二重の特性として定義される「サリュトプルノリアル資本」をさし、アントレプレナーが健康を維持し向上するための9の要因で構成される。

（7）事業継続意欲の評価と合わせるため逆転している。例えば、亀井・トレス・影浦（二〇二〇）の場合、1＝大きく減少した、である。なお、内的整合性を評価するCronbachのαは0・96、WEB調査の回答者の平均値は3・42であった。

（8）AMAROKとは、二〇〇九年にフランスで設立された世界最初の中小企業経営者の健康問題の解決を支援する研究機構で、フランスにおける第一次ロックダウンのさなか、中小企業経営者一、九〇〇人に対して心身の健康に関する調査を実施するなど、コロナ禍以降、実態調査や学術的ジャーナルへの投稿を活発に行っている。

（9）内的整合性を評価するCronbachのαは0・90、WEB調査の回答者の平均値は2・69であった。

（10）事業継続意欲の評価と合わせるため逆転している。例えば、Shimazu et al.（2012）の場合、1＝全く当てはまらない、である。なお、内的整合性を評価するCronbachのαは0・78、WEB調査の回答者の平均値は1・78であった。

（11）事業継続意欲の評価と合わせるため逆転している。例えば、Torrès et al.（2022）の場合、1＝とても孤立していた、である。

（12）紙幅の都合もあり、構成比の高い上位二つのみを叙述した。以下、同様。

（13）例えば、日本経済新聞社（二〇二三）を参照。

【参考文献】

1．和文献

石埜茂、松岡治子、山田淳子、小笠原映子、竹内一夫、李範爽、椎原康史（二〇〇九）「中小企業・経営者を対象としたメンタルヘルスケアの意識調査（Ⅰ）――聴き取り調査による検討――」日本職業・災害医学会『日本職業・災害医学会会誌』第57巻第5号、二五一～二五七頁。

MS&ADインターリスク総研（二〇二〇）『中小企業の防災マニュアルとBCP〔新版〕』労働調査会。

亀井克之（二〇一六）「東日本大震災が企業リスクマネジメントに及ぼした影響」関西大学社会安全学部編『東日本大震災復興5年目の検証――復興の実態と防災・減災・縮災の展望――』ミネルヴァ書房、二三一～二四九頁。

亀井克之、オリビエ・トレス、影浦ちひろ（二〇二〇）「Covid-19による外出制限がフランスの中小企業経営者の健康に及ぼした影響――２０２０年4月外出制限令下のフランス中小企業経営者に対する調査より――」商工総合研究所『商工金融』二〇二〇年十二月号、四～二十五頁。

国立感染症研究所（二〇二〇）「注目すべき感染症新型コロナウイルス感染症（COVID-19）」国立感染症研究所『IDWR感染症週報』２０２０年第21号、八～十一頁。

栗岡住子、亀井克之、尾久裕紀、馬ノ段梨乃、オリヴィエ・トレス（二〇二一）「中小企業経営者における職業性ストレス要因の特性――半構造化面接を用いて――」桃山学院教育大学『研究紀要』第3号、四十八～六十七頁。

栗岡住子、馬ノ段梨乃、亀井克之、尾久裕紀、オリヴィエ・トレス（二〇二二）「中小企業経営者の職業性ストレス尺度の開発――インターネットによる予備調査における尺度分析の結果――」桃山学院教育大学『研究紀要』、第4号、二十九～四十五頁。

関智宏、河合隆治、中道一心（二〇二〇）「COVID-19影響下における中小企業の企業家活動プロセス――アントレプレナーシップ研究からの接近による実態把握――」同志社大学商学会『同志社商學』72巻2号、二四九～二七六頁。

田口宏昭（二〇〇八）「自然災害とストレス――ストレス対処における意味及びシステムの弾力性（resilience）を中心に――」熊本

大学『文学部論叢』96巻、三十七～六十五頁。

中國新聞社（二〇二三）「コロナ緊急事態終了　WHO、3年3ヵ月で」二〇二三年五月六日付『中國新聞』1面。

中小企業庁編（二〇二二）『2022年版中小企業白書小規模企業白書㊦』日経印刷。

日本経済新聞社（二〇二三）「倒産ラッシュ到来　借入金が返せない、物価高が重荷」『日経ヴェリタス』二〇二三年三月二十六日号。

日本政策投資銀行九州支店（二〇一七）「企業と地域の災害レジリエンス強化に向けて～熊本地震における防災・事業継続に関する実態調査～」。

帝国データバンク（二〇二二）『企画：2022年1－3月全国企業「休廃業・解散」動向調査』https://www.tdb.co.jp/report/watching/press/pdf/p220409.pdf（二〇二三年四月二十六日閲覧）。

堀越昌和（二〇一九）「熊本地震における企業の災害リスクマネジメント——成果と課題——」熊本学園大学商学会『商学論集』第23巻第1号、九十九～一一三頁。

堀越昌和（二〇二〇）「自然災害時のリーダーの代替リスクに関する探索研究——西日本豪雨の被災地中小企業を対象としたアンケート調査の結果を踏まえて——」日本リスクマネジメント学会『危険と管理』第51号、一九四～二〇九頁。

堀越昌和（二〇二二）「広島県中小企業家同友会福山支部「2021年　新型コロナウィルス感染症の中小企業経営への影響に関するアンケート調査」結果報告」福山平成大学経営学部『紀要』第18号、一二九～一五九頁。

森岡千穂（二〇一四）「災害リスクに対する中小企業の事業存続とBCP——南海トラフ地震津波に対する民間事業者意識調査より——」松山大学総合研究所『松山大学論集』26（1）、一～二十四頁。

柳川哲朗、黒木宣夫（二〇〇七）「症例　中小企業経営者のメンタルヘルス」『精神科』11（1）、七十八～八十二頁。

2．洋文献

Lechat, T., and Torrès, O. (2016) "Exploring the negative affective events of the entrepreneurial activity: Their experience on emotional stress and contribution to burnout risk" In Ashkanasy, N.M., Härtel, C.E.J., and Zerbe, W.J. (Eds.), *Emotions and organizational governance-research on emotion in organizations* (Vol.12, pp.69-99.), Emerald Group Publishing Limited, pp.69-99.
Mintzberg, H. (1979) *The Structuring of Organizations*, Prentice Hall.
Shimazu, A., Sonnentag, S., Kubota, K., and Kawakami, N. (2012) "Validation of the Japanese Version of the Recovery Experience Questionnaire" *Journal of Occupational Health*, 54, pp.196-205.
Torrès, O., Benzari, A., Fisch, C., Mukerjee, J., Swalhi, A., and Thurik, R. (2022) "Risk of burnout in French entrepreneurs during the COVID-19 crisis" *Small Business Economics*, 58, pp.717-739.

第8章

中小企業経営者の健康
―日仏共同調査からの示唆―

亀井克之

中小企業経営者ならではの健康を生み出す要因は何か？
リカバリー（疲労からの回復）を促す要素は何か？
経営者が心身の健康を維持するためにはどうすればよいか？

1　はじめに

アンリ・ファヨールが企業経営の役割の一つとして「保全的職能」（Security Function）を示した[1]。これは、経営学においてリスクマネジメントに言及した初めてのものであった。ファヨールは、それを「従業員と資産の保護」と説明した。

ファヨールの時代も、現代においても、従業員を守ること、つまり人を守ることは組織において最も大切である。近年、コロナ禍もあり、「健康経営」や「Well-being経営」がさらに重視されている。これらは、従業員を守るために、企業がなすべきリスクマネジメントに位置づけられる。ところが、そこには欠落している視点がある。それは経営者自身の健康である。とりわけ、中小企業においては、大企業と比較して、経営者の存在が経営に及ぼす影響度が高いため、経営者の心身の健康は極めて重要となる。

経営学の分野で、中小企業経営者の健康問題に初めて注目したのは、フランスのオリビエ・トレス教授である。本章では、第7章の堀越昌和教授による分析に続き、トレス教授が創設したAMAROKと実施してきた日仏共同調査に基づいて、ファミリー企業が大半を占める中小企業の経営者の健康について、提言をまとめる。(2)

2 中小企業・ファミリー企業経営者の健康に注目する意義

1．中小企業経営者の健康 ——欠落していた視点——

尾久裕紀教授によれば、経営学や産業保健学の領域では、従業員の健康については研究が行われ、心身の障害の予防などについて、さまざまな国の政策に反映されてきた。健康経営やメンタルヘルスの取り組みという時、それは従業員を対象としている。一方、経営者、とりわけ中小企業経営者の健康問題は、政策面からも、学術的研究の対象からも見落とされてきた。中小企業では、経営者個人に経営責任が集中するため、大きな肉体的・精神的負担がふりかかっている。大企業では経営者にもしものことがあっても後任の候補者は見つけられようが、中小企業の場合、経営者は代えのきかない、かけがえのない存在である。また、全企業数に占める中小企業数の割合が95%以上である。これらを考えれば、中小企業経営者の健康問題は避けて通れない社会的課題であろう。(3)

2．オリビエ・トレス教授とＡＭＡＲＯＫの理念 ——中小企業経営者の健康のバランス——

「経営者の心身の健康は、中小企業の最も大きな経営資産である」

この理念を掲げて、フランス、モンペリエ大学のオリビエ・トレス教授（中小企業論）は、中小企業経営者・個人事業主の健康問題に特化した研究組織ＡＭＡＲＯＫを設立した。ＡＭＡＲＯＫは二〇一一年から調査研究を本格的に開始し、さまざまな社会的提言を続けている。

ＡＭＡＲＯＫの初期段階の調査研究から得られた知見は次の二点を軸とする。

（１）アントレプレナー（中小企業経営者・個人事業主）は、上司からのストレスから解放され、自分自身の采配で会社が動くというやりがいがあり、雇用労働者と比較して心身の健康状態が良い。

（２）しかし、アントレプレナー（中小企業経営者・個人事業主）に固有の（ａ）ストレス、（ｂ）不安（倒産の恐怖）、（ｃ）過重労働（一人で何役もこなす）、（ｄ）孤独（小規模ゆえに）によって健康を損なう可能性があるので注意する必要がある。（図表８・１）

ＡＭＡＲＯＫでは、アントノフスキーの健康生成論に基づき、アントレプレナー（中小企業経営者・個人事業主）の健康について「天秤モデル」を提唱している。

このモデルによれば、起業すること、自分の企業を経営することは健康に良い。（図表８・２）しかし中小企業経営者が陥りがちな（ａ）ストレス、（ｂ）不安、（ｃ）過重労働、（ｄ）孤独によって、健康状態を悪化させる可能性もある。健康のバランス（天秤）が健康の方に振れるように努力しなければならない。したがって、中小企業経営者ならではの健康を生み

図表8.1　アントレプレナー（中小企業経営者・個人事業主）特有の健康要因

①	**健康を生み出す要因・サルトジェニック（Salutogenic factor）：** 自分の運命を自分でコントロールできる環境、耐久力、楽観的思考、仕事に対する情熱、やりがい
②	**病気を引き起こす要因・パトジェニック（Pathogenic factor）：** ストレス、不安、過重労働、孤独

出す要因を満喫しつつ、病気を引き起こす状況に陥らないように自身が努力すると同時に、社会的に支援する必要がある。[4]

3　中小企業経営者の健康に関する視点

「健康」「メンタルヘルス」「睡眠」の状況は、ＡＭＡＲＯＫとの日仏共同調査において、毎回必ず質問する基本項目である。「健康」「メンタルヘルス」「睡眠」という基本三項目以外に、調査において注目した点を以下に示してみよう。

1．アントレプレナーならではの健康を生み出す要因（サルトプルヌリアル）

「経営者特有の苦しみ（ストレス・不安・過重労働・孤独）に陥らないようにし、アントレプレナーならではの健康を生み出す境遇を満喫すること」は、ＡＭＡＲＯＫの設立当初からの理念の一つである。この理念の下、ＡＭＡＲＯＫでは、首尾一貫感覚（SOC, Sense of Coherence）を説くアントノフスキーの健康生成論（サルトジェネシス、Salutogenesis）（図表8・3）の考え方に基づいて、「サルトプルヌリアル（salutopreneurial）」という概念を打ち出している。これは、健康を生み出す（サルトジェニック、salutogenic）要因と、アントレプレナーならではの状況（アントレプルヌ

図表8.2　中小企業経営者・個人事業主の健康　天秤モデル

バランスを「健康を生み出す要因」の方に傾ける

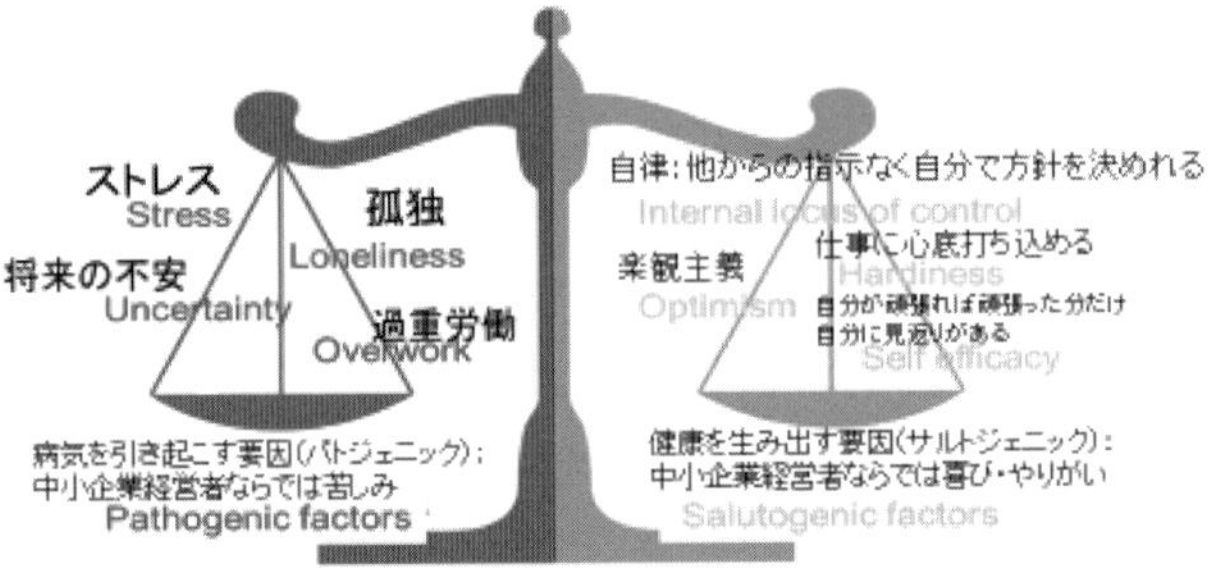

リアル、entrepreneurial）を組み合わせた概念である。アントレプレナー（中小企業経営者・個人事業主）ならではの健康を生み出す状態を意味する。(5)（図表8・4）

図表8・3　健康を生み出す「首尾一貫感覚」（SOC）3項目：
アントノフスキーの健康生成論（Salutogenesis）

首尾一貫感覚（SOC: Sense of Coherence）
- 把握可能感（Comprehensibility）
- 処理可能感（Manageability）
- 有意味感（Meaningfulness）

図表8・4　アントレプレナーならではの健康を生み出す要因（サルトプルヌリアル）に関する質問項目9

コロナ禍以降、以下の項目の傾向について、それぞれあてはまるものをお答えください
（大きく減少した＝1　変わらない＝4　大きく増加した＝7）

1. 楽観性・オプティミズム
2. 自己効力感・自己可能感
3. 自分らしい行動をとる能力
4. レジリエンス（立ち直る力・困難に立ち向かう力）
5. 自分の行動に意味を与えようとする意思
6. 適応能力
7. 自分の行動に責任を持つ能力
8. 問題解決能力
9. 希望を持つ力

AMAROK調査（フランス全土外出制限中の二〇二〇年四月実施）より

オリビエ・トレス教授　モンペリエ・ビジネススクールにて（2016年）

2. バーンアウト（燃え尽き症候群）

ＡＭＡＲＯＫは、二〇一一年以来の調査開始以来、一人で何役もこなす傾向がある中小企業経営者が陥りがちなバーンアウト（燃え尽き症候群）に注目し、毎回、調査している。その際、パインスが開発したバーンアウト測定尺度短縮版（The burnout measure short version, BMS）10項目を使用してきた。ＢＭＳ 10は日仏共同調査においても取り入れられた[6]。（図表８・５）

図表８・５　バーンアウト（燃え尽き症候群）に関する質問項目（ＢＭＳ10）

仕事のことを考えた時に、どれくらいの頻度で次のことがありましたか。（一度もない＝1、ほとんどない＝2、まれに＝3、たまに＝4、よく＝5、とてもよく＝6、いつも＝7）

1. 「疲労感」（仕事のことを考えると）疲れたと感じる
2. 「失望感」一部の人に対して失望感を感じる
3. 「絶望感」絶望することがある
4. 「八方塞がり感」八方塞がりのように感じる
5. 「無力感」自分の無力さを感じる
6. 「落ち込み」落ち込むことがある
7. 「病気の不安」体力の低下や病気の不安を感じる
8. 「無価値感」自分が無価値、《失敗》かのように感じる
9. 「睡眠障害」よく眠れない
10. 「疲労感」《もうたくさんだ》と思うことがある

3. ストレス

アントレプレナー（中小企業経営者・個人事業主）は、一人で何役も担う過重労働や、経営責任が一人に集中するため、職業性のストレスが高いと考えられる。

心理的ストレス反応とは、「ストレス要因に直面した時には解決・克服のために思考力や意欲は高まるが、それが長引いたり強い場合は、個人の能力を超えて、身体症状や精神症状が固定または憎悪する状態」と定義される。ストレスについて、二〇二一年秋に実施した日仏共同調査では、ケスレ（Kessler）らが開発した6つの質問で構成されるK6尺度が用いられた。[7] なお、中小企業経営者のストレスに関する分析については、栗岡住子教授の研究に詳しい。

図表8・6　心理的ストレスに関する質問項目（K6）

過去1ヶ月の間にどれくらいの頻度で次のことがありましたか。
（全くない＝0　少しだけある＝1　時々ある＝2　たいていある＝3　いつもある＝4）

1. 神経過敏に感じましたか
2. 絶望的だと感じましたか
3. そわそわ、落ち着かなく感じましたか
4. 気分が沈みこんで、何が起こっても気が晴れないように感じましたか
5. 何をするのも骨折りだと感じましたか
6. 自分は価値のない人間だと感じましたか

4. リカバリー

リカバリー、どうやって疲労から回復するか。これは、コロナ禍が継続する二〇二一年に実施された日仏共同調査で新たに焦点となった項目である。

以下にリカバリーに関する尺度ＲＫＩ（Recovery Knowledge Inventory）日本語版16問の質問項目を示す。[8]

図表8・7　リカバリー尺度ＲＫＩ　日本語版　16の質問項目

仕事から離れる
1. 仕事を忘れてしまう
2. 仕事のことは一切考えない
3. 仕事から自分を切り離す
4. 仕事での要求から解放され、息抜きができる

リラックス
5. リラックスする
6. リラックスできることをする
7. リラックスする時間を大切にする
8. 趣味に時間を費やしている

自己啓発
9. 新しいことを学ぶ
10. 知的なチャレンジを求める
11. 挑戦することをする
12. 自分の視野を広げるために何かをしている

自分の生活のコントロール
13. 自分で何をすべきかを決められる気がする
14. 自分の時間をどう使うかは自分で決める
15. 私は自分の時間の使い方を選択する
16. 自分のしたいようにする

（出典）Sabine Sonnentag, Charlotte Fritz, The Recovery Experience Questionnaire: development and validation of a measure for assessing recuperation and unwinding from work, *Journal of Occupational Health Psychology*, 2007, Vol.12, No.3, 204-221.
https://pubmed.ncbi.nlm.nih.gov/17638488/

4 日仏共同調査

筆者らの研究グループは以下に示すＡＭＡＲＯＫとの日仏共同調査を実施した。

(1) ＡＭＡＲＯＫ経営者健康あんしんアクション・プロジェクト

大妻女子大学の尾久裕紀を代表として、一般財団法人あんしん財団の全面的支援により、ＡＭＡＲＯＫ、ＡＭＡＲＯＫ Ｊａｐａｎ、大妻女子大学が共同で中小企業経営者に電話インタビューによるアンケート調査を行った。日本とフランスで同じ質問項目の調査票を用いて二〇一七年三月より二〇一八年五月にかけて五回の調査を行った。回答者数（五回の平均）は日本が三三一人、フランスが三三八人。[9]

(2) コロナ禍 二〇二〇年 日仏調査比較

ＡＭＡＲＯＫがフランス全土外出制限期間（二〇二〇年三月十七日〜五月十一日）の二〇二〇年四月に中小企業経営者一九二五人にＷＥＢアンケート調査を実施した。フランスの調査と同じ質問項目を使って二〇二〇年八月に日本で関西大学社会安全学部リスクマネジメント研究室が中小企業経営者三五〇人にＷＥＢアンケート調査を行い、フランスの調査結果との比較を試みた。[10]

(3) コロナ禍 二〇二一年 日仏共同調査

科学研究費補助金・基盤研究（Ｂ）「被災後の中小企業経営者の健康問題と事業継続に関する日仏比較研究」(21H00751) により、二〇二一年十月から十一月にかけて、日本とフランスで同じ質問項目の調査票を用いて、中小企業経営者にＷＥＢアンケートを実施した。回答者数は日本が二八五人（女性二十四人）、フランスが二五二人（女性一一四人）で、平均年齢は日本が54・6歳、フランスが53・7歳であった。経営者となった年数は日本が平均13・3年、フランスが平均16・4年だった[11]。

1.「AMAROK経営者健康あんしんアクション・プロジェクト」結果より

日本もフランスも、中小企業経営者は、一般の平均よりもストレスを多く抱える一方で、健康についての自己評価が高い。フランスの中小企業経営者のストレス度は、日本よりも高い。孤立感もフランスの方が高い。フランスの中小企業経営者は、日本より孤立感やストレスを多く感じながらも、仕事への充足感が高く、精神的に健康である。日本の経営者の方がバーンアウトになりやすい傾向にある。フランス人の女性経営者は、健康・メンタルヘルスの自己評価が低い。

健康・メンタルヘルスに影響を及ぼす項目として、日仏で共通するのは「理解者がいるかどうか」「昼食をきちんと食べているかどうか」「睡眠」であった。結果が異なった項目は、「労働時間」と「仕事の満足感」だった。前者はフランスで、後者は日本で心身の健康状態に影響を及ぼすという結果が示された[12]。

2.「コロナ禍　二〇二〇年　日仏調査比較」結果より

コロナ禍中のフランス二〇二〇年四月調査も日本二〇二〇年八月調査も同様の結果を示した。全般的な心身の健康として、自粛生活による行動制限（強制的な休息）に伴い、身体的健康に関する回答値は好転していた。一方、メンタルヘルスや睡眠状況

図表8.8　中小企業経営者の健康・メンタルヘルスに影響を及ぼす要素

日本とフランスの中小企業経営者で共通する要素	日本の経営者に影響を及ぼす要素	フランスの経営者に影響を及ぼす要素
• 理解者がいるかどうか • 昼食をきちんと食べているかどうか • 睡眠	• 仕事の満足感	• 労働時間

に関する回答値は悪化していた。バーンアウトについては、フランスの経営者同様、日本の経営者においても度数の上昇（状態の悪化）が見られた。日本の場合、K6を用いて調査した心理的ストレスについては、国民生活基礎調査結果と比較すると、全体的に高い結果であった。

このように心身に影響を受け、コロナ倒産の可能性にも曝されて精神的な影響を受けつつも、日仏の中小企業経営者は、アントレプレナーシップを発揮してコロナ後を窺い、レジリエンスを発揮し、経営者特有の健康を生み出す要因（サルトプルヌリアル）を発揮して、経営の舵取りを行っていることも調査結果から読み取れた[13]。

3.「コロナ禍　二〇二一年　日仏共同調査」結果より

労働時間については、日本とフランスの回答者の間でほぼ同じだった。日本の回答者の81％、フランスの回答者の87％が週四十時間以上働いていると回答した。

Covid-19の影響として、倒産する可能性について、日本もフランスも8％の回答者が感じていた。孤立感を感じている回答者はフランスの方が多く、フランスは回答者の47％であるのに対して、日本は17％であった。Covid-19のメンタルヘルス面での悪影響について、日本の回答者35％、フランスの回答者58％が感じていた。

一方で、日本人の回答者のうち、体調が良いと答えた人の割合（62％）は、フランス人の割合（70％）を大きく下回っている。同様に、日本の回答者のうち、メンタルヘルスの状態が良好と答えた人の割合（65％）は、フランスの回答者（69％）よりも低くなっている。特に、日本人女性経営者の中でメンタルヘルスの状況が良いとする回答者は54％で、身体的に健康であると回答した者は38％だった。睡眠の質が良いと答えた女性回答者の割合も、日本が29％（男性59％）、フランスが40％（男性64％）だった。日本でもフランスでも男性回答者よりも値が低いことがわかった。日仏両国共に、女性経営者への支援の必要性が感じとれる。

幸福感について、日本の回答者で幸福だと感じる人の割合は61・2%で、フランスの55・6%を大きく上回っている。日本では、フランスと同様に、女性の方が男性よりも幸福度が低くなっている。バーンアウト（燃え尽き症候群）については、日本の平均は七段階で値2・69で、フランスの3・18を下回った。

リカバリーの状況は、日本の回答者は5段階で値3・52、フランスの回答者は5段階で値3・15で、リカバリーの質が高い傾向が示された。比較すると日本回答者の方がリカバリーの度合いが高くなっている。この結果について、AMAROKでは、リカバリー尺度16問中の最後の4問に示された「自分の生活を自分でコントロールしている感覚」が日本の回答者においては、全体的なリカバリーの質向上に寄与しているからだと分析している。

以上の結果は、フランスにおいては、はるかに厳格な外出制限が全土で実施され、中小企業経営者が経営活動を大きく制限されたことが影響していると推測される[14]。

5　中小企業経営者の健康についての提言

日仏共同調査による提言を以下に示す。

1．健康を犠牲にしないタイムマネジメント

経営者は従業員と比較すると、自分の裁量で自由に時間を使える。一方で、管理者がいないため、ついつい頑張りすぎて食事や睡眠の時間を犠牲にしがちである。そのようにして健康を損なってしまえば本末転倒となる。経営者はやりがいがあるだけに仕事に打ち込んで健康問題に無自覚になりがちである。健康を犠牲にしないタイムマネ

ジメントに留意する[15]必要がある。

2．睡眠を見直す

尾久裕紀教授によれば、経営者は仕事のことが頭をめぐってなかなか寝付けないことがある。翌日にすることをメモに書き留めて、仕事のことを考えないようにする。このオンオフの切り替えは睡眠にとても重要になる。仕事のことをずっと考えていると、交感神経が常に興奮している状態となり、眠れなくなる。仕事のことを考えるのをやめるために、「ストップ」と口に出して言い、眠ることに集中する。ちょっとした工夫でこのように睡眠薬を使わなくても改善することがある。フロランス・ギリアニ教授によれば、睡眠不足の時は、昼間の仕事中に、椅子に座りながら、十五分程度のマイクロ・スリープをとる。健康の維持とパフォーマンスの向上につながる[16]。

3．事業承継の期日を決める

事業承継は、必ず経験しなければならない事項で、先代経営者にとっても、後継経営者にとっても大きなストレスのかかる事柄である。事業承継を考える際、まず経営のバトンタッチをいつするのかという期日を決めることが大切である。その期日から逆算して、準備すべきことを一つ一つ着実にこなしていく。その過程で先代経営者と後継経営者が互いを信頼し、意思疎通を図り、同時に、第三者から客観的に助言をもらえるような環境を作る。

「何年何月に譲る／受け継ぐ」「何歳の時に譲る／受け継ぐ」「何周年の時に譲る／受け継ぐ」と覚悟して期日をはっきりと示すことが、当事者双方の精神衛生にとって最もよい[17]。

4. 健康づくりの8つのルール

「優秀なリーダーたる者は弱音を吐いてはいけない」と考えて、経営者は自らを追い込み、バーンアウト（燃え尽き症候群）のリスクを高めてしまう。経営者が心と体の健康づくりをするための8つのルールをオリビエ・トレス教授は提唱している。[18]

図表8・9　健康づくりの8つのルール

（1）状況の改善に積極的に取り組む
（2）ポジティブでいる
（3）自身の有用性を認識する
（4）自分で意思決定する
（5）しっかりと打ち込む
（6）他人の援助を受けられるようにする
（7）自分も他人も愛する
（8）大志をいだく

（『あんしんLife』二〇一九年三月号、あんしん財団、三頁）

6　おわりに　――AMAROK　東京／大阪2018宣言――

中小企業経営者、中小企業が大多数を占めるファミリー企業の経営者の健康に関する考察と提言のまとめとして、

「AMAROK　東京／大阪2018宣言」を掲げて、[19]本章の締めくくりとする。

経営者の健康管理こそ、企業経営の重要なリスクマネジメント

〈中小企業経営者／個人事業主に向けて〉
✓自分の健康は、会社の健康そのものであることを自覚しよう
✓中小企業の最大の資産は、経営者を含む働く人すべての健康であり、健康を守る行動に目を向けよう
✓健康経営はまず経営者から

健康を守る行動

歩こう。／適度な運動をしよう。／バランスよく食べよう。／しっかり寝よう。／任せられることは任せよう。／健康診断を受診しよう。／健全なストレス解消策・気分転換の方法を持とう。／笑顔を。

〈社会に向けて〉
✓社会の基盤を支える中小企業経営者の健康にも目を向けよう
✓中小企業経営者のイキイキは、社会のイキイキへつながる

（「中小企業経営者の健康マネジメント　～日仏共同研究より～　シンポジウム」二〇一八年十一月十五日・東京／十六日・大阪、主催　日本経済新聞社、共催　一般財団法人　あんしん財団より）

【注】

（1）亀井克之「ファヨールの保全的職能論の現代的意義」『危険と管理』第48号、日本リスクマネジメント学会、二〇一七年、十一～二十頁。
（2）「AMAROK経営者健康あんしんアクション・プロジェクト」あんしん財団WEBサイト https://www.anshin-kokoro.

com/amarok/
　トレス教授によれば、ＡＭＡＲＯＫとは、イヌイットの言葉で猛獣を意味する。社会経済の基盤を支えているのは無数の小さな中小企業であるが、猛獣は小さな動物を食べることで命をつないでいて、食物連鎖体系の基盤になっているように、小さき存在を大切にしなければならないという意味が込められている。(『あんしんLife』二〇一九年十月号、あんしん財団、十六頁)。

(３)尾久、亀井、トレス、児島(二〇二〇)。特に尾久裕紀教授の考察に基づく。
(４)Torrès (2017);Antonovsky (1996).
(５)*ibid.*
(６)Malac-Pines (2005).
(７)Furukawa et al. (2008);栗岡他(二〇二〇)。ストレスについては栗岡住子教授の研究に基づく。
(８)亀井(二〇二三)。
(９)亀井(二〇一七)。
(10)亀井、トレス、影浦(二〇二〇);亀井他(二〇二一)。
(11)亀井(二〇二三);堀越他(二〇二三)。本調査において堀越昌和教授が日本側の中心的な役割を担っている。
(12)亀井(二〇一七)。
(13)亀井、トレス、影浦(二〇二〇);亀井他(二〇二一)、堀越(二〇二〇)。
(14)亀井(二〇二三);堀越他(二〇二三)。リカバリーについては特に栗岡住子教授の分析による。
(15)「ＡＭＡＲＯＫ日仏調査結果から探る　日本の中小企業経営者の心と体、働き方　Vol.16」『あんしんLife』二〇一九年十二月号、十八〜十九頁。
(16)前掲書。
(17)亀井、尾久、金子(二〇二〇)。
(18)「あんしん財団レポートＡＭＡＲＯＫ特別編　日本の中小企業経営者にもお伝えしたい　心と体を傷つける　燃え尽き症候群の予防策　フランス本部代表オリビエ・トレス氏からのメッセージ」『あんしんLife』二〇一九年三月号、二〜三頁。
(19)「ＡＭＡＲＯＫ日仏調査結果から探る　日本の中小企業経営者の心と体、働き方　Vol.8」『あんしんLife』二〇一九年四月号、十四頁。

【参考文献】

尾久裕紀、亀井克之、オリビエ・トレス、児島茂雄（二〇二〇）『中小企業経営者・個人事業主の健康に関する調査』一般財団法人あんしん財団・大妻女子大学共同研究、平成二十八年十二月ー令和元年十一月研究報告書、二一八頁。

尾久裕紀（二〇二一）「感染症が人の心理に与える影響とマネジメント」『危険と管理』第52号、日本リスクマネジメント学会、二〇二一年四月、二十～四十一頁。

亀井克之編著（二〇一六）『新たなリスクと中小企業』関西大学出版部、二〇一六年三月、一一二頁。

亀井克之（二〇一七）「中小企業経営者の健康とリスクマネジメント――日仏共同第1回調査の結果から見えるもの――」『商工金融』二〇一七年十月号（第67巻第10号）、四十一～五十六頁。

亀井克之、尾久裕紀、金子信也（二〇二〇）「中小企業の事業承継と経営者の健康　日仏共同調査より」『危険と管理』第51号、日本リスクマネジメント学会、二〇二〇年四月、二一〇～二二二頁。

亀井克之、オリビエ・トレス、影浦ちひろ（二〇二〇）「Covid-19による外出制限がフランスの中小企業経営者の健康に及ぼした影響――2020年4月外出制限令下のフランス中小企業経営者に対する調査より――」『商工金融』二〇二〇年十二月号、四～二十五頁。

亀井克之、金子信也、栗岡住子、オリビエ・トレス、影浦ちひろ、尾久裕紀、堀越昌和（二〇二一）「コロナ禍における中小企業経営者の健康――第二波時2020年8月調査と日仏比較――」『商工金融』第71巻、第9号、商工総合研究所、二〇二一年九月、四十二～六十五頁。

亀井克之（二〇二三）「2021年秋　中小企業経営者の健康に関する日仏共同調査結果より」『セミナー年報2022』関西大学経済・政治研究所、二〇二三年三月

栗岡住子、亀井克之、尾久裕紀、オリヴィエ・トレス（二〇二〇）「中小企業経営者における職業性ストレスの実態解明（第1報）」『桃山学院教育大学研究紀要』第2号　二〇二〇年、十五～二十五頁。

堀越昌和（二〇二〇）「新興感染症と中小企業経営」『商工金融』二〇二〇年九月号、四十五～五十八頁。

堀越昌和、尾久裕紀、金子信也、亀井克之、栗岡住子、オリビエ・トレス（二〇二三）「コロナ禍における中小企業経営者の健康問題と事業継続リスク」『日本政策金融公庫論集』60号、二〇二三年八月、七十一～八十七頁。

Antonovsky, A. (1996), The sense of coherence: An historical and future perspective, *Israel Journal of Medical Science*, vol.32, no.3-4, pp.170-178.

Furukawa TA, Kawakami N, Saitoh M, Ono Y, Nakane Y, Nakamura Y, Tachimori H, Iwata N, Uda H, Nakane H, Watanabe M, Naganuma Y, Hata Y, Kobayashi M, Miyake Y, Takeshima T, Kikkawa T (2008), The performance of the Japanese version of the K6 and K10 in the World Mental Health Survey Japan, *International Journal of Methods in Psychiatric Research*; 58(3), 231–40.

Leung, Y.K., I. Franken, R. Thurik, M. Driessen, K. Kamei, O. Torrès, I. Verheul (2021). Narcissism and entrepreneurship: Evidence from six datasets, *Journal of Business Venturing Insights*, Volume 15, June 2021. https://doi.org/10.1016/j.jbvi.2020.e00216

Malac-Pines, A. (2005). The burnout measure short version (BMS). *International Journal of Stress Management*, 12, 78–88.

Torrès, O. (sous la direction de) (2017), *La santé du dirigeant. De la souffrance patronale à l'entrepreneuriat salutaire*, 2e édition, deboeck.

Torrès, O., Ch. Fisch, J. Mukerjee, F. Lasch and R. Thurik (2021), Health perception of French SME owners during the covid-19 pandemic, *International Review of Entrepreneurship*, 19(2), 151–168.

Torrès, O., Ch. Fisch, A. Swalhi, J. Mukerjee, A. Benzari and R. Thurik (2021), Risk of burnout in French entrepreneurs and the covid-19 crisis, *Small Business Economics*, forthcoming. https://doi.org/10.1007/s11187-021-00516-2

Wismans, A., K. Kamei, A.R. Thurik and O. Torrès (2020), The link between ADHD symptoms and entrepreneurial orientation in Japanese business owners, *Management Review Quarterly*, 2020. http://link.springer.com/article/10.1007/s11301-020-00202-9

エラスムス大学
ロッテルダム校 名誉教授
ロイ・チュリック氏

企業経営者、特に起業家の心身の健
国の経済にも影響する。彼らが健康
福であれば、その姿を見た若者は起
志す。こうして経済は活性化する。

ントリオール高等商業学院 博士研究員
経営者と睡眠のスペシャリスト
フロランス・ギリアニ氏

時間が少ない人は、昼間にいすに座
がら15分程度のマイクロスリープ
健康の維持だけでなくビジネス・パ
ーマンスのアップにつながる。

日本の中小企業経営者として
パネルディスカッションに参加

東京

増田徳兵衛商店
代表取締役社長 十四代目
増田 徳兵衛氏

的に、経営者仲間や従業員、親族と酒
み語り合う機会は多い。このシンポ
ムで、孤独にならないことの心身へ
康効果について伺い、深く納得した。

大阪

アール・エム・アイ
代表取締役・研究所長
田邉 朋子氏

休暇を取っていないことに気が付か
ひたすら働いていた時期があった。
者は健康問題に無自覚になりがち。
ックできる機会を持つべき。

講演② オーナー経営者・個人事業主のメンタルマネジメント～日仏比較から

ストレスに持ちこたえる「レジリエンス」とは　尾久 裕紀氏

これまでの研究では、経営者には「リスクを選好する」「ありきたりを嫌う」「変化への準備ができている」といった傾向があるとされています。これらは「レジリエンス」と呼ばれる、「逆境でも持ちこたえ、さらに成長する力」に近いものではないかと語る尾久氏。今回の日仏共同研究では、フランスの中小企業経営者のほうが、日本よりストレスを感じながらも、仕事への充足感が高く、精神的に健康であることがわかりました。尾久氏はこの背景に、「レジリエンス」がかかわっているのではないかと分析します。

先を見据え、さまざまな物事に意味を見出し、チャレンジしていく精神は、健康的に企業経営をしていくうえでも重要なことだと考えられそうです。

講演③ アントレプレナーシップと健康

起業家精神と経済　ロイ・チュリック氏

出生率の低下などで、労働人口の減少が懸念される先進国。その問題に対し、日本のロボット技術だけでは、決して十分だとはいえません。少ない労働人口で経済の水準を維持するためには、仕事と労働者の性格や特質とを適合させ、生産性を高める必要があるとチュリック氏は語りました。

その適合性を考えるうえで、AMAROKが行ってきた中小企業経営者のメンタルヘルスの研究は、重要な指標になり得るとしています。そして、自らの新しい研究手法と、その結果について、今回初めて発表を行いました。

先進国がこれまでよりも生産性を高めるために、今後も研究を続けていくとしています。

パネルディスカッション　モデレーター：亀井 克之氏　パネリスト：フロランス・ギリアニ氏、講演講師3氏、日本の中小企業経営者

睡眠は重要な資源

亀井克之氏の進行のもと、フロランス・ギリアニ氏による睡眠についてのプレゼンテーションで始まった、パネルディスカッション。東京では増田徳兵衛氏、大阪では田邉朋子氏が参加しました。

睡眠に関する実体験を踏まえたエピソードが語られる中、尾久氏から「頭の中に考えごとが巡って寝付けない時は、『ストップ』と口に出していうとよい」、トレス氏から「いま、この時に集中する『マインドフルネス』もリラクゼーション効果があるので睡眠に有効」など、すぐに実践できるテクニックが紹介されました。

日本の中小企業経営者の心と体、働き方

vol.7

AMAROKシンポジウムレポート後編

「中小企業経営者の健康マネジメント ～日仏共同研究より～ シンポジウム」からわかること

前号に引き続き、2018年11月15日(木)東京会場・16日(金)大阪会場で開催された日本経済新聞社 主催シンポジウムの内容をご紹介します。国内外の研究者が語った内容をヒントに、企業経営を振り返り、今後に役立てていきましょう。

講演① 中小企業経営者の健康マネジメント～日仏比較から

経営者の健康を保つための８つのルール　オリビエ・トレス氏

「『経営者たるもの、弱音を吐いてはいけない』と考える人が多い。しかし、中小企業の経営者こそ、健康リスクへの備えが重要だ」と指摘するトレス氏。そのうえで、10年にわたる調査で見えてきた、経営者が健康でいるための8つのルールを紹介しました。

①状況に耐えるのではなく、積極的に状況改善に取り組む。 ②ポジティブでいる。 ③自分が社会の役に立っていると認識する。 ④自分で意思決定をする。 ⑤何かに取り組む時は、しっかりと打ち込む。 ⑥頼れる人のネットワークを積極的につくる。 ⑦自分も他人も愛する。 ⑧大志を抱く。

これら以外にも、日頃から、自分を健康に導く行動や出来事について考える機会を持つべきだと語りました。

登壇者からのメッセージ

関西大学 社会安全学部 教授
AMAROK JAPAN 事務局長
亀井 克之氏

日仏ともに中小企業経営者は、一般
よりストレスを多く抱える一方で健
自己評価が高いことがわかってきた
研究成果を意識と状況の改善に役立

モンペリエ大学 経営学部 教授
AMAROK代表
オリビエ・トレス氏

食事や睡眠のほかに、将来に向け大
を描くことが、心だけでなく体の健
につながる。経営者のほうが夢を描
しやすい。その重要性をもっと広める

大妻女子大学 人間関係学部 教授
AMAROK JAPAN代表
尾久 裕紀氏

うつ状態の経営者の方が、睡眠時間
間から7時間に増やすことで回復した
ある。このように、すぐに実践でき
策を明示していく必要性を感じてい

第9章 コロナ禍における韓国企業のＢＣＭ
――ＢＣＭとリスクマネジメント――

徐　聖錫

■
ＢＣＭ（事業継続マネジメント）導入の意義は何か？
リスクマネジメントの観点からＢＣＭはどのように捉えられるか？
韓国企業はどのようにＢＣＭを展開しているか？

1　ＢＣＭの導入背景と目的

1．ＢＣＭの導入背景

二〇〇〇年八月十二日のロシア核潜水艦クルスク号の沈没、二〇〇一年のアメリカの九・一一テロ、二〇一一年タイの洪水によるホンダ自動車の運営危機など各種のテロや火災、自然災害等による企業危険の増加によって、各種の災害、障害、災難などによる危機から組織を安全に管理、保持、回復させる必要性が高まると同時に、社会安全分野での管理能力の標準化が要求されるようになる。

このような雰囲気の下で国際標準化機構（ISO）は事業中断を招きうる事故発生の時に組織が効果的に対応し、製品とサービスの供給ができるような必要事項を規定したISO22301国際標準を制定するに至った。その結果、二〇一二年五月十五日にISO22301国際標準書（ビジネス連続性経営システム要求事項）が発刊され、BCMS（Business Continuity Management Systems）が強調されるようになり、また、二〇一九年には安全に加えて回復力（Security and resilience――Business continuity management systems）をも重要な考慮対象に拡大されるようになった。

特にISO22301はすべての組織に対する画一性を強要することではなく、各組織の状況や需要に合わせ、また利害関係者の要求を充足させるような設計を目指しており、各組織に必要な有効な実行のための標準的な方向性を示している。またISO22301国際標準は、商業、公共、営利、非営利的に運営される大企業、中小企業を含め、すべての産業や大きさの組織に包括的に適用することができる。

その内容は、（1）適用範囲（Scope）、（2）参考規範（Normative references）、（3）用語および定義（Terms and Definitions）、（4）組織の状況（Context of the organization）、（5）リーダーシップ（Leadership）、（6）計画樹立（Planning）、（7）支援（Support）、（8）運営（Operation）、（9）成果評価（Performances evaluation）、（10）改善（Improvement）で構成されており、経営全般の内容を管理要素として取り扱っている。[1]

2．BCMの導入目的

(1) リスクマネジメント的観点

BCMSでは、災難（Disaster）によって生じうる各種の災害（Casualty）に対し、それらをシステム的に管理することを目指している。例えばそれらは建物の崩壊、電算網のハッキング、テロ、放火などによる社会的災害、伝染病、洪水、台風、強風などによる自然災害、電算システム異常、データ操作ミス、ネットワーク異常などによる技術的障害などである。[2]

それらはリスクマネジメントの分野では、リスクの不確実性に影響を及ぼす危険要因（hazard）として扱っている物理的（physical）、道徳的（moral）、風紀的（morale）ハザードの内容を大部分含んでいる。

リスクマネジメント的観点からみると、BCMSの導入は、各経営主体が経営活動中に生じうる各種のリスクに対して、いかに一次事故発生の可能性を減少させるか、またそれによって発生する二次、三次的な事故あるいは損害をいかに軽減させるかに目的をおいており、経営管理過程で考えられる各種のハザードを事前的に導出するシステムを構築し、究極的には持続可能で安定的な組織を維持していくことを目標として掲げていると考えられる。

(2) 経営連続性、経営システム回復の観点

各経営体には予測できない事故が発生しても安定的な経営連続性の保持が要求されるし、なおその危機を乗り越えて元のシステムに戻るための迅速な回復力と復元力が要求される。

下の図で見られるように事故発生後、経営中断から経営復旧までの時間はBCMSを構築した場合とそうではない場合に大きな差が生じる。もし経営中断時期が許容可能限界を超えた場合、その結果は各経営体に堪えられない大きな悪影響を与える可能性がある。そのためにも各経営体をめぐって考えられる物理的（physical）、道徳的（moral）、風紀的（morale）ハザードを

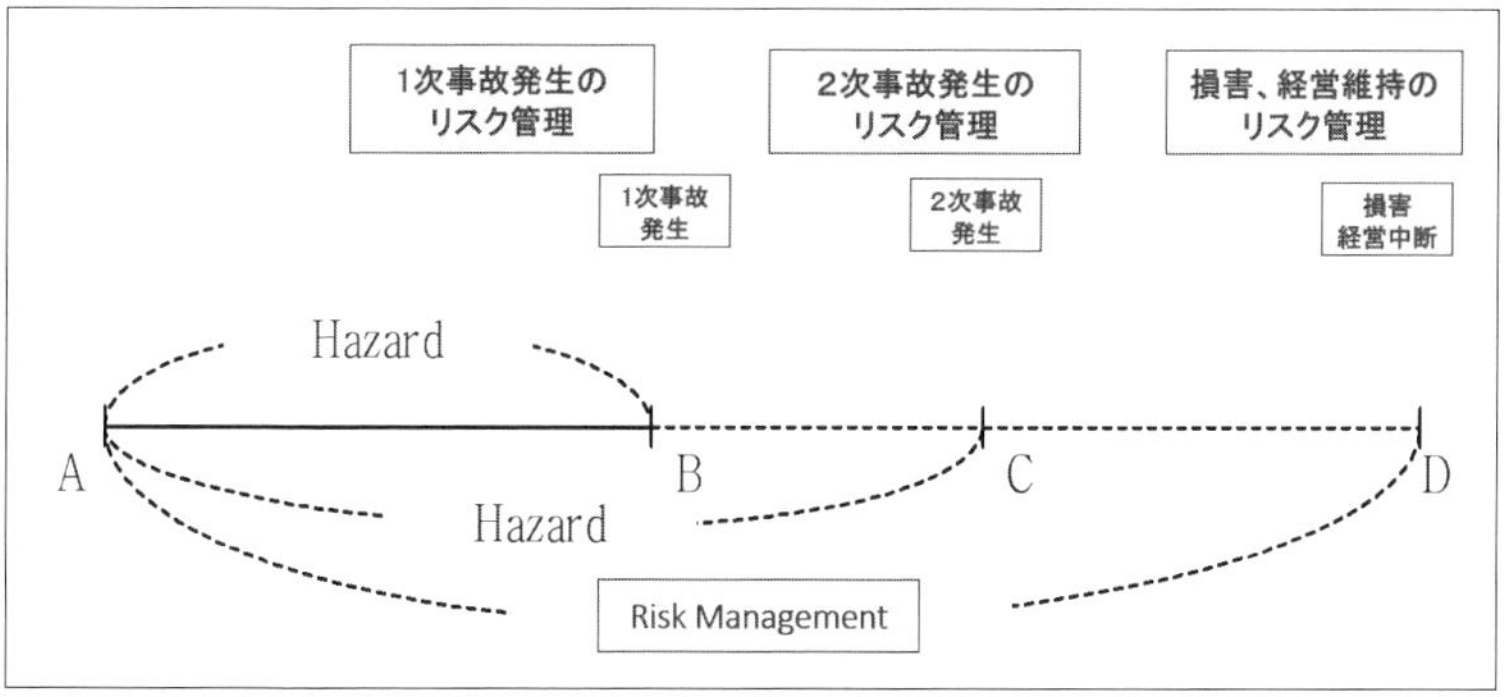

図表9.1

緻密に取り出し、それらを事前に管理する恒常的で細密な管理システムが必要である。

また、各経営体に関係する数多くの利害関係者のためにも危機に強い安定的なシステムを構築することは必須であり、各種のリスクに強い安定的なシステムの運営は、社会に対して経営体が備えるべき基本的な貢献要素である。そのためには組織のみならず、経営者を含めて全構成員の意志、力量、協力が成功的なBCM実行のための重要な要素となる。

(3) BCM導入の効果

BCMの導入効果として、以下のような内容が挙げられる。

(1) ハザードを事前に把握し、一次事故及び追加事故や損失発生の軽減。
(2) 許容可能限界を設定し、構成員がそれを理解し、一次事故による影響の軽減、迅速な事後対応。
(3) 組織内－外部で発生可能な事故、災害に対する対応能力の向上及び復旧費用の節減。
(4) 損失やビジネス中断リスク防止のための迅速な対応で組織の回復力の立証、競争力の保持。
(5) 利害関係者と社会から信頼される持続可能な組織構築とブランド価値の向上。

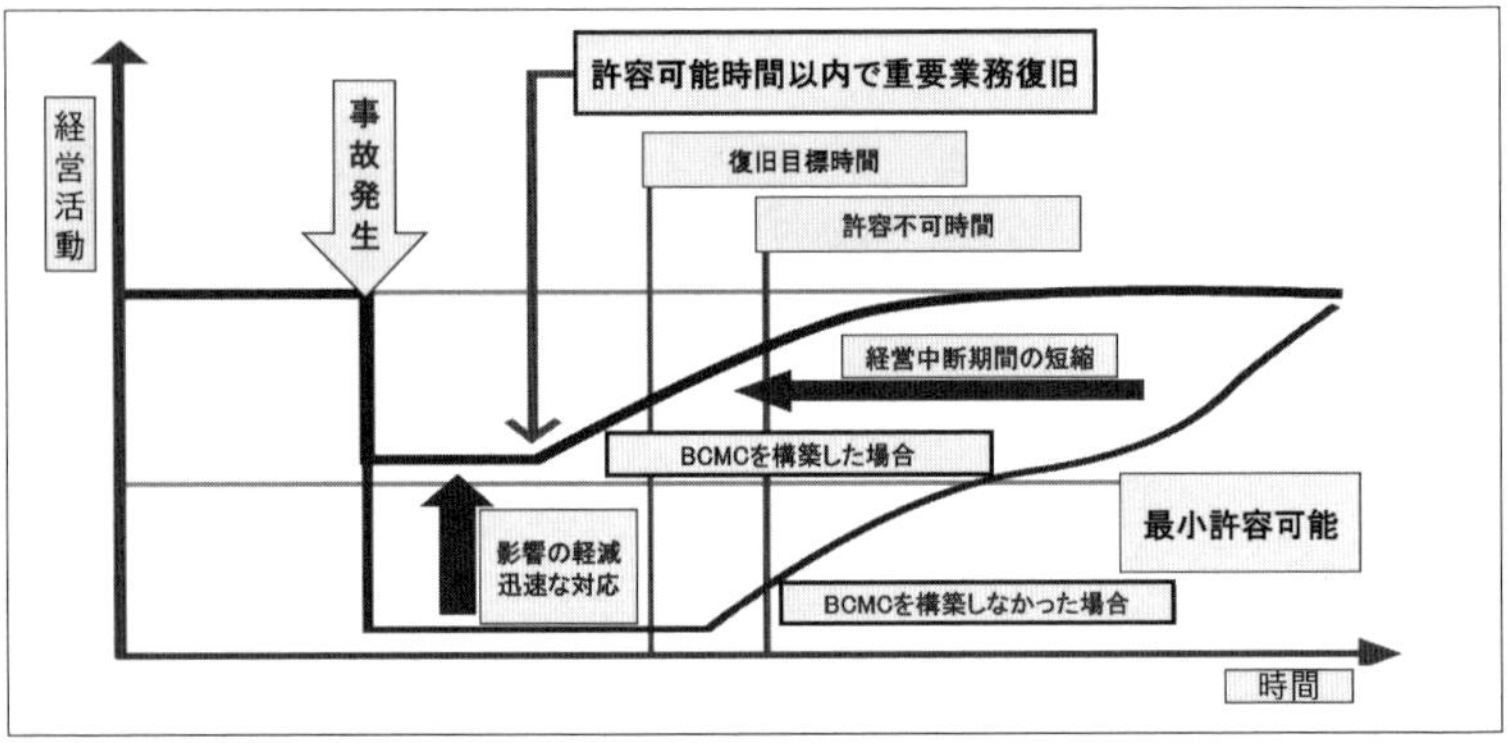

図表9.2

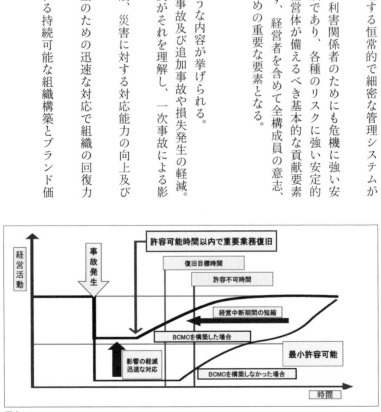

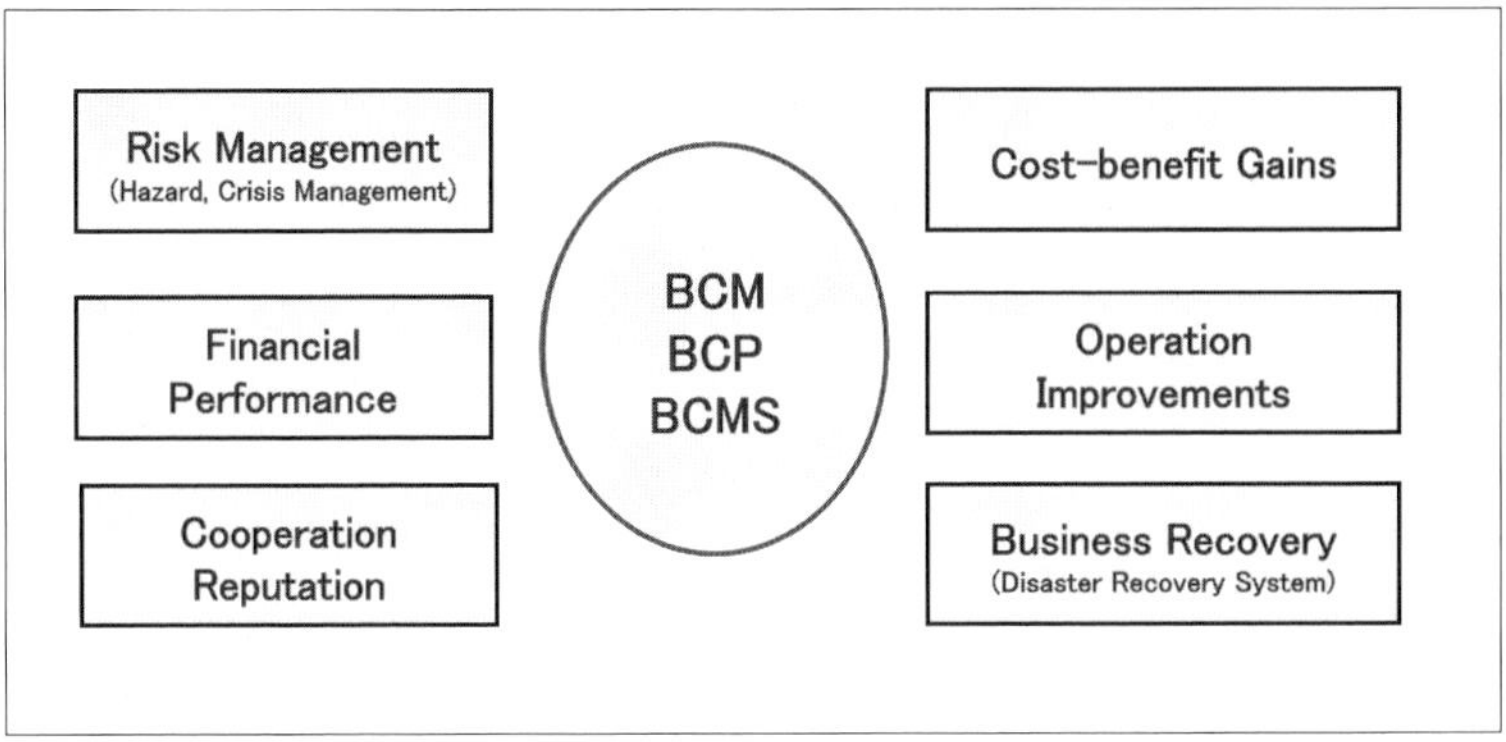
Risk Management
(Hazard, Crisis Management)
Financial
Performance
Cooperation
Reputation
BCM
BCP
BCMS
Cost-benefit Gains
Operation
Improvements
Business Recovery
(Disaster Recovery System)

図表9.3

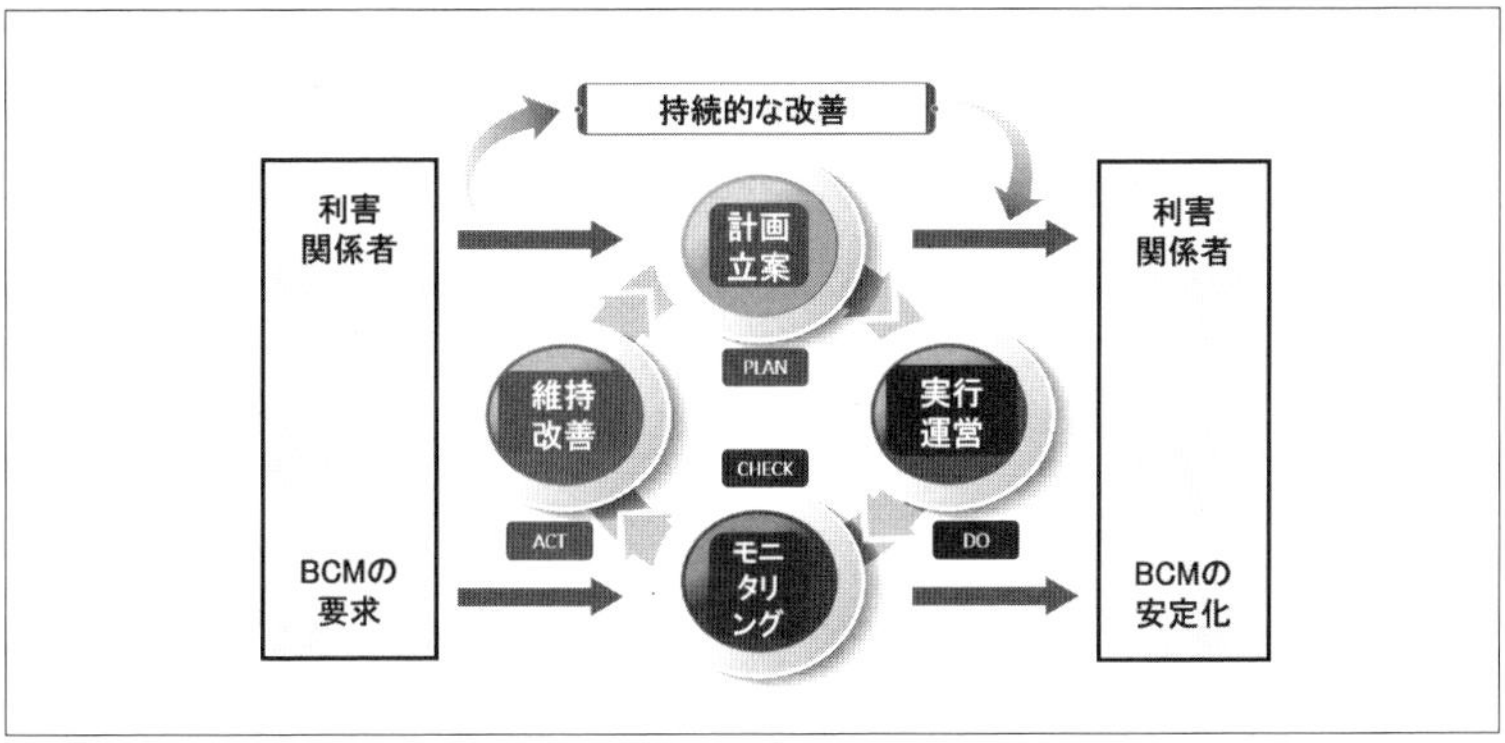
持続的な改善
利害
関係者
BCMの
要求
計画
立案
PLAN
維持
改善
CHECK
実行
運営
ACT
DO
モニ
タリ
ング
利害
関係者
BCMの
安定化

図表9.4

2　韓国企業のＢＣＭ導入事例

1．韓国のSAMSUNG SDIの事例

韓国では二〇〇七年七月十九日付で「災害軽減のための企業の自立活動支援のための法律」が制定され、国家が主導的に災難管理標準を提示し、優秀災難管理企業に対する支援、優遇政策などを与えることによって、企業を中心に災害軽減活動が始まったが、ISO22301国際標準の発動以来、韓国の企業だけではなく、公共機関もBCMとBCMSの実現のために多様なアプローチを通じて活発な変化をみせるようになった[3]。

ここでは特に、韓国のグローバル素材企業であるSAMSUNG SDIの事例をあげ、そのBCMの内容を分析してみた。SAMSUNG SDIの場合、二〇〇一年九月十一日のアメリカ貿易センターのテロ以後、二〇〇二年から持続可能経営のためSustainability Managementを導入し、二〇〇四年には持続可能経営推進事務局を新設、専担組織を構築し、韓国企業の中で最初にDJSI (Dow Jones Sustainability Index) に選定された企業である。

特に二〇〇八年三月、持続可能経営運営委員会で、〝BCMは事業復元力の確保と顧客のための活動であり、これらが会社に機会をもたらす〟という信念の下で、二〇〇八年十一月からBCMを全社的に取り入れ、BCMを通

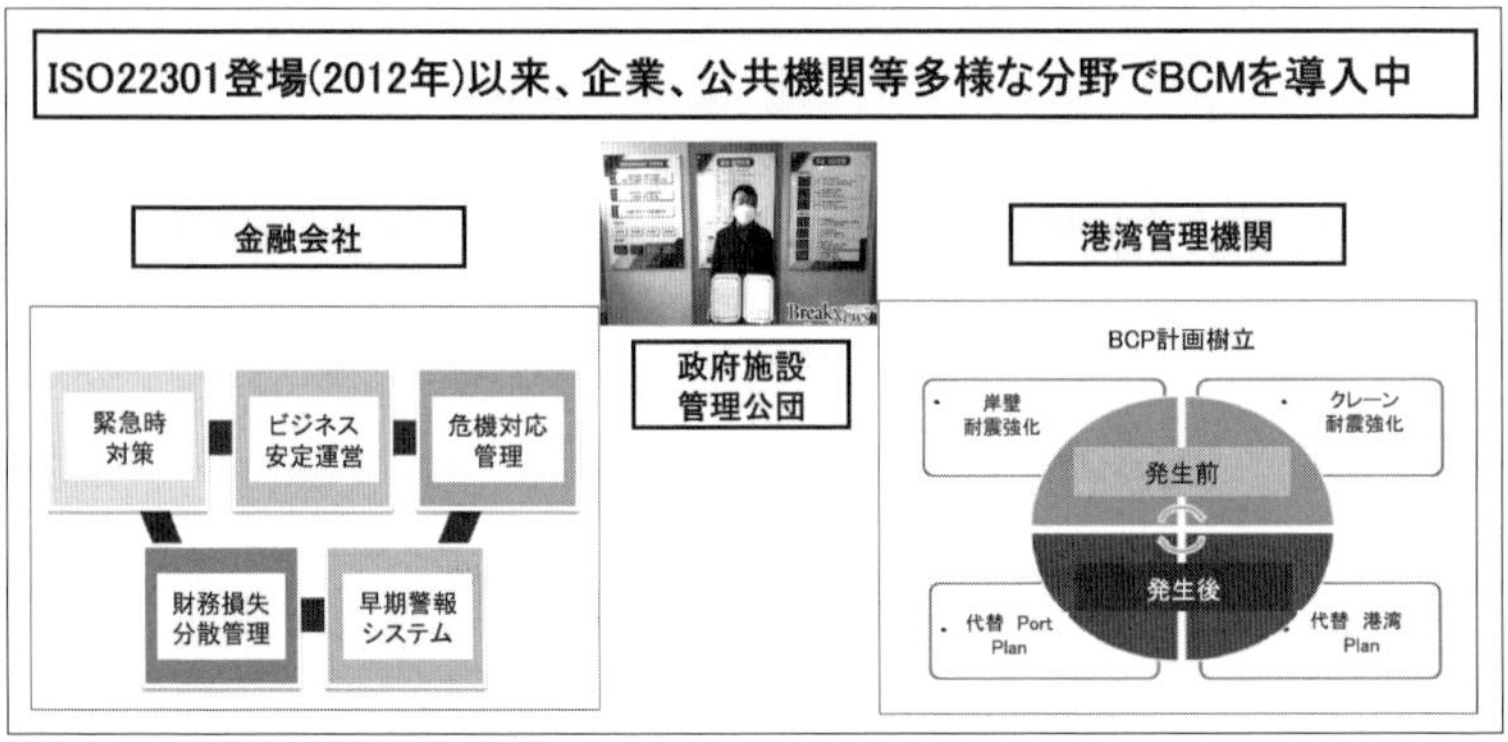

図表9.5

じた危機管理の力量の表出と企業価値の向上を図った。

その結果、二〇〇九年八月に韓国製造企業としては最初にイギリス標準協会(BSI, British Standard Institution)からBS25999(ビジネス連続性管理体系)の認証を受けるようになり、また二〇一一年の三月十一日の東日本大震災の時には、地震発生時から二十四時間以内にグローバル産業供給網(supply chain)の被害把握から対応策の準備までを行うことができた。

SAMSUNG SDIは、(1)火災(建物と施設の損失)、(2)リコール(品質問題による損失)、(3)原、副材料の受給中断(供給網崩壊による損失)の三大リスクに対して、BCM戦略として、(1)危険管理戦略(RM, Risk Management)、(2)事業再開戦略(BR, Business Resumption)、(3)利害関係者コミュニケーション戦略

＊SAMSUNG SDI : 韓国SAMSUNGグループの基礎素材会社

1)主生産品:小型バッテリー、自動車バッテリー、ESS(エナジー貯蔵装置)、半導体、ディスプレイなど

2)経営実績

(単位:億WON)

	1/4分期	2/4分期	3/4分期	4/4分期	QoQ3/4分期増減(%)
売上額	29,632	33,342	34,397	38,161	10.9
営業利益	1,331	2,952	3,734	2,658	-28.8
当期純利益	1,500	2,883	4,204	3,917	-6.8

(単位:億WON)

時価総額
44兆554億Won

	20年実績	21年実績	YoY3/4分期増減(%)
売上額	112,947	135,532	20.0
営業利益	6,713	10,675	59.0
当期純利益	6,309	12,504	98.2

図表9.6

＊3大BC戦略の時期

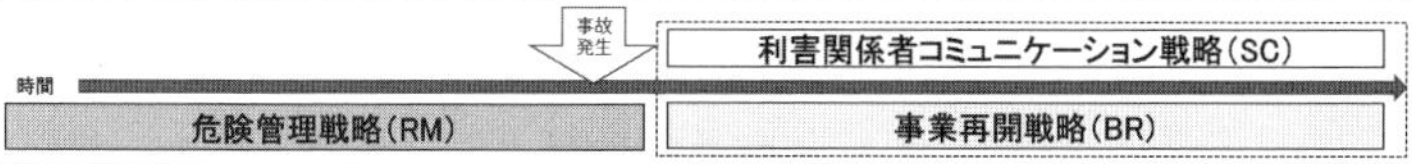

＊効果的な実行のための自己診断

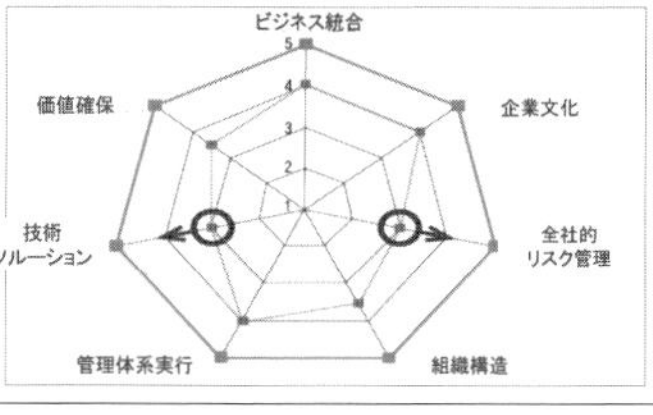

分野	主要水準の評価項目
ビジネス統合 (Business Intergration)	-業務中断の影響把握(全体ビジネス組織と機能) -復旧対象核心業務の選定および復旧目標水準の把握
企業文化 (Corpotate Culture)	-ビジネス持続のためのVisionとMissionの共有 -ビジネス環境変化に対する対応力
全社的リスク管理 (Enterprise RM)	-核心リスクの導出、評価、発生損失の予想と管理 -リスク統制、対応方法の樹立
組織構造 (Governance)	-BCM戦略の樹立と管理体制 -組織間の意思相通と協力
管理体系実行 (Program Excution)	-平常時、非常時の危機対応役割と責任の分担 -実行力確保のための模擬訓練の遂行
技術ソルーション (Technology Solutions)	-ビジネス持続を保つために必要な技術の確保 -主要な IT system、情報、data復旧対策案
価値確保 (Value Assurance)	-危機管理活動の価値と成果評価及びmonitoring管理

図表9.7

（SC, Stakeholder Communication）の三つのBC戦略を立て、効果的なBCMを運用している。[4]

2．SAMSUNG SDIの成功要因

BCMに対するSAMSUNG SDIの成功要因を分野別に把握してみると以下のように整理することができる。

（1）分析の段階が重要

(1) 主要部署から選ばれた一〇〇人以上の職員で構成したタスクフォース（TF）が組織の価値チェーンを完璧に理解し、リスクを把握する。

(2) 業務影響評価（Business Impact Analysis）とリスク評価（Risk Assessment）を行い、当該SDIだけの特有のリスクを見出す。

(3) そのリスクに影響を及ぼすハザードを発掘し、それぞれに適合な処理手段を考え、実行計画をたてる。

（2）危機管理を企業文化として定着、拡大させる

(1) リスクに対する対応自体が経営の一部であると考え、企業のDNAを変える。

(2) 危機PlanやManualだけでは多様な状況のリスクに迅速な対応が難しいため、危機別に最悪のシナリオを想定し、一年に一回以上、全社的に全職員が参加し、多様な危機状況を想定した模擬訓練を繰り返す。

(3) 適確な解決策が出るまで追求し、効果的な実行力を身につける。

(4) BCMを企業Missionと戦略と一致させ、日常的な文化として内在化する。

＊計画 ⇨ 分析 ⇨ 開発 ⇨ 実行 ⇨ モニタリング ⇨ 改善

＊分析の段階が重要

1）主要部署から100人以上の職員で構成したテスクフォース（TF）が組織の価値チェーンを完璧に理解し、リスクを把握する

2）業務影響評価（Business Impact Analysis）とリスク評価（Risk Assessment）を行い、当該SDI特有のリスクを見出す

3）そのリスクに影響を及ぼすハザードを発掘し、それぞれに適合な処理手段を考え、実行または実行計画をたてる

図表9.8

(3) 内部人を中心としたBCMSの構築

(1) CEOの強力な信頼と支持の下で、分野、工程別に優秀な社員でTFを構成する。

(2) 外部のコンサルタントに依存するより、組織や部門の特性を明確に把握している内部の人でTFを構築する。

(3) Value Chainを中心に業務を分析し、事故発生前後のハザードとリスクを発掘、自社内の資源を活用する対応策を模索する。

(4) TFに参加した職員は後にBCMの専門家として育て、全体あるいは部門別BCMの業務を総括させる。

(4) 顧客の要求に迅速に対応

(1) 顧客に対する理解を重要な要素として取り上げる。

(2) BCMは自社だけの問題ではなく、原、副材料の受給から完製品の受給に至るまで外部の多くの企業とも密接に関連しており、その連係性を把握する。

(3) 危機時における関連企業（HP、DELL、SONY、TOYOTA等）の状況や他社の危機対応の予測および連携対応の方策を考究する。

(4) 最悪の状況下でも能動的な対応で、顧客に製品、サービス、品質、安全を中断なく提供し、信頼と差別化の競争力を確保する。

(5) 迅速なコミュニケーション

(1) BCMは経営戦略を土台とする経営陣の意思決定が要求されるため、BCMに対する経営陣の知識は危機時の業務遂行に大きな影響を及ぼす。

(2) BCMに対する常務理事以上の学習と理解を高め、不必要な説得の過程を減らし、業務スピード高める。

(3) BCMS構築の初期段階から経営陣の一部をTFに参加させ、頻繁な進行報告を通じてその内容を熟知させることによって意見の違いや誤解を減少させる。

3 韓国企業のBCMの課題

1. 対象リスクの多様性と特性

(1) リスクの多様性による戦略樹立の難しさ

BCMは各種の災害、障害、災難などによる危機から組織を安全に管理、保持、回復させるのが目標で、災害防止管理だけの問題ではない。特に危機をもたらす原因としては地震、洪水、強風などの一次自然災害、またそれを原因とする火災、沈没、施設の崩壊などの二次災害、そして戦争、テロなどの不可測な人為的リスクやその他の純粋リスクも含まれている。

またその原因が品質問題、リコール、経営中断、システムの崩壊、組織管理、工程管理、意思決定等の動態的リスクや投機的リスクまで拡張された場合、既存のコンティンジェンシープランあるいはマニュアルでは効率的な対処が難しい。

(2) リスクの特性による管理課題

リスクの特性である反復性、変化性、新生性により、リスクは繰り返され、そのリスクも変化し、また新種リスクが登場するなど多様な状況と危機が生じうる。これらのダイナミックな変化について対象リスクのアップグレードはもちろん、BCMベースの管理体制、経営陣の認識、内在化には絶えない変化が必要であろう。

特にBCMは、計画、分析、開発、実行、モニタリング、改善のプロセスを有し、リスクの発見、ハザードの導出、戦略の樹立、プランとマニュアル作成が必須的であり、その中でも成功の鍵は、訓練である。その場合、その組織がそのような多様なリスクの特性と種類に対する訓練に内部的に耐えられるか否かも問題であり、変化するリスクによってBCMの業務や訓練シナリオも絶えず変化させなければならない。例えば、SAMSUNGの場合、現在も七十種以上のリスクに対して訓練を行っている。

2．予測不可能な巨大リスクの出現と対処

（1）Black Swan（全世界的な経済危機）

New York大学のタレーブ（Taleb, N.N.）氏が指摘したように〝過去に経験してない、もし発生したらマーケットに予想のできない衝撃を与える事件〟が発生した場合、そのような状況にどう対処するかが問題となる。例えばBlack Swanの場合、①一般的な期待範囲以上の結果をもたらし、②マーケットに極度の衝撃を与える、③存在が現実になってこそ説明と予見が可能であるからである。

（2）COVID-19（コロナ感染症の世界的な流行によるPandemic）

二〇一九年十一月十七日にCOVID-19による最初の感染者が報告され、二〇二二年六月十一日まで、全世界での感染者数は五三九、九五八、八四七人、治療中の患者が二一、〇三三、五一三人、死亡者数は六、三三〇、二八七人、回復者数が五一二、五九五、〇四七人で、韓国の場合、累積感染者数が一八、二二五、四六〇人（人口対比三五・三％）、その内、死亡者数は二四、三七一人に達した。

以上のような巨大リスクが発生した場合、既存のBCMでは事前予測と予防対処を行うことが難しいし、全社的な特別危機管理システムを発動させる必要がある。特に2次的なリスクの発生を防ぐため、事後的予測と危機管理を実行しなければならない。巨大リスクはその国の産業構造を変化させるほどの大きな結果をもたらす可能性があるため、それに対応する迅速な戦略的判断が要求されるし、政府との連携対応が必要である。例えばCOVID-19の危機に際して、韓国では産業通商資源部が迅速に各企業に特別BCP計画マニュアルを制作、配布し、効果的な対応を行ったこともある。

3．社会環境の変化によるリスク

（1）Carbon NET-0（炭素中立）

韓国政府は二〇五〇年（1段階　二〇三〇年、最終　二〇五〇年）までCarbon NET-0政策の実施を公表し、そのような脱炭素政策に合わせるための企業や各経営主体の対応負担が加重された。それは鉄鋼、セメント、アルミニウム、肥料、電力産業のみならず全ての機関を対象とする政策であって、各企業や団体は炭素排出を減縮するか、炭素を抱集（CCUS）するかに対する計画案の提示を要求され、現在も代替案を探すために努力している。

（1）ESG経営の強化

環境（Environment）、社会（Social）、ガバナンス（Governance）を主たるテーマ

図表9.9

とするESG経営の強化は、①生産やサービスにおける環境汚染の防止、②労働環境や多様性に対する配慮を行う社会、③社内、社外における情報の開示、経営の透明性を確保する企業統治を目指す世界的な流れである。各企業や団体は、そのような社会環境や政策変化によるリスクに積極的に取り組んでいかなければならない。

4　まとめ

以上で整理してみたように韓国企業のBCM課題としては、（1）リスクの多様性とリスクの特性による管理範囲の拡張、（2）世界的な巨大リスクに対する対処、（3）社会環境の変化に伴う新種リスクに対する対応などが挙げられる。とりわけ最近みられるCOVID-19、Black Swan、Carbon Net-0、ESG経営の強化政策などは韓国の企業や社会のBCMの変化に大きな影響を及ぼす新たなハザードであるとも言える。

そのためには、今後、対象リスクのアップグレードはもちろん、BCMの業務や訓練シナリオも絶えず変化させせなければならないし、また全社的な特別危機管理システムを発動し、迅速な戦略的判断と政

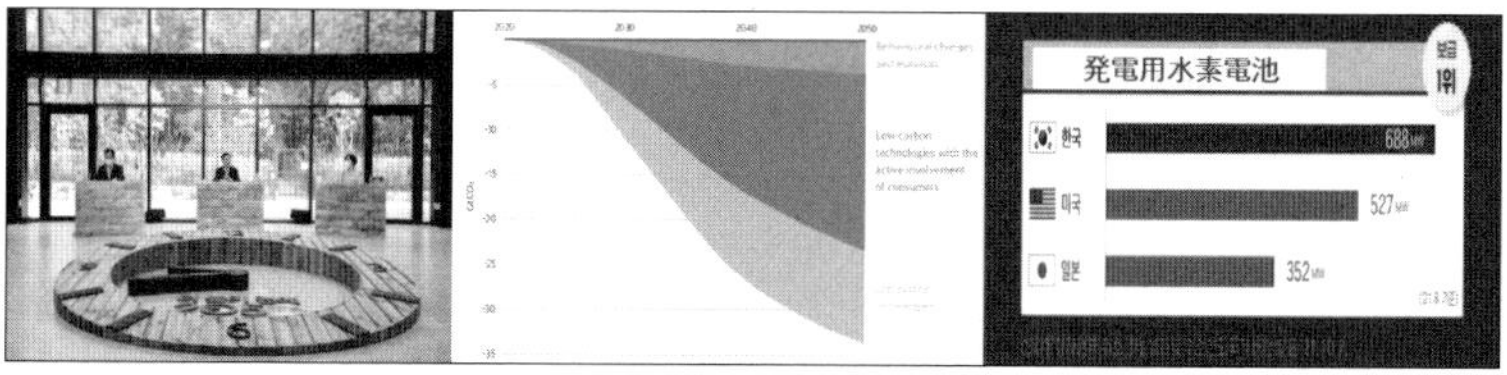

図表9.10

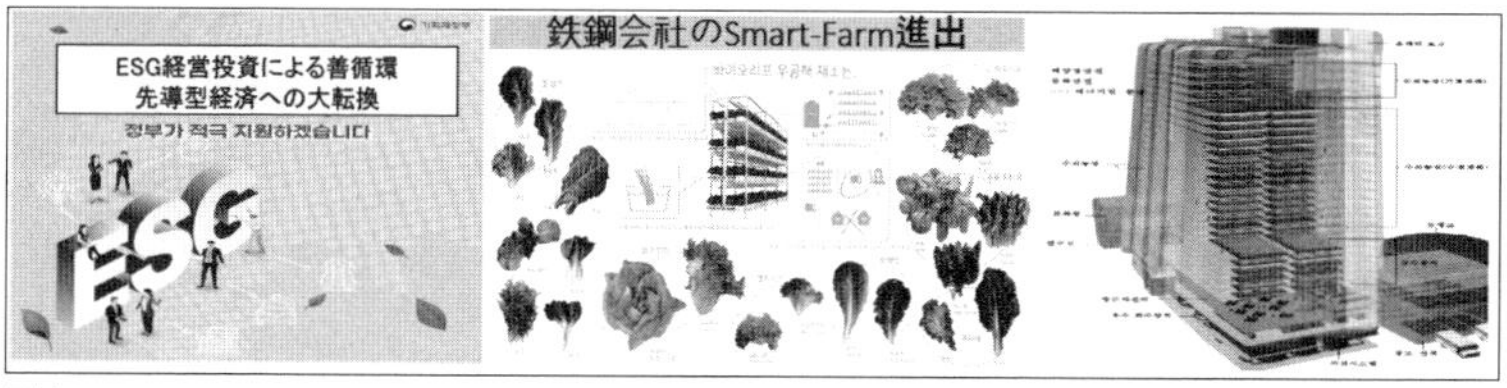

図表9.11

府との連携対応も必要であろう。それに伴って、それらの変化には企業の体質を変えるほどの強い経営意志と努力が要求されるとみられる。

【注】

（1）ISO22301（2019 2nd edition）

（2）Jongsu Jung、他2人、『事業連続性経営システム管理論』、Shinwa、二〇一八年、一三五頁。

（3）同法律は韓国の国会で二〇〇七年に法律第８５３０号で最初に制定され、二〇二一年一月十二日まで十五回の改定を経て現在の法律第１７８９４号として施行されている。制定目的：第1条「本法は災難が発生した場合、企業活動が中断することなく、安定的に維持できるように企業の災害軽減活動を支援することによって、国家の災難管理能力を増進させることを目的とする」。その中には災難に対する国家の責務、企業の災難管理表準の提示、優秀企業の認定、優秀企業に対する支援などの内容が提示されている。

（4）「Samsung SDI の BCM」、DBR（Donga Business Reviw）、89号、2011.9。

第10章 地震・津波研究における事業継続マネジメントと事業承継

林　能成

■
地震・津波研究が始まったきっかけは何か?
ファミリービジネスの事業承継と学術研究の事業承継との類似点と相違点は何か?
学術研究の事業承継はいかにあるべきか?

1　はじめに

研究室や研究組織の運営は、大学に所属する研究者にとって、もっとも身近な事業継続マネジメントの現場である。ある学問分野への社会的ニーズが高まって、急速な組織拡大が短期間で実現される場合があるが、逆に時代遅れとなって、学問分野そのものが急速に衰退して、その学問の継続が危うくなることもある。研究室単位で見れば、学問全体の潮流とは無関係に、その継続が絶たれてしまうのはよくあることである。

本稿では、地震・津波分野における日本の研究組織の歴史にもとづき、低頻度でしか起きない現象の研究のはじまりと、その継続プロセスについて述べる。地震の研究組織は、明治、大正時代に発生した大災害によって、国策で段階的に大きくなった歴史を持つ。

2　組織的な地震研究の始まり

日本では古来から地震が頻発し、文字による被害記録は「日本書紀」など古代までさかのぼることができる。地震災害への対応は国家的な重要課題であり続けたが、発生頻度が低く、数秒から長くても一～二分以内という非常に短い時間で終わってしまう現象のため、対策が難しい自然災害であった。そのため地震を科学的に解明する取り組みが本格的に始まったのは明治維新以後のことである。

最初の転機となったのは一八八〇年二月に発生した「横浜地震」である。この地震による被害は煙突の破損や壁の落下といった程度で、特別に大きなものではなかった。しかし、この頃に多数が来日して東京や横浜に住んでいたヨーロッパからの「お雇い外国人」には衝撃的な体験であった。主にイギリスから来日して大学で教えていた研究者が中心となって、同年三月に「日本地震学会」が設立されて研究が始まった。これは世界初の地震学会である。「地震学」がないところからのスタートなので、ジョン・ミルン、アルフレッド・ユーイングら学会の中心となった研究者の専門分野は地震学ではなく、鉱山学、機械工学などであった。年齢も若く、二十代の若者たちが集まって、それぞれの専門をいかして地震研究に着手した。学会設立直後から正確な地震波形を記録するための地震計の開発や、過去の被害記録の収集などが開始されて研究は急速に進展した。

一八七七年に設立されていた「東京大学」には地震学実験所が設置され、のちに世界で最初の地震学の教授となる関谷清景が、菊池大麓の誘いで神戸から上京して、この実験所のスタッフになった。菊池大

図10.1　菊池大麓
(写真提供：国立国会図書館「近代日本人の肖像」)

麓は数学者で、明治維新以前からイギリス・ケンブリッジ大学に留学し、帰国後、日本人初の大学教授になった人物である。さらに貴族院議員、文部大臣、東京帝国大学総長、京都帝国大学総長などを歴任しており、政治力や組織運営手腕にも長けていた。

だが、この後しばらくは被害を伴う地震が日本では発生せず、外国人教師たちも任期が終了して帰国する人が相次いだ。その結果、十年もしないうちに、地震学会の活動は低迷するようになる。個人的な興味や熱意だけでは、地震のような低頻度な現象の研究を継続するのは難しい。

日本地震学会の設立から十年あまり経った一八九一年十一月二十八日に岐阜県と愛知県に大きな被害をもたらした濃尾地震が発生した。多数の家屋が倒壊し、七、二七三人の死者が出て明治維新後には経験のない大被害となった。欧米からの技術で建てられた最新のレンガ造りの建物も多数が倒壊した。

この被害をうけて、地震を研究する専門組織の必要性が認識され、帝国大学教授のまま貴族院議員に選ばれていた菊池大麓が中心になって、濃尾地震翌年の一八九二年に文部省所轄の「震災予防調査会」が設置された。菊池は後に自らが会長に就任して、地震研究の推進をサポートした。この組織は、安定した研究費を地震学研究にもたらしたが、人員は帝国大学の教官といくつかの省庁の技術幹部を委員に指名する形で作られ、活動拠点となる新たな建物もつくられなかった。いわばバーチャルな研究所である。

安定した予算が確保されたため、地震直後に被害調査が機動的になされるようになったことは特筆すべきことである。一八九四年明治東京地震は、会が発足してから発生した初めての被害地震だったため詳細な被害調査が行われた。一八九六年明治三陸津波では、壊滅的な被害を受けた三陸海岸に多くの研究者を派遣しており、その中には、当時大学院生で、後に物理学、金属工学で活躍する寺田寅彦や本多光太郎らも含まれていた。一八九五年に終結した日清戦争で日本領となった台湾でも被害地震が起きるたびに研究者を派遣した現地調査がなされ、一九〇四年斗六地震、一九〇六年梅山地震の報告書が残されている。日本とは構造が違う現地の様式で建てられた建物が多く、建物による被害形態の違いを比較研究する機会になっている。

ジョン・ミルンらと共に日本地震学会を活動の場として地震研究を進めていた関谷清景は震災予防調査会が発足した時の委員の一人になったが、濃尾地震以前から結核で体調を崩しており、非職、復職を何度か繰り返したのち、一八九六年一月八日に神戸で亡くなった。後をついだのは帝国大学で物理学を学んだ大森房吉であった。大森に地震学を勧めたのも、菊池大麓であったと言われている。

大森は震災予防調査会の運営を任され、地震計の開発、観測網の整備、地震と火山噴火に関する古文書の収集、観測記録の解析、被害地震の現地調査など多方面の研究を精力的に進めた。余震の発生数が時間の経過につれて減少する法則性を記述する「余震の大森公式」など、現代までつながる大きな発見もなされた。

震災予防調査会では、会の発足当初は各委員の専門分野である地球物理学、地質学、建築学、土木工学など多様な研究が進められ、会が発行する論文集「震災予防調査会報告」には、地震の発生メカニズムに関係した基礎的な研究から、被害軽減のための実験的・工学的テーマまで、地震と関連した様々な論文が掲載されている。だが、発足から十五年ほど経過した頃から大森の論文ばかりになり、会の活動の多様性が失われてしまった。

図10.2　大森房吉
（写真提供：国立科学博物館）

3　地震研究における人材育成と事業承継

震災予防調査会の低迷は地震学の人材難が最大の原因である。大森は帝国大学の物理学科の教授が本職であるが、彼の研究室では後継者となる若い人材は育たなかった。二歳違いで、同じ物理学科出身の今村明恒は地震学を専攻して、大森の講座の助教授として研究を続けたが、本職は陸軍所属の数学担当の教授で地震学を専攻する学生や大学院生を指導する立場にはなかった。さらに大森との人間関係も悪かった。

一八九七年に京都帝国大学が創立され、一九〇八年に菊池大麓が第三代の総長に就任した。菊池は京都に地震学を含む地球物理学の研究拠点を作ることを構想した。菊池は、地震学は日本が世界に勝負できる分野になりうると考えて、これまでにもかなりの肩入れをしてきた。このとき、地震学を専門としている研究者は、東京帝国大学の大森房吉と今村明恒しかおらず、普通に考えれば助教授の今村明恒を教授で呼ぶことになろう。しかし、菊池自らが設立に深く関与した震災予防調査会における地震研究は、すでに実学的な防災の色が強くついてしまって、菊池が考えていた学術研究の方向とはずれていた。そこで、物理学の研究経験がある人材を探すことになったと考えられる。

今村明恒には声がかからず、物理学科の助教授をしていた寺田寅彦に最初に声がかかったが、家庭の事情などで断られてしまう。そこで、東京帝国大学の物理学の教授であった田中舘愛橘らの推薦により、第一高等学校で物理学の教授をしていた志田順に白羽の矢がたち、一九〇九年に助教授として京都に着任して、日本で最初の地球物理学科がスタートすることになった。

4　恒久的な地震研究機関の設立

一九二三年九月一日に関東大震災が発生し、十万人を超える死者が首都東京とその周辺で生じる大被害となった。東大助教授であった今村明恒は、以前から、関東地方での大地震の発生可能性を歴史記録から明らかになった地震の繰り返しなどから推測し、雑誌などで繰り返し警鐘を鳴らしていた。同じ講座の教授であった大森房吉はその度に火消し役をつとめ、「関東地方に大地震がすぐに起こることはない」と説いた。だが、大森が学会で海外に滞在している時に、不幸にも関東大震災が起こり大森の評判は地に落ちた。それ以前から体調を崩していた大森は失意のうちに同年十一月八日に亡くなった。

その後任には、関東大震災直後から地震への対応にあたっていた今村明恒が教授に昇任した。また、地震の研究体制の拡充がはかられ、同年十二月には東京帝国大学理学部に地震学科が設置され、今村がこの学科を担当する唯一の教授に就任した。自然現象の原理を解明するのが理学部の役目で、他の学科は数学、物理学、化学といった基礎的なものが並ぶ。この同列として「地震学科」が新設されることには違和感があるが、これまでに述べてきたような経緯で、物理学科の一講座で地震の研究が進められてきた実績と、関東大震災直後に短い時間で組織を設置したためであろう。

また、大森も今村も自らの意思や手腕で組織を大きくせずとも、大きな被害地震の発生による地震研究への期待という追い風があって、自然とポストがついてきた感がある。今村が教授になった時、その助教授には寺田寅彦の弟子であった松澤武雄が就任したが、このポストは正規のポストとして用意されたものではなく、物理学科からの「借物」であった。そのため、後に松澤自身が動いて、地震学科の助教授のポストを定員化したことが伝えられている。

地震学科の設置と同時に、一八九一年の濃尾地震以降、日本の地震研究の中心であった震災予防調査会のあり方も見直されることになった。バーチャルな研究機関での研究体制では継続性が乏しいことが明らかになり、今度は、予算だけでなく、人員も建物も伴った研究所になった。そして一九二五年に東京帝国大学地震研究所として発足した。社会的なニーズに応える形で、地震学は独自の研究所という組織を持つに至り、研究の「事業継承」をするための器を整えることができた。

第二次世界大戦後、一九六五年から国家プロジェクトとして「地震予知計画」がスタートした。その中心として取りまとめ役を担ったのが、すでに存在していた「東京大学地震研究所」である。地震予知研究には、地震発生前の平常時からの多項目の連続観測が不可欠である。この時代の通信ネットワークは現在とは全く違うもので現地での観測が基本であった。北海道、東北、東京、名古屋、京都、九州の各大学は、所在都市から離れた僻地に観測所を要求し、その後、データ集約のための地域センターも設置した。当然、そこには人員と建物が伴うので、この時も地震予知・地震観測という「事業継承」のための器を拡充することになった。

大学の研究室は個人商店の集まりで、組織化された活動を苦手とする分野が多い。ところが、地震学は、これまでに述べてきたような経緯によって、研究や観測の継続には組織的な行動が欠かせないことを強く意識している。バーチャルな震災予防調査会として約三十年活動が続いたあと、地震研究所という核となる組織が生み出された。研究所は四十年あまり継続して力をつけ、地震予知計画の際には中心機関となりうる存在となった。それによって、地震学は地球関連の諸学問分野の中で、「事業承継」を行いうる組織体を持つ例外的な存在になったと考えられる。

5　津波研究組織と事業承継

津波は地震よりさらに発生頻度が低い。地震による被害はマグニチュード5・5程度以上の地震から発生し始める。一方、津波は地震のマグニチュード7・5程度より大きくならないと、被害が出る規模の高さにならない。地震のマグニチュードと発生数の間には、グーテンベルク・リヒターの式という経験則が広く世界中で成り立つことが知られており、マグニチュードが1大きくなると地震の発生数は1／10に減少していく。マグニチュード5・5以上の地震とマグニチュード7・5以上の地震では、マグニチュードが2違っているので、同じ地域内での発生数は1／100という大きな差になってくる。

日本で、津波災害の科学的な調査が最初になされたのは一八九六年の明治三陸津波である。ついで三十七年後の一九三三年に昭和三陸津波が発生した。この二つの津波災害はいずれも夜中に発生しているため、津波の目撃記録が質・量ともに乏しい。

第二次世界大戦中の一九四四年に東南海地震が発生して三重県沿岸で大きな被害が出た。さらに翌々年の一九四六年に南海地震が発生して和歌山県、徳島県、高知県の沿岸で大きな被害が出た。しかし、この二つの地震は戦中戦後の混乱期に発生したため、観測記録の欠測が目立ち、現地調査も十分になされなかった。

一九五二年十勝沖地震、一九六〇年チリ地震津波、一九六八年十勝沖地震と津波災害は発生したが、いずれも被害の程度は、それ以前の四津波よりは小さいものであった。特に一九六〇年のチリ地震津波後の対策事業として建設した防波堤が、一九六八年十勝沖地震による津波を効果的に抑えたことから、「津波なんてものは、建造物さえ造っていればいいんだ」という気風さえ生まれたという。

同じ頃、アメリカ合衆国では、一九六四年のアラスカ地震の後始末が済んだ後に、津波の研究費が津波予報以外に全く出なくなってしまった。それまでは津波を研究していた人が海洋開発にテーマを変えて、アメリカでは津波を研究する人が絶えた。

日本でも、津波研究は海岸工学においても地球物理学においても中心テーマとはいえず、この時代には注目が集まることはなかった。だが、建設省土木研究所の研究者として一九六〇年チリ地震津波の被害調査に従事した首藤伸夫氏が津波にこだわって地道な研究を続けたことで、研究の火が絶えることが防がれた。首藤氏は一九六一年に中央大学理工学部に転出して予算規模の小さい私立大学に向いた方法で津波の研究に取り組み、一九七七年に東北大学に異動して、津波の研究と教育を続けた。

首藤氏は東北大学で研究室を立ち上げる際に「津波工学」という名称をつけた。これは、「サイエンスとしてだけでなく、人間の生命、財産等と関連して、津波を相手にするエンジニアリングを含んでいます」ということを意識したものであった。「津波のデータが取れるのは五十年に一回くらいですから、サイエンスとして成り立たせようとしても無理」という判断があり、その目論見が当たって長続きできたと振り返っている。

この後、東北および北海道地方では津波災害が続く。一九八三年に秋田県沖で日本海中部地震が起こり、一九九三年には北海道の奥尻島で大きな被害が出た北海道南西沖地震が発生した。その後も、一九九四年北海道東方沖地震、同年三陸はるか沖地震、二〇〇三年十勝沖地震と続き、二〇一一年には東日本大震災が発生して、津波災害への関心は世界的に高まった。

このように、津波においては、研究対象をサイエンスに限定せずに広く取ることで、内容に幅を持たせて、研究室の事業承継を成功させたといえよう。

6 まとめ

地震と津波は、発生頻度が低い自然災害としての類似性は高いが、事業承継を視野に入れた研究組織の構築という点では、異なった歩みをしてきた。地震は一八九一年濃尾地震、一九二三年関東大震災という二つの大被害地震をきっかけに、継続性のある研究組織が作られて、事業承継が容易となる体制が作られた。菊池大麓ら、地震とは異なる分野の大物研究者が地震研究の重要性を理解し、組織拡大を助力してくれたことも大きい。外的な要因がいい方向に働いて組織を構築することに成功したが、一方で内部からの組織拡大や事業承継の重要性への取り組みは弱く、他力本願的な側面も見られた。

津波は、長い間、単独の研究組織がなく、一九七〇年代後半になって、「津波工学」というサイエンスに限定しない広い視点で研究組織が立ち上げられた。サイエンスに固執することなく、工学的、人間科学的な幅広い研究テーマを持つことで、地震以上に発生頻度が低いという弱点を補い、事業承継を成功させている。

発生頻度が低い自然現象を研究する場合、研究する中身を広げることで事業継続を達成するのが一つの道である。首藤伸夫氏による「津波工学」の試みは、重要な成功事例の一つであろう。

もう一つの道は、研究対象は特定の自然現象にしぼったままで、その自然現象の監視・観測範囲を広げることである。地震においては、台湾などが一時期日本領になって、研究対象となる地域が広がった場面がその一例である。この時期は、地震発生に直接関係する地形・地質的な条件が異なった場所で起こる地震によって、気候や材料の違いを反映した家屋が地震の被害を受けるという条件の場所で、地震とその被害の比較研究が可能となった。現在では、国際協力による地震、津波研究が世界中で行われており、アジア地域では研究者の交流も活発である。

大学の研究室は規模が小さく個人経営の企業かそれ以下の大きさである。学会を構成する特定の学問分野を取り出しても、その大半は大企業に遠く及ばない。また、研究室を教え子が引き継いでいく、「家族経営」的な研究室もこれまでは少なくなかった。この観点から見ると、大学の研究室の運営にはファミリービジネス的要素があると考えられる。

【参考文献】

萩原尊禮、地震学百年、東京大学出版会、一九八二年。
平城元、日本の近代科学と菊池家の人びと、自費出版、二〇一九年。
松澤武雄、今村明恒とその地震研究、自然、vol.33-7、八十二～九十二頁、一九七八年。
志田順、地球及地殻の剛性並びに地震動に関する研究回顧、東洋学芸雑誌、vol.45-5、二七五～二八九頁、一九二九年。
首藤伸夫、津波研究の回顧、月刊海洋、号外No.15、五～十五頁、一九九八年。

首藤伸夫、著者インタビュー（聞き手堀川清司）、PJAニュースレター、vol.4、1-6、二〇一二年。

山田俊弘、地球物理学制度化への挑戦――志田順と京都帝大地球物理学科　１９０９－１９３６年――、科学教育研究、37、十五～二十九頁、二〇一三年。

各段階を一つ一つ見ると、例えば2の異常現象の観測ならば、均で48.4%できるという評価になっていますが、地震予知を成させるためには、異常な現象があって、観測、判定、発表がでると、全部成功させなければいけない。だから、各研究者の評した予知を出せる確率を整理すると、平均値で5.8%、中央値1.2%と極めて低い値になりました。一方、予知の的中率は平で19.7%という結果。つまり、100回地震予知を試みても、予情報を出せるのは5、6回程度で、そのうち、予知が当たるの1回程度しかなく、予知情報を出してもおおむね地震が起こらいだろうという評価になりました。

■予知ができない前提で、被害を軽減する対策を

―予知はやはり難しいんですね。

地震学者の多くはそう考えています。それを定量化して示そうしたのが今回のアンケートでした。

地震はいつ起きるか分からないから、家を丈夫にするとか、危なブロック塀を撤去するとか、地震対策はまずは目の前のできことを、少しずつやっていくしかない。しかし、常日頃から、震対策に注力ばかりもできませんよね。地味だし、手間ばかりかるから、ついつい先送りしてしまう。そこに、地震予知がでるという根拠のない期待が入ると、予知が出てから考えればいと地震への備えをしない、あるいは、地震が発生した時に予知報がもらえると思っていたと、備えがなく被害を受けた時の言訳にするといった、良くない心理的な影響を及ぼすことが考えれます。

―でも以前、地震予知に取り組む組織がありましたね？

そのような組織がたくさんあって、大きな誤解を与えていまし。東日本大震災以降は、確度の高い予測は困難と判断され、国予知前提の防災対策を見直し、そういう組織も見直され、業務しての地震予知は終了しました。

それなのに、予知ができる確率がゼロではないのならば、とって、今も非現実的な避難体制を考える人が出てくるわけです。れが、世の中をどんどんミスリーディングしているように見えす。予知ができる確率も的中率も非常に低いということを前提に、予知情報が出されることなく、地震が突然発生しても被害が最小限となるように、日頃から地震対策を推進することが現実的な対応だと思います。

田キャンパスで「災害と都市交通」について講演をする林教授

■科学者と市民のズレを埋めたい

――一度勤務経験をお持ちですね。その経験は生かされていますか？

JR東海で5年間勤務し、新幹線の運転免許も持っています。JRでの主な仕事は、地震学で解明されたことを、新幹線に求められる運行クオリティの中で、活用するマニュアルを考えることでした。とかく大学の理学部出身の研究者は、地震のメカニズムの解明に関心が集中しがちですが、被災する側を常に意識するようになったという点では、企業での勤務を経験したことは大きかったと思います。

――今後の抱負をお願いします。

科学者と市民の間の認識のギャップはどうして生まれるのかを明らかにすること、そのギャップをうまく解消する方法を見つけることは、研究者の側の経験がないと、なかなかできないと思います。この問題は、地震以外にも工業製品や原子力発電所などいろいろなところにあります。専門家と一般の人の間のギャップをうまく埋める方法や、世間が漠然と感じている不安を見出す指標などを考え出せたらと思っています。

■研究最前線

科学の知見を防災・減災に生かす研究

南海トラフ地震の予知可能性と防災

地震学者が難しいと考える予知の現実とは

◉社会安全学部
林 能成 教授

研究室に飾られた「地球深部探査船「ちきゅう」」の模型

今後30年以内に、70〜80%の確率で発生すると言われている南海トラフ沿いの巨大地震。避難や防災に役立つ予知情報を期待する人は少なくない。しかし、地震の発生時期や場所・規模を予測する科学的な手法はまだ確立されていない。社会安全学部の林能成教授は、地震学者は地震予知がいかに難しいと考えているかを、見える化するアンケート調査を実施。大きな反響を呼んだ。

■予知発表までの段階ごとの確率を調査した

——ご専門は地震学ですか？

学生時代は理学部で物理を自然現象に応用するような地球科学を学び、地震学で博士を取りました。関西大学社会安全学部に着任してからは、地震の理学的研究から出てくるさまざまなデータや知見を、実際の防災に役立たせるための策を考えるといったことをしています。

文理融合の社会安全学部で、地震の発生メカニズムを研究しているのは私だけです。ここに所属する地震防災の研究者は、土木、建築、心理学などもともとの専門分野が多彩です。幅広い分野の研究者と連携して、新しい研究を進めています。

——世間には、南海トラフ地震などの巨大地震の予知を期待す人もいますが、実際のところ地震予知は可能ですか？

現時点では、地震の発生時期や場所・規模を高い確率で予測る、科学的に確立した手法はありません。「南海トラフ沿いの震に関する評価検討会」の平田直会長も「地震予知はとても難いから、地震は突然来るものだと思って備えましょう」と強くおしゃっています。でも、その一方で、地震予知は難しいというとが社会の共通認識になっていない。それで、予知への期待がまっているところがあるのでは。私は一般の人々が可能だと考る地震予知の数字と、地震学者が考えている数字との間に、大なギャップがあると感じています。そこで昨年、地震学者を対に南海トラフ地震の事前予測に関するアンケート調査を実施しした。

——どんなアンケートですか？

このアンケートは、社会安全学部で災害心理学が専門の元吉寛教授に助言を受けながら作成しました。予測情報を発表するでのプロセスを、「1.地震前の異常現象がある」「2.異常現象を測できる」「3.観測されたデータから短時間で異常を判定できる「4.判定した結果を即座に社会に向けて発表できる」の4段階にけ、それぞれについて0%から100%まで、10%刻みで回答しもらう、また、地震の発生を予測する情報が出た時に地震が発する確率、つまり的中率についても、同じように10%刻みで回してもらうというものです。

2018年10月の日本地震学会で、理事と代議員を対象に実施し138人中90人から回答がありました。

——アンケートの結果はどうでしたか？

4つの段階のいずれについても回答の数値の幅は広く、地震研究者の統一見解は得られませんでした。例えば、地震前の異常現象の有無についてであれば、そんな現象などないという0%から、必ずあるという100%まで幅があります。

◉地震予知に至るプロセスの分解

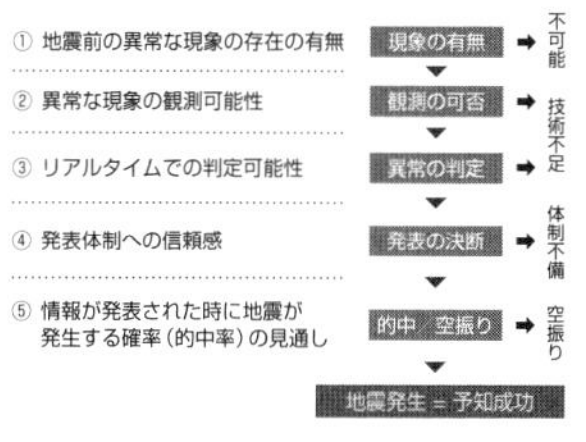
① 地震前の異常な現象の存在の有無
② 異常な現象の観測可能性
③ リアルタイムでの判定可能性
④ 発表体制への信頼感
⑤ 情報が発表された時に地震が発生する確率（的中率）の見通し
現象の有無
観測の可否
異常の判定
発表の決断
的中／空振り
地震発生＝予知成功
不可能
技術不足
体制不備
空振り

◉アンケート結果

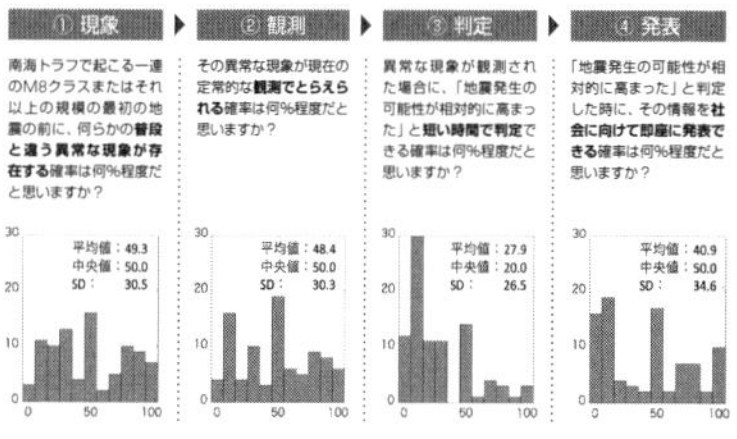
① 現象
南海トラフで起こる一連のM8クラスまたはそれ以上の規模の最初の地震の前に、何らかの普段と違う異常な現象が存在する確率は何%程度だと思いますか？
平均値：49.3
中央値：50.0
SD：30.5
② 観測
その異常な現象が現在の定常的な観測でとらえられる確率は何%程度だと思いますか？
平均値：48.4
中央値：50.0
SD：30.3
③ 判定
異常な現象が観測された場合に、「地震発生の可能性が相対的に高まった」と短い時間で判定できる確率は何%程度だと思いますか？
平均値：27.9
中央値：20.0
SD：26.5
④ 発表
「地震発生の可能性が相対的に高まった」と判定した時に、その情報を社会に向けて即座に発表できる確率は何%程度だと思いますか？
平均値：40.9
中央値：50.0
SD：34.6

第11章

ファミリービジネス・事業承継研究の新潮流

──フランス語圏における研究に基づいて──

亀井克之

■
事業承継研究の三つの視点とは何か？
デシャン教授の「ビジネス・トランスファーのプロセス」モデルとは何か？
フランスのファミリービジネス・事業承継研究からの示唆は何か？

1　はじめに

本章では、フランス語圏の学界における最新の研究に基づきながら、本書で取り扱ってきたファミリービジネスと事業承継に関する理論の整理を試みる。

本研究班そして本書では、「ＢＣＭ」という言葉に、企業における事業承継（Business Transfer）と災害に対する事業継続（Business Continuity）という二つの意味を持たせている[1]。

2　ファミリービジネス研究

ファミリービジネス研究では次のようなモデルや研究視点が取り扱われてきた[2]。

1. スリー・サークル（ファミリー、ビジネス、オーナーシップ）モデル
2. パラレル・プランニング（ファミリープランニング、戦略プランニング）モデル
3. ４C（Continuity 継続性、Community 同族集団、Connection 良き隣人、Command 独立指揮）
4. 社会情緒的資産（Socioemotional Wealth）・事業を通じて得られる非財務的価値
5. 老舗研究

これらに加えて、本書第四章～第六章で示したように、ファミリービジネスや老舗ならではのレジリエンス（逆境に適応する力・復元力）がある。

3　事業承継研究の三つの視座　――デシャン教授の理論――

フランスにおける事業承継の代表的研究者ベランジェール・デシャン教授（グルノーブル大学）によれば事業承継研究には三つの視座がある[3]。

1．事業承継の当事者についての研究：
譲渡者、後継者、従業員、ステークホルダーについての研究。当事者全員について研究する場合と一部の当事者に注目して研究する場合とがある。

2．事業承継のプロセスについての研究：
全てのプロセスについて研究する場合と、一つのステップのみに注目して研究する場合とがある。

3．事業承継のサポートについての研究：
当事者とプロセスの双方に関わるテーマである。各当事者にどのようなサポートをするかを研究する場合と、各プロセスでどのようなサポートをするかを研究する場合とがある。

デシャン教授によれば、事業承継研究においては、取り扱う事業承継の形態を明確にする必要がある。

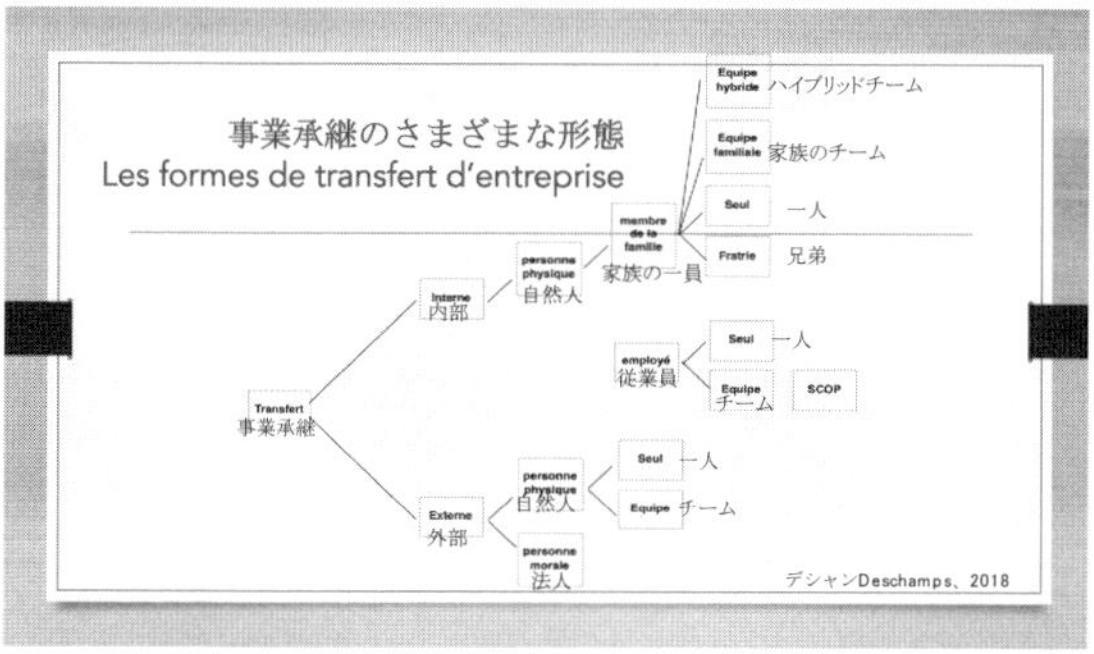

図表11.1 事業承継の形態と当事者

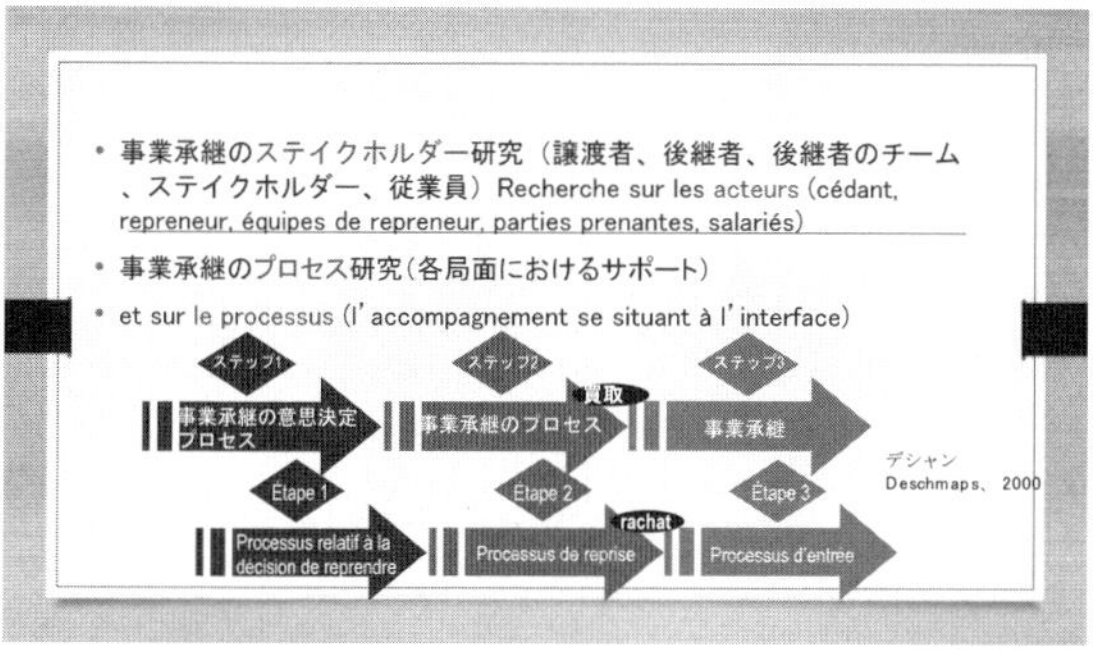

図表11.2 事業承継のプロセス

4　ビジネス・トランスファーの概念

デシャン教授は、ファミリー企業の事業承継と中小企業の事業承継、さらには第三者によるM＆Aも包括してビジネス・トランスファー（Business Transfer）という概念を提起している。

ビジネス・トランスファーについて、デシャン教授は次のように定義している(4)。

「ビジネス・トランスファーとは、売り手のオーナー経営者から買い手のオーナー経営者に事業を引き継ぐことを意味する。それは、情報、さまざまな関係、ノウハウ、社会資本が売り手から買い手に引き継がれることを前提とする。経営と所有の両側面で引継ぎが行われる。トランスファーは企業の安定的存続を目指し、リーダーが交代すると事業計画や経営ビジョンも変化する」

Business transfer represents the transition from one or more outgoing owner-managers to one or more incoming owner-managers. It presupposes that information, relationships, know-how and social capital are transmitted from one to the other. Two aspects of the firm are transferred: leadership and ownership. Transfer aims to sustain the firm, the project and vision are different as soon as the leader has changed.

5　ビジネス・トランスファー・プロセス
——デシャン教授の3サイクル・モデル——

デシャン教授は、ビジネス・トランスファーのプロセスについて新たなモデルを提示している。それは、サイクル1（Entry-Management-Exit）、サイクル2（Exit-Transfer-Entry）、サイクル3（Entry-Management-Exit）という三つのサイクルが繰り返されるというプロセスのモデルである(5)。

これは事業承継・トランスファーのプロセスの見方を刷新している。デシャン教授によれば、ビジネス・トランスファーは、①トランスファー前、②移行段階、③ポスト・トランスファーの三つのサイクルで構成されている。具体的には、エントリー（入社）、トランスファー（承継）、エグジット（退出）の各フェーズで構成される。

この三つのサイクルは重なり合う部分があり、新しいトランスファー・サイクルごとに繰り返される。それは入ってくる者と出ていく者のソーシャライゼーション（社会化、状況に順応すること）の連続で、その間に、所有、フォーマル・ナレッジ、能力、ソーシャルネットワークが、前経営者／所有者から次の経営者／所有者に引き継がれる。

このプロセスは、サイクルの連続として捉えられる。第1サイクルは、ほとんどの場合、起業家による起業プロセスである。第2サイクルは、企業経営の

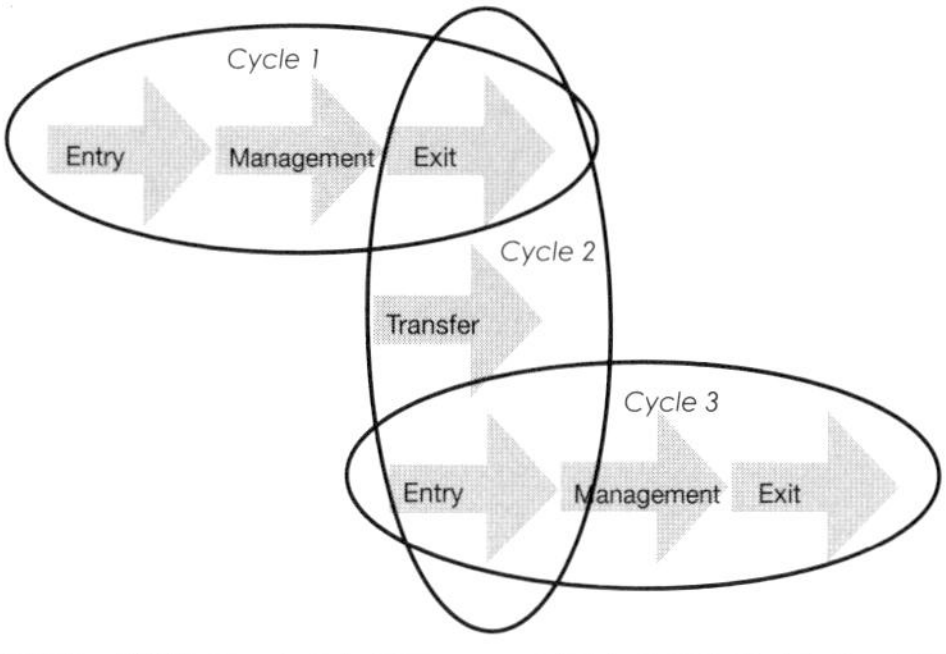

図表11.3　ビジネス・トランスファー・プロセスの3サイクル・モデル

サイクルの一部で、創業者のエグジット／トランスファーと同時に行われる新しい経営者／所有者のエントリーを意味する。第3サイクルは、新しい経営者／所有者（二代目の経営者）が、事業を引き継いだ後、経営に従事し、年数を経て、今度は自分が後継者に事業を譲る時に始まる。トランスファーの形態、当事者のタイプに関わらずこの三つのサイクルは必ず存在する。

6 フランス語圏の研究グループBeTによる専門書二冊に見る研究動向

フランスとケベックを中心とするフランス語圏の研究者により二〇一七年一月に研究グループBeT（Business Transfer and Entrepreneurship、ビジネス・トランスファーとアントレプレナーシップ）が結成された。創始者は、グルノーブル大学のベランジェール・デシャン（Bérangère Deschamps）教授とパリ第一大学IAEのディディエ・シャボー（Didier Chabaud）教授である。

BeTは、二〇二〇年から二〇二一年にかけて専門書二冊（仏語・英語）を刊行した。以下にこの二冊を紹介する。(6)

1. *Transmission-reprise d'entreprise 11 études de cas*（「事業の継承と承継　11の事例研究」）

Audrey Missonier, Catherine Thévenard-Puthod 編著、éditions ems, Management & Société, Collection études de cas（ems出版、経営と社会、事例研究シリーズ）二〇二〇年三月　フランス語

編者はモンペリエ・ビジネススクール・オードリー・ミソニエ（Audrey Missonier）教授とサボワ・アルプ大学・

カトリーヌ・テブナール＝プト（Catherine Thévenard-Puthod）教授である。

本書の特徴は以下の3点にある。

（1）事業承継の多様な形態を提示。

（2）事業承継の各プロセスと、利害関係者による意思決定事項への学際的なアプローチを提示。

（3）事業承継の当事者、利害関係者、研究者、学生に、各自の抱く問題点解決の糸口を提示。

第1部「事業承継の準備」

第2部「先代と後継者の関係を良好に保ち事業承継を成功に導く」

第3部「新たなステークフォルダーによる事業承継」女性による事業承継や危機にある企業の事例

第4部「文化的特殊性と事業承継」セネガルの事例と日本の気仙沼オイカワデニムの事例[6]

2. *Business Transfers, Family Firms and Entrepreneurship*

（「事業承継、ファミリー企業そしてアントレプレナーシップ」）

Bérangère Deschamps, Audrey Missonier, Catherine Thévenard-Puthod, Paulette Robic and Dominique Barbelivien 編著　Routledge, Routledge Studies in Entrepreneurship and Small Business, edited by Robert Blackburn, 20.（リバプール大学、ロバート・ブラックバーン教授編、ルートレッジ・アントレプレナーシップと中小企業研究叢書シリーズ第20巻）、二〇二一年一月　英語

本書の特色は、そのままフランス語圏の事業承継・ファミリービジネス研究の特徴でもある。

（1）事業承継の定義づけをした上で、ファミリービジネスにおける親族間承継から、従業員による承継、第三者による承継まで、あらゆるタイプの事業承継を包摂。
（2）事業承継のプロセスごとに、譲渡者と継承者のあり方を追求。
（3）後継者を起業家と捉えて、アントレプレナーシップという視点が据えられている。
（4）第四部の四つの章でフランス事業承継研究の一大特徴である「外部第三者による承継」に力点。
（5）第五部の四つの章において、女性に焦点。フランスの事業承継研究者は、女性が大多数を占める。それゆえ当事者としての女性（経営者の妻・娘、外部の女性）に焦点を当てた研究が充実。本書編者五人全員が女性。分担執筆者二十四人の内、十八人が女性。娘に焦点を当てた第十六章。
（6）第四章のように事業承継が当事者の心身の健康に与える影響、「ストレス」に焦点を当てた研究。

以下に各章のタイトルと（　）内に執筆者を記す。

PART I Definitions 第一部　定義

1. Business Transfer: Historical Perspectives, Definitions and Transfer Process, (Bérangère Deschamps)
ビジネス・トランスファー：歴史的視点、定義、トランスファー・プロセス
2. Revisiting the Entrepreneurial Exit Decision Process: A Decision-Making Model, (Marie-Josée Drapeau and Maripier Tremblay) 起業家の引退意思決定プロセスの再検討：意思決定モデル

PART II Family Business Transfers 第二部　ファミリービジネスのトランスファー

3. Emotions in Family Business Succession (Soumaya Sfeir)

4. ファミリービジネスの事業承継における感情的側面
Family Business Transfer: A Stressful Event for Successors (Florence Guiliani and Luis Cisneros)
ファミリービジネスにおける事業承継：後継者にとってストレスの多いイベント[7]

5. The Making of Family Entrepreneurs: How Heirs Become Entrepreneurs and Take Over a Family Business (P.Robic, D.Barbelivien and N.Antheaume)
いかに後継者はアントレプレナーとして成長して、ファミリービジネスを受け継ぐか

6. Succession and Family Business in Between Emotional and Financial Issue: The Role of a Governance With a Two-Tier System (Céline Barrédy)
感情的・経済的側面の狭間にあるファミリービジネスの承継：二層構造を持つガバナンスの役割

7. Succession and Strategic Renewal in Family Firms: Insights From a French Family Firm, (Didier Chabaud, M. Hannachi and H.Yezza)
ファミリービジネス後継者による戦略的革新：フランスのファミリー企業の事例からの示唆

Part III Internal Business Transfer to Employees　第三部　従業員への内部承継

8. Toward a Better Understanding of SME Employee Buyouts (Catherine Thévenard-Puthod and Cédric Favre) 中小企業における従業員による承継をよりよく理解するために

9. Is a Workers' Cooperative an Effective Means for Transferring SMEs? (Marie-Christine Barbot-Grizzo)
従業員組合は事業承継の効果的な手段であるか？

Part IV External Business Transfers　外部承継

10. A Research Framework for External Business Transfers of SMEs (Bérangère Deschamps and Susanne Durst)　中小企業における外部承継に関する研究のフレームワーク

11. The Legitimacy of the External Buyers: Issues and Means of Acquisitons (L. Mazari, S. Berger-Douce and Bérangère Deschamps)　外部承継者の正当性：買収の方法

12. From Outsider to Insider: Organisational Socialisation in Takeover Situations (Sonia Boussaguet)　アウトサイダーからインサイダーへ：買収に際していかに組織が順応するか

13. How to Effectively Supprt External Buyers in a Post-Business Transfer Situations, (Catherine Thévenard-Puthod)　事業承継後に、外部承継者をいかに支援するか

Part V Women in Business Transfers　事業承継における女性

14. Family as an Institution to Investigate the Role of Women in the Transfer of Family Business (Paulette Robic)　ファミリーという制度の視点からファミリービジネスの事業承継における女性の役割を探求する

15. Gender and Succession in the Family Business (Christina Constantinidis)　ファミリービジネス承継におけるジェンダー

16. Daughters: Invisible Heroes of Family Businesses? (Audrey Missonier, Annabelle Jaouen and Béatrice Albert)　娘：ファミリービジネスにおける目立たない主人公か[8]?

17. Female External Successors: Difficulties During the Business Transfer Process and Types of Support Required (Bérangère Deschamps and Catherine Thévenard-Puthod)　女性の社外後継者　事業承継プロセスにおける困難と必要な支援の種類

7　おわりに

フランスでは、地方紙の個人間売買広告欄でパン屋やカフェなどの営業権のやりとりがなされる。このように事業承継において、第三者の個人による買収例が日常的にある。こうしたことから、事業承継の研究において、ファミリービジネスの親族内承継に限定せずに、親族外の第三者承継にも焦点を当てた研究が今世紀初めから行われてきた。

他にもフランス語圏では、事業承継当事者の健康問題やストレスなどに焦点を当てたユニークな研究がある。デシャン教授の尽力により、フランスでは、ファミリービジネスの研究者と中小企業の事業承継の研究者を統合する研究グループBeTが結成されるなど、ファミリービジネス研究、事業承継研究において独自性を発揮している。

我が国においても、ファミリービジネス研究、老舗研究、事業承継研究、さらには、本研究班が提示したBCM（事業継続マネジメント）や健康経営の研究などの間で、融合的な研究が期待されよう。

【注】

（1）本章は、二〇二二年度に当研究班が共催した以下の三つの日仏シンポジウムに基づいている。これら事業承継・日仏シンポジウムの詳細については、当研究班が本書と同時に刊行する『調査と資料』第123号に詳しく取り上げる。
二〇二二年十月三十一日「事業承継を考える日仏公開討論会　フランスと気仙沼をつないで」気仙沼市役所　ワン・テン庁舎大ホール。
二〇二二年十一月三日　「第2回　中小企業・ファミリー企業の事業承継　日仏シンポジウム」日仏会館ホール。
二〇二三年三月二十四日　「第3回　中小企業・ファミリー企業の事業承継　日仏シンポジウム」大阪倶楽部ホール。

(2) 奥村昭博「ファミリービジネスの理論　昨日、今日、そしてこれから」『一橋ビジネスレビュー』63巻2号、一橋大学イノヴェーション研究センター、二〇一五年九月、六〜十九頁。

(3) 二〇二二年十一月三日に東京・恵比寿の日仏会館ホールで開催された「第2回中小企業・ファミリー企業の事業承継日仏シンポジウム」におけるデシャン教授の基調講演「フランス語圏における事業承継研究」（Recherche Francophone sur le Repreneuriat）に基づく。
デシャン教授の基調講演（フランス語のみ・日仏対訳 パワーポイント表示二十分）は以下の動画で視聴可能。
https://youtu.be/RHerOqtnxB0（下記Q-Rコード）

(4) Bérangère Deschamps, « Business Transfer Historical Perspectives, Definitions and the Transfer Process » in Desschamps et al. Ed., *Business Transfers, Family Firms and Entrepreneurship*, Routledge, January 2021, p.11.
デシャン教授は、自らが中心となって編纂した、フランス語圏の研究者による英語の文献の導入部分と第1章においてビジネス・トランスファーを定義している。これは同書において、ファミリービジネス、非ファミリービジネス、親族承継、親族外承継、M&Aなどすべての形態における事業の引継ぎを取り扱うというマニフェストになっている。

(5) Bérangère Deschamps , *ibid.*, p.16.
デシャン教授は、前掲書において、ビジネス・トランスファーのプロセスについての独自のモデルを提示している。前掲した二〇二二年十一月三日の日仏シンポジウムにおける基調講演でも、このプロセスモデルについて説明している。

(6) 亀井克之「フランス語圏の事業承継研究者による専門書2冊について」『事業承継』Vol.10、事業承継学会、二〇二一年七月、一四八〜一五一頁。

(7) フロランス・ギリアニ（Florence Guiliani）教授は、博士論文以来、経営者の健康、特に睡眠に関する専門家。睡眠障害やストレスなどに着目している。

(8) 女性による事業承継に関する章を執筆したオードレ・ミソニエ（Audrey Missonier）教授の主張は、二〇二二年十一月三日の日仏シンポジウムにおけるZoomを通じた発表「事業承継と女性」Transmission et Reprise des entreprises et les femmes の中で確認できる。以下の動画（フランス語のみ・日仏対訳パワーポイント表示、十四分）で視聴可能。
https://youtu.be/q7u053FapNI（下記Q-Rコード）

女性への事業承継について、ミソニエ教授は、父親から娘への事業承継に焦点を当てて、左図のように示している。

父娘の問題点	父娘間での解決策
「娘は子どもたちの中で第二候補」という意識	娘を息子と同等に扱う
「いつまでも私のかわいい娘」症候群	娘を「大人」「経営者」として扱う
役割の混乱	企業内における役割を明確にする
互いに大切にし過ぎる	コミュニケーションと信頼
すべてを支配する家長としての父親	メンターとしての父親
依存	自立

（出所）Missonier, A., Daughters: Invisible Heroes of Family Businesses?, Deschamps et al.ed., *Business Transfers, Family Firms and Entrepreneurship*, Routeledge, 2021.

【参考文献】

Audrey Missonier, Catherine Thévenard Puthod, *Transmission-reprise d'entreprise 11 études de cas*, éditions ems, Management & Société, Collection études de cas）mars 2020, 204p.

Bérangère Deschamps, Audrey Missonier, Catherine Thévenard-Puthod, Paulette Robic and Dominique Barbelivien, *Business Transfers, Family Firms and Entrepreneurship*, Routledge, Routledge Studies in Entrepreneurship and Small Business, edited by Robert Blackburn,20., January 2021, 272p.

亀井克之「フランス語圏の事業承継研究者による専門書2冊について」『事業承継』Vol.10、事業承継学会、二〇二一年七月、一四八～一五一頁。

亀井克之「中小企業・ファミリー企業の事業承継日仏シンポジウムについて」『事業承継』Vol.13、事業承継学会、二〇二三年七月、一三八～一四五頁。

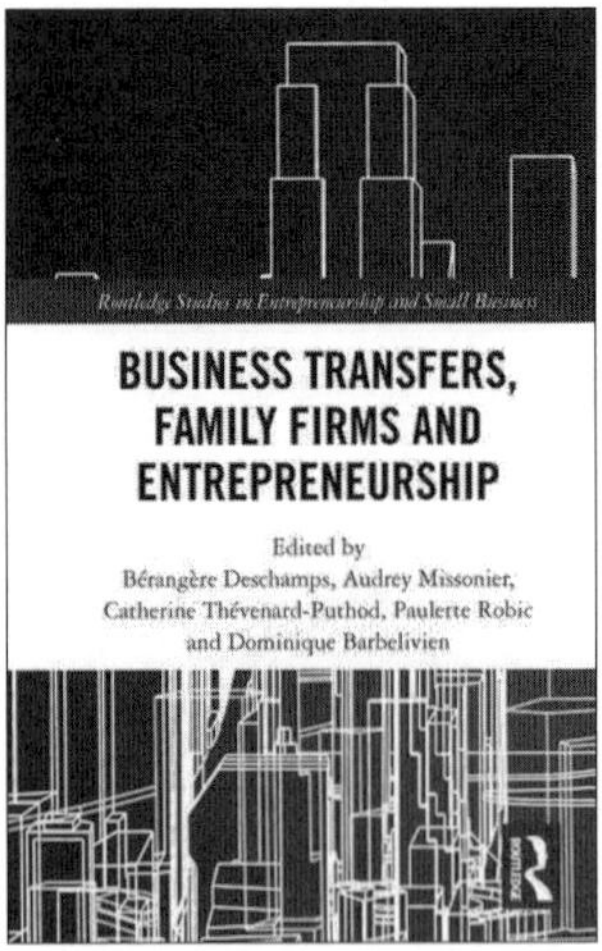

第２回　中小企業・ファミリー企業の事業承継・日仏シンポジウム
（2022年11月３日 東京・日仏会館　ホール）

前列　中央　ベランジェール・デシャン教授　　左　筆者　右　津島晃一氏

Zoom 画面 前列　左　オードリ・ミソニエ教授　　右　森原英壽氏
Zoom 画面 後列　左　村上義昭教授　　右　ソニア・ブサゲ教授

コラム　大西正曹 著　（同友館　2021 年 2 月 5 日）

『VUCA 時代に挑む中小企業 まいど教授が注目する 16 社の事例と提言』に学ぶ

亀井克之

■カバー写真が物語る大西名誉教授の真骨頂

関西大学名誉教授**大西正曹（まさとも）**先生の著作。14 社の事例とコラムが２つ。歯切れよい文章でとても読みやすい。

何よりも、表紙カバーの写真８枚と裏表紙カバーの写真６枚に写し出された大西名誉教授と経営者が握手をして寄り添う姿が本書の特長すべてを物語っている。大西先生は 40 年以上、あらゆる業界の中小企業を訪問調査されてこられた。**「まいど！」**の掛け声ともに、通い詰めて顔なじみになった中小企業経営者から、いつしか**「まいど教授」**のニックネームで呼ばれるようになられた。本書では大西先生が実際にご自身の足で現地に赴き、ご自身の眼で現場を見て、ご自身の耳で経営者の生の声を聴いたからこそ知り得た知見がまとめられている。

大西名誉教授は『中小企業再生の道』（関西大学出版部、2013 年；精選版、晃洋書房、2019 年）など、さまざまな著書の中で、数多くの中小企業の事例を取り上げられた。その中から、「ここぞ」と目星をつけられた企業を厳選され、近年再び訪問された成果が本書である。14 枚の写真には、先生が経営者との間に築かれた長期間におよぶ関係性が映し出されている。中には、若き後継者と先代と一緒に写った写真もある。後継者とだけ写った写真もある。事業承継は中小企業経営の要であるが、２世代に渡って接してこられた先生だからこそわかる本質がある。コロナ禍でソーシャルディスタンスを取らなければならない現在、経営者とがっちり握手をし、少し顔を傾けて経営者に寄り添っている先生の姿には元気づけられる。

■コロナ禍に世に問う本書の意義

大西名誉教授が厳選した企業の再訪問行脚を続けておられた時、社会をコロナ禍が襲った。VUCA（不安定・不確実・複雑・曖昧）な時代を象徴するコロナ危機の出現を受けて、中小企業研究に半生をかけてこられた先生の使命感はこれまで以上に高まった。紹介された企業にとっての正解がすべての企業に当てはまるわけではない。VUCA 時代に自社にとっての正解を考えるヒントとして「この企業はこんなことをしたのか」と捉えてほしい、と先生は締め括る。

■まいど！大西塾

およそ４０年間にわたり、中小企業を訪問・調査された大西正曹（まさとも）先生は2022年3月17日に他界された。今も、「まいど！」の掛け声と朗らかな笑顔は思い出の中で我々を元気づけてくれている。

大西正曹先生の遺志を継いで「まいど！大西塾」が生まれた。「まいど！大西塾」は大西先生が生前に準備され整えておられた研究会について、その意思を継いで活動している団体である。2022年度から活動を本格化し、定期的に研究会を開催している。

「まいど！大西塾」概要

- 名誉会長
  京都外国語大学 教授 大西 博子
- 会長
  株式会社まいど七分目 代表 森原 英壽
- 顧問
  ヤヱガキグループ 会長 長谷川 雄三
- サポーター
  寶池 弘

WEBサイト　https://www.office-maido.com

■関西ファミリービジネス のBCMと東アジア戦略研究班が主催した大西正曹先生の著書出版記念講演会

2021年8月4日に関西大学・梅田キャンパスのホールにおいて大西先生の著書出版記念講演会が開催された。大西先生と大西先生の著書の中で取り上げられた経営者である大出竜三氏が講演した。

【講演動画１】「VUCA時代に挑む中小企業」出版記念講演　82分

関西大学　名誉教授　大西 正曹氏

https://youtu.be/96A7XfEEE-Q

【講演動画２】「ブレーキを踏めず、ハンドルも切れない国内企業」 71分

–元経営者が語る自動車業界の真実–

大阪技研株式会社　元代表取締役社長　大出 竜三氏

https://youtu.be/MjmrLyLBITM

■関西ファミリービジネスのBCMと東アジア戦略研究班主催・大西正曹先生追悼公開セミナー

2022年6月10日　関西大学・梅田キャンパス４階ラボにて開催

【講演動画】「追悼・大西正曹名誉教授の『VUCA時代に挑む中小企業』論」 14分　亀井克之

https://youtu.be/LsLaK3B-32o

あとがき　――謝辞――

私たち研究班が研究活動を行い、その成果として本書を刊行するにあたり、協力して下さった経営者の皆様に厚く御礼申し上げる。

本書に登場する経営者の皆様には、日々の企業経営で大変お忙しい中、訪問を受け入れて下さり、インタビューにお答えいただき、貴重な資料を提供いただき、さらにご講演していただいた。心より感謝申し上げたい。

本書は、以下の助成により実施した研究成果の一部である。財政的支援をして下さった各機関に深く感謝申し上げる。

関西大学経済・政治研究所、二〇二一～二〇二二年度（「関西ファミリービジネスのＢＣＭと東アジア戦略」研究班）。

二〇二〇年度　関西大学学術研究員　研究費。

堺市と関西大学との地域連携事業、二〇二〇～二〇二一年度「新事業開発による伝統産業の活性化事業（学生による堺の伝統産業の活性化のための調査研究事業）」。

堺市と関西大学との地域連携事業、二〇二一～二〇二三年度「堺市ファミリービジネス・外食企業の事業継続と事業継承」。

科学研究費、基盤研究（B）二〇二一～二〇二五年度「被災後の中小企業経営者の健康問題と事業継続に関する日仏比較研究」（21H00751）

科学研究費、基盤研究（C）二〇一九～二〇二二年度「中小企業経営者における職業性ストレスの尺度開発と実態解明の研究」（19K11233）

科学研究費、基盤研究（C）二〇二二～二〇二四年度「中小企業経営者におけるストレス予防教育プログラムの開発」（22K11135）

科学研究費、基盤研究（C）二〇二三～二〇二五年度「中小企業における女性後継者の承継後企業パフォーマンスの決定要因に関する研究」（23K13791）

笹川日仏財団、二〇二二年度　研究助成金。

本書の編集・刊行にあたり、関西大学研究所事務グループの奈須智子さんに大変お世話になった。付記して感謝の意を表する。

執筆者を代表して

二〇二四年二月二十日

亀井克之

や　行

ら　行

わ　行

ま 行

た　行

な　行

は　行

さ　行

索　引

あ 行

か 行

執筆者紹介

関西大学　経済・政治研究所
関西ファミリービジネスのBCMと東アジア戦略研究班

上野　恭裕	関西大学	社会学部教授	（第1章）
上田　正人	関西大学	化学生命工学部教授	（第2章・第3章）
林　能成	関西大学	社会安全学部教授	（第4章・第10章）
堀越　昌和	福山平成大学	経営学部教授	（第7章）
徐　聖錫	釜山経商大学	（韓国）教授	（第9章）

執筆協力者

森　晋吾	豫洲短板産業株式会社　代表取締役社長	（第2章）
森　隼人	森興産株式会社　代表取締役	（第2章）
南　常之	株式会社なんつね　代表取締役社長	（第3章）
薩摩　和男	株式会社美々卯　代表取締役会長	（第5章）
及川　秀子	有限会社オイカワデニム　会長	（第6章）

編著者

亀井　克之　　関西大学　社会安全学部教授
（第2章・第3章・第4章・第5章・第6章・第8章・第11章）

関西大学経済・政治研究所研究双書 第183冊
ファミリービジネスの事業承継と経営戦略

2024年3月31日 発行

編 著 者 亀 井 克 之
著 者 上 野 恭 裕
上 田 正 人
林 能 成
堀 越 昌 和
徐 聖 錫

発 行 者 関西大学経済・政治研究所
〒564-8680 大阪府吹田市山手町3丁目3番35号

発 行 所 関 西 大 学 出 版 部
〒564-8680 大阪府吹田市山手町3丁目3番35号
電話 06-6368-1121／FAX 06-6389-5162

印 刷 所 株式会社 遊 文 舎
〒532-0012 大阪市淀川区木川東4丁目17-31

ISBN978-4-87354-782-4 C3034

Economic & Political Studies Series No. 183

Business Transfer and Strategy in Family Business

CONTENTS

The Institute of Economic and Political Studies
KANSAI UNIVERSITY